办案指引系列丛书

# 行政执法与刑事司法衔接

# 办案指引

食药与环境领域主要罪名证据移送标准

北京市人民检察院　组织编写

中国检察出版社

# 编 委 会

**主　任：** 朱小芹（北京市人民检察院第四分院党组书记、检察长）

**副主任：** 方　洁（北京市怀柔区人民检察院党组书记、检察长）

**编　委：** 崔　杰（北京市人民检察院第十一检察部三级高级检察官）

明星星（北京市药品监督管理局化妆品监督管理处原副处长）

郭晓东（北京市清河人民检察院分党组成员）

李明扬（北京市药品监督管理局政策法规处一级主任科员）

易　琨（北京市生态环境局法规处一级主任科员）

王　泽（北京市人民检察院第十一检察部三级检察官助理）

宋宇翔（北京市东城区人民检察院第七检察部三级检察官助理）

沈文君（北京市海淀区人民检察院第四检察部四级检察官助理）

# 编 写 说 明

党的十九大报告明确提出"实施健康中国战略""建设美丽中国",要提供更多优质生态产品以满足人民日益增长的优美生态环境需要。打好污染防治的攻坚战,保障人民群众舌尖上的安全,是党中央的明确要求,也是落实以人民为中心发展思想的重要内容。我国对食药、环境安全领域违法犯罪行为实行"双轨制"查办机制,实践中,食药、环境安全领域犯罪专业性很强,行政机关与公安机关在证据规则、证明标准等方面存在差异,证据标准不统一,导致证据移送、衔接不畅,影响了打击犯罪的力度,行政执法与刑事司法无法实现"无缝对接"。做好食药、环境领域安全防控,行政监管和刑事治理的衔接尤为重要,只有协调合作、衔接顺畅,才能形成打击合力。针对食药、环境安全领域存在的行政执法与刑事司法衔接不畅的问题,北京市人民检察院联合北京市市场监督管理局、北京市环保局牵头制定了食药与环境领域主要罪名的证据移送标准。

## 一、写作体例和主要内容

我们对食药局行政执法过程中涉嫌犯罪案件涉及的所有罪名进行梳理,共梳理出 14 个罪名,其中 7 个罪名集中于刑法第三章第一节生产、销售伪劣商品罪，其余 7 个罪名分散于刑法第三章第八节扰乱市场秩序罪、第六章第五节危害公共卫生罪、第七节走私、贩卖、运输、制造毒品罪中。

对于这 14 个罪名，在写作体例上我们遵循分条撰写的原则，每一个罪名作为一个独立的部分展开论述。具体到每个罪名的写作，在结构上又分为五个部分：第一部分是罪名概述。即对本罪名的一个解释。第二部分是刑事立案标准，根据《刑法》《最高人民检察院、公安部关于公安机关管辖的刑事案件立案追诉标准的规定》，我们列明了构成该罪的刑事立案标准。第三部分是行政执法机关应当移送的证据、材料，包括主体身份证据、违法行为证据、主观故意证据和危害后果证据四个内容，每个内容我们写明了证明目的，列明了应当移送的证据类型。因为证据类型写得比较概括，为了给食药部门一线的执法人员以明确的指引，我们在写完主体身份证据、违法行为证据、主观故意证据和危害后果证据四个内容后，紧跟着写了行政执法机关移送证据、材料的一个具体的操作指引，就是在违法事实清楚，证据确实、充分的情况下对执法人员应当和能够调取的全部证据和材料进行了菜单式的详细列举。第四部分，达到刑事立案公安机关应当收集的证据，按照犯罪构成要件的分类并结合侦查实践，分为主体方面证据、主观方面证据、危害行为、犯罪对象等方面的内容。最后一部分作为附录，是对本罪名所涉及的刑法条文、司法解释、"两高"的通知、意见、座谈会纪要等的梳理，方便执法人员和侦查人员查找相关罪名的法律依据。

另外还有一个重要的内容就是，我们参考司法鉴定的相关规定，制定了《北京市食品药品行政执法与刑事司法衔接专家论证程序规定》，设计了食药领域涉嫌犯罪案件专家对食品药品的专门性问题提供专家论证意见的一套完整程序。共包括四章内容，第一章是总则，内容主要包括目的与依据、专家论证的定义、适用范围、专家库名录、专家条件、专家职责。第二章专家论证，内容主要包括论证范围、论证材料要求、委托受理、不予受理的情形、论证专家人数要求、论证形式、论证记录、论证期限、补充论证、重新论证、咨询意见以及论证意见的复核。第三章专家论证意见书的出具及效力，内容主要包括出具专家论证意见书的文本、格式、份数、解释与说明、补正情形及归档，重点内容还包括明确了专家论证意见书在刑事诉讼中可以作为证据使用的效力。第四章附则，主要就是生效时间。

## 二、主要特点

### （一）实践性强

我们梳理的14个罪名涵盖了食品药品和环境安全领域行政执法过程中涉嫌犯罪案件涉及的主要罪名，其中的案例都是北京市行政执法和刑事司法办案中的真实案例，通过大量的调研实践，提炼归纳出执法司法中的重点环节，从理论和实践相结合的角度对行政执法与刑事司法衔接证据标准及办案指引进行探讨，力求为一线执法办案人员进行释明，提供有价值的参考指引。

### （二）结构合理

在写这部证据标准之前，我们也参考了其他省市撰写的"行刑衔接"的一些材料，如上海《食品药品领域涉嫌犯罪案件主要涉及罪名和刑事责任追诉标准》、珠海市《行政执法与刑事司法衔接工作常用刑法罪名及移送标准》、山西临汾市《"两法衔接"移送罪名指引》，这些省市撰写的这些标准或指引中，一般都是按照罪名分条撰写，内容也都涵盖了罪名概述、立案标准、构成要件、相关法条整理等，但都是站在刑法的角度对罪名进行结构、分析，未能完全体现行政执法与刑事司法衔接的特点，关于行政执法与刑事司法证据移送难、标准不统一的问题有待进一步深入分析。我们在充分吸收、借鉴已有理论成果和先进经验基础上，坚持问题导向，在写作体例上大胆创新，将行政机构应当移送的证据、材料与公安机关应当收集的证据进行了拆分，明确了在"行刑衔接"工作中哪些是行政机关应当收集并移送的证据、材料，哪些是公安机关应当收集的证据，在证据类型上进行了必要的列举，明确了刑事立案的证据标准，有利于解决食药部门与公安机关推诿扯皮、证据移送难、衔接不畅等问题。

### （三）详略得当

食药证据标准并没有平均着墨，而是主次分明，针对重点问题重点环节展开重点论述。证据标准的重点内容就是行政机关应当移送的证据、材料，在这一部分我们与食药局的同志经过充分的研讨，最终确定了证据类型＋操作指引的写作体例，一方面在证据类型中概括写行政执法机关应当移送的证据、材料主要的类型，同时写明要达到的证明目的，另一方面紧接着写一个具体的操作指引。这样不仅形式上详略得当，起到纲举目张的效果，另外也给一线的执法人员提供了菜单式的指引，实现了理论和实践的统一，也达到了我们编写食药证据标准的初衷。

### （四）理论创新

食药证据标准我们还有一个最大的创新就是研究制定专家论证程序。实践中对于相关法律、法规、规章和司法解释未对"足以"情形作出明确规定，无法判定是否涉嫌刑事犯罪的情形在食药执法领域大量存在，如何准确认定"足以"是判断行为人是否构罪的前提，也是影响食药部门向公安机关移送涉嫌犯罪的关键。我们经过调研，结合北京的执法、司法实践，提出了设立专家论证委员会进行专家论证,并将符合特定程序做出的专家论证意见作为证据使用的规定。这个规定是重要的理论创新,有利于解决食药领域影响"两法衔接"移送的一个重要的难题,也为后续的批捕、起诉、判决提供了重要的证据支撑。

这项研究工作也得到了国家市场监督管理总局、北京市公安局和中国人民公安大学食药环研究中心李春雷教授团队的大力支持,中国检察出版社对本书的编写出版提供了有力的帮助与指导,在此一并表示感谢!

由于时间仓促、研究能力有限,不当、疏漏之处难免,敬请批评指正。

## *Contents* 目　录

编写说明 ……………………………………………………… 1

**生产、销售伪劣产品罪** …………………………………… 1

一、刑事立案标准 …………………………………………… 1

二、行政执法机关证据、材料收集、移送 ………………… 2

　【证据材料类型清单】 …………………………………… 2

　【操作指引】 ……………………………………………… 4

三、公安机关证据收集 …………………………………… 10

　【证据清单】 …………………………………………… 10

　【适用法律规定】 ……………………………………… 12

　【参考案例】 …………………………………………… 19

**生产、销售假药罪** …………………………………… 22

一、刑事立案标准 ………………………………………… 22

二、行政执法机关证据、材料收集、移送 ……………… 24

　【证据材料类型清单】 ………………………………… 24

　【操作指引】 …………………………………………… 26

三、公安机关证据收集 ·········································· 33

　　【证据清单】 ················································· 33

　　【适用法律规定】 ··········································· 35

　　【参考案例】 ················································· 42

**生产、销售劣药罪** ·············································· 45

一、刑事立案标准 ················································ 45

二、行政执法机关证据、材料收集、移送 ············ 46

　　【证据材料类型清单】 ····································· 46

　　【操作指引】 ················································· 48

三、公安机关证据收集 ·········································· 54

　　【证据清单】 ················································· 54

　　【适用法律规定】 ··········································· 57

**生产、销售不符合安全标准的食品罪** ·············· 60

一、刑事立案标准 ················································ 60

二、行政执法机关证据、材料收集、移送 ············ 61

　　【证据材料类型清单】 ····································· 61

　　【操作指引】 ················································· 63

三、公安机关证据收集 ·········································· 72

　　【证据清单】 ················································· 72

　　【适用法律规定】 ··········································· 75

　　【参考案例】 ················································· 80

**生产、销售有毒、有害食品罪** ·················· 84

一、刑事立案标准 ····························· 84

二、行政执法机关证据、材料收集、移送 ········· 85

【证据材料类型清单】 ··················· 85

【操作指引】 ··························· 87

三、公安机关证据收集 ····················· 96

【证据清单】 ··························· 96

【适用法律规定】 ······················· 98

【参考案例】 ·························· 105

**生产、销售不符合标准的医用器材罪** ········· 108

一、刑事立案标准 ·························· 108

二、行政执法机关证据、材料收集、移送 ········ 109

【证据材料类型清单】 ·················· 109

【操作指引】 ·························· 112

三、公安机关证据收集 ···················· 118

【证据清单】 ·························· 118

【适用法律规定】 ······················ 120

【参考案例】 ·························· 123

**生产、销售不符合卫生标准的化妆品罪** ········ 127

一、刑事立案标准 ·························· 127

二、行政执法机关证据、材料收集、移送 ········ 127

【证据材料类型清单】 ·················· 127

【操作指引】 ·························· 129

三、公安机关证据收集 …………………… 135

【证据清单】 …………………… 135

【适用法律规定】 …………………… 137

【参考案例】 …………………… 138

## 非法经营罪 …………………… 144

一、刑事立案标准 …………………… 144

二、行政执法机关证据、材料收集、移送 …………… 146

【证据材料类型清单】 …………………… 146

【操作指引】 …………………… 148

三、公安机关证据收集 …………………… 154

【证据清单】 …………………… 154

【适用法律规定】 …………………… 156

【参考案例】 …………………… 163

## 提供虚假证明文件罪 …………………… 166

一、刑事立案标准 …………………… 166

二、行政执法机关证据、材料收集、移送 …………… 167

【证据材料类型清单】 …………………… 167

【操作指引】 …………………… 169

三、公安机关证据收集 …………………… 174

【证据清单】 …………………… 174

【适用法律规定】 …………………… 176

**出具证明文件重大失实罪** ·················· 180

 一、刑事立案标准 ·················· 180

 二、行政执法机关证据、材料收集、移送 ·········· 181

  【证据材料类型清单】 ·················· 181

  【操作指引】 ·················· 183

 三、公安机关证据收集 ·················· 187

  【证据清单】 ·················· 187

  【适用法律规定】 ·················· 189

**非法制作、供应血液制品罪** ·········· 191

 一、刑事立案标准 ·················· 191

 二、行政执法机关证据、材料收集、移送 ·········· 192

  【证据材料类型清单】 ·················· 192

  【操作指引】 ·················· 194

 三、公安机关证据收集 ·················· 200

  【证据清单】 ·················· 200

  【适用法律规定】 ·················· 202

**制作、供应血液制品事故罪** ·········· 206

 一、刑事立案标准 ·················· 206

 二、行政执法机关证据、材料收集、移送 ·········· 208

  【证据材料类型清单】 ·················· 208

  【操作指引】 ·················· 210

 三、公安机关证据收集 ·················· 217

  【证据清单】 ·················· 217

【适用法律规定】 ·················· 219

**污染环境罪** ····················· 224

　一、刑事立案标准 ················· 224

　二、行政执法机关证据、材料收集、移送 ····· 226

　　【证据材料类型清单】 ············· 226

　　【操作指引】 ·················· 228

　三、公安机关证据收集 ·············· 233

　　【证据清单】 ·················· 233

　　【适用法律规定】 ··············· 237

　　【参考案例】 ·················· 246

**非法提供麻醉药品、精神药品罪** ········ 250

　一、刑事立案标准 ················· 250

　二、行政执法机关证据、材料收集、移送 ····· 251

　　【证据材料类型清单】 ············· 251

　　【操作指引】 ·················· 253

　三、公安机关证据收集 ·············· 260

　　【证据清单】 ·················· 260

　　【适用法律规定】 ··············· 262

**北京市食品药品行政执法与刑事司法衔接专家论证**
　**程序规定** ···················· 267

# 生产、销售伪劣产品罪

生产、销售伪劣产品罪，是指生产者、销售者在产品中掺杂、掺假，以假充真，以次充好或者以不合格产品冒充合格产品，销售金额较大的行为。

## 一、刑事立案标准

根据《刑法》第 140 条、《刑事诉讼法》第 112 条及《最高人民检察院、公安部关于公安机关管辖的刑事案件立案追诉标准的规定（一）》第 16 条的规定，生产者、销售者在产品中掺杂、掺假，以假充真，以次充好或者以不合格产品冒充合格产品，涉嫌下列情形之一的，应予立案追诉：（1）伪劣产品销售金额在 5 万元以上。（2）伪劣产品尚未销售，货值金额在 15 万元以上。（3）伪劣产品销售金额不满 5 万元，但将已销售金额乘以 3 倍后，与尚未销售的伪劣产品货值金额合计 15 万元以上。

经调查查明行为人具有生产、销售伪劣产品的违法行为，有正当理由认为涉嫌犯罪，但是由于行政机关调查手段有限，难以取得有关证据，需要公安机关立案侦查的，应当移送公安机关。

前款所述正当理由是指以下情形：（1）已经查获的涉案产品虽未达到立案标准，但是有证据显示仍有涉案产品或者原料等涉案物品遗漏，涉嫌构成犯罪，但是行政机关难以查获，需要公安机关调查的。（2）已经查获的货值金额或者销售金额虽未达到立案标准，但是有证据显示仍有涉案金额遗漏，涉嫌构成犯罪，但是行政机关无法通过核实账目、账户等资金信息，需要公安机关调查的。

"掺杂、掺假"，是指在产品中掺入杂质或者异物，致使产品质量不符合国家法律、法规或者产品明示质量标准规定的质量要求，降低、失去应有使用性能。"以假充真"，是指以不具有某种使用性能的产品冒充具有该种使用性能的产品。"以次充好"，是指以低等级、低档次产品冒充高等级、高档次产品，或者以残次、废旧零配件组合、拼装后冒充正品或者新产品。"不合格产品"，是指不符合《产品质量法》规定的质量要求的产品。上述行为难以确定的，应当委托法律、行政法规规定的产品质量检验机构进行鉴定。

"销售金额"，是指生产者、销售者出售伪劣产品后所得和应得的全部违法收入；"货值金额"，以违法生产、销售的伪劣产品的标价计算；没有标价的，按照同类合格产品的市场中间价格计算。货值金额难以确定的，按照《扣押、追缴、没收物品估价管理办法》的规定，委托估价机构进行确定。

## 二、行政执法机关证据、材料收集、移送

### 【证据材料类型清单】

### （一）主体身份证据

1. 证明目的

证明行政违法相对人主体的身份、资质、人数等。

2. 证据类型

包括：（1）身份资质证据，包括营业执照或者其他主体资格证明文件（机关或者事业单位法人登记证、社会团体登记证等），食品、药品、医疗器械、化妆品（以下统称产品）生产许可证或备案凭证，经营许可证或备案凭证，医疗机构执业许可证等复印件；产

品生产经营企业、医疗机构及其法定代表人、负责人、直接负责的主管人员和其他直接责任人员身份证复印件等。（2）有关产品资质的证据，包括特殊食品批准文件或备案凭证，药品批准文件，医疗器械、化妆品批准文件或备案凭证、质量标准等材料。（3）现场检查笔录。（4）询问调查笔录。（5）视听资料。（6）其他证据。

**（二）违法行为证据**

1. 证明目的

证明行政违法相对人实施生产、销售伪劣产品的行为。

2. 证据类型

包括：（1）涉案物品，包括涉案产品；涉案产品原料、辅料；涉案产品的包装材料、标签和说明书；用于违法生产经营涉案产品的工具、设备等物品。（2）购销合同、随货同行单、票据和相关记录及复印件（证明销售金额为 5 万元以上）。（3）现场检查笔录。（4）询问调查笔录。（5）视听资料。（6）电子数据。（7）当事人陈述。（8）证人证言。（9）检验报告，系由按照国家认证认可的规定取得资质认定的产品质量检验机构出具的检验报告。（10）产品涉及"假药""劣药"难以确定的，司法机关可以根据地市级以上药品监督管理部门出具的认定意见等相关材料进行认定。必要时，可以委托省级以上药品监督管理部门设置或者确定的药品检验机构进行检验。（11）鉴定意见或专家论证意见书。（12）其他证据。

**（三）主观故意证据**

1. 证明目的

证明行政违法相对人具有违法故意。违法故意可以通过主观心理状态的询问和未履行产品质量安全法定义务的调查进行证明。

2. 证据类型

包括：（1）询问调查笔录。（2）证人证言。（3）其他证据。

### （四）危害后果证据

1. 证明目的

证明行政违法相对人违法行为客观危害性的程度。包括：（1）实施违法行为的持续时间、具体地点。（2）涉案产品的种类、数量、销售范围、货值金额、购进单价、销售单价、销售金额、违法所得【注：证明销售金额为 5 万元以上；尚未销售，货值金额 15 万元以上；销售金额不满 5 万元，但将已销售金额乘以 3 倍后，与尚未销售的伪劣产品货值金额合计 15 万元以上】。（3）适用人群是否属于老人、孕产妇、婴幼儿、儿童和其他特定人群。（4）涉案产品的基本情况说明，包括物理和化学特性、对人体可能造成的危害等。（5）出现致人伤害、死亡等后果的，证明危害后果状况。

2. 证据类型

包括：（1）现场检查笔录。（2）询问调查笔录。（3）现场检查照片及其他视听资料。（4）购进合同、销售、场地租赁合同等。（5）购、销相关票据或者生产、加工、使用、销售记录。（6）产品质量检验机构出具的检验报告。（7）查封扣押文书或先行登记保存文书。（8）新闻媒体、社会公众披露或其他部门移送的关于严重食物中毒事故或者其他严重食源性疾病并经确认属实的相关信息。（9）鉴定意见或者专家论证意见、地市级以上食品药品监督管理部门出具的认定意见等相关材料。（10）其他证据。

### 【操作指引】

本规范列明了在违法事实清楚、证据确实充分的情况下，执法人员应当和能够调取的全部证据。在实际工作中由于各种客观情况，本规范列明的证据并非可以全部取得。《刑事诉讼法》第 109 条规定："公安机关或者人民检察院发现犯罪事实或者犯罪嫌疑人，应当按照管辖范围，立案侦查。"行政机关只要能够认定违法相对人有违法行为，证明有犯罪事实需要追究刑事责任的，即可向公安机关移送涉嫌犯罪案件。

**一、主体资格证据**

包括：（1）营业执照或者其他主体资格证明文件（机关或事业单位法人登记证、社会团体登记证等）。（2）产品生产许可证或备案凭证、药品生产良好质量管理规范认证证书、产品经营许可证或备案凭证、药品经营良好质量管理规范认证证书、医疗机构执业许可证等复印件。（3）有关产品资质的证据，包括特殊食品批准文件或备案凭证，药品批准文件，医疗器械、化妆品批准文件或备案凭证、质量标准等材料。（4）涉案产品生产经营企业、医疗机构的法定代表人、负责人、直接负责的主管人员和其他直接责任人员身份证复印件等。（5）无法取得违法行为人身份证复印件的，调取驾驶执照、户口本、护照、社保卡等其他能够间接证明违法行为人身份的凭证复印件。（6）对无法提供任何身份证明的违法相对人，现场应进行头像拍照和摄像（若不具备条件，要拍摄出能清晰反映当事人面部及形体特征的照片），并在现场检查笔录和询问调查笔录中注明情况，对性别、年龄、进行初步记录。

**二、现场检查笔录**

现场检查笔录应当载明以下事项：

1. 现场检查的时间、地点，执法人员姓名，执法证号等。

2. 违法相对人的主体资质情况。包括持有证照情况、法定代表人和陪同检查人员身份信息情况，以及现场发现主要从事违法活动的人员数量及身份信息情况（如违法相对人设立了组织机构或进行了职责分工，还应记录产品质量安全控制部门主管人员或直接负责人的信息情况）。

3. 现场检查时发现的涉及违法相对人从事违法生产经营活动的情况。包括：（1）生产车间、原料库房、成品库房情况，销售现场情况，现场的相关涉案物品、票据（包括相关的各种合同、进销存票据、生产记录、销售记录、账目记录、收支发票、销售范围资料等），电脑中的相关资料；（2）能够证明涉案产品原料、辅料、包装标签、产品来源的材料（包括生产商或供货商资质、出厂检验报告、产品合格证明、购销合同等）；（3）生产伪劣产品的，应描述产品原料、辅料、产品包装和标签的存放位置、数量及储存和使用情况。

4. 现场检查时发现的违法行为客观危害性程度。包括：（1）实施违法行为的持续时间、具体地点；（2）涉案产品的数量、单价；（3）涉案产品的货值金额、销售金额、违法所得【**注**：证明销售金额为 5 万元以上；尚未销售，货值金额 15 万元以上；销售金额不满 5 万元，但将已销售金额乘以 3 倍后，与尚未销售的伪劣产品货值金额合计 15 万元以上】；（4）涉案产品种类、销售范围、适用人群是否以孕产妇、婴幼儿、儿童或者危重病人等特殊人群为主要使用对象；（5）非食品原料等违禁产品原料导致伪劣产品的，违禁产品原料的种类、含量。

5. 查封扣押物品情况。

**三、询问调查笔录及当事人陈述**

1. 调查询问的时间、地点，执法人员姓名，执法证号，被调查人的基本情况和企业授权被调查人接受调查的情况。

2. 当事人的主体资质情况，包括取得营业执照和生产经营许可备案的时间、生产经营的具体范围、是否取得产品批准文号和涉案产品执行标准等。

3. 询问调查实施生产、销售伪劣产品行为的基本情况。包括下列四类。

伪劣产品的基本情况：（1）伪劣产品原料、辅料的物理和化学特性，包括名称、颜色、气味、形态等；（2）伪劣产品的包装容器、标签标识、储存方式情况。

伪劣产品原料、辅料的购进情况：（1）伪劣产品原料、辅料的购进数量、价格、购进渠道；（2）是否进行进货查验并进行相关记录；（3）是否取得生产商资质、出厂检验报告、产品合格证明、购销合同、支付价款和取得发票情况。

伪劣产品生产情况：（1）生产涉案伪劣产品的种类及数量、库存数量、生产时间、生产批次等；（2）生产涉案伪劣产品的具体工艺流程和配料比例；（3）伪劣产品使用的原料、辅料、包装材料、标签的使用数量、库存数量、储存位置，经手人（包括接收人、领用人、使用人）情况。

伪劣产品销售情况：（1）涉案伪劣产品的种类及销售、库存数量，销售行为持续时间，销售去向，货值金额及销售金额；（2）涉案伪劣产品的来源情况（自行生产或委托生产，从生产商、中间商或个人处购进）。

4. 违法行为客观危害性程度的基本情况。包括：（1）实施违法行为的持续时间、销售区域；（2）涉案伪劣产品的种类、销售范围、适用人群；（3）涉案伪劣产品的数量、货值金额、销售金额、违法所得。

5. 当事人对于违法行为的主观心理状态（是否明知）的情况。包括：（1）当事人是否知道涉案产品属于伪劣产品的情况，是否知晓对于"生产、销售伪劣产品"的禁止性规定；（2）当事人是否以明显低于市场价格购进伪劣产品的原料、辅料或以明显低于市场价格销售伪劣产品；（3）当事人是否对其生产销售的伪劣产品进行检验，是否有不合格检验报告，和对不合格检验报告的处置情况；

(4) 当事人是否曾经受到涉案伪劣产品发生危害后果的投诉举报、收到要求召回伪劣产品通知,是否受到过行政处罚等。

### 四、证人证言

在行政机关需要或者条件允许的情况下,可向当事人以外的了解案件有关情况的人取得用来证明案件待证事实的陈述,从而帮助行政机关进一步了解案件事实经过、违法行为实施人、相关责任人员及其他内容。

固定证人证言要求:(1)写明证人的姓名、年龄、性别、职业、住址等基本情况;(2)有证人的签名,不能签名的,应当以捺手印或盖章等方式证明;(3)注明出具日期;(4)附有居民身份证复印件等证明证人身份的文件。

### 五、证明违法行为人是否依法履行生产经营过程控制法定义务的证据

包括:(1)伪劣产品生产企业是否严格执行产品生产质量管理规范的规定;(2)伪劣产品经营企业是否严格执行产品经营良好质量管理规范的规定;(3)医疗机构是否严格执行药品、医疗器械管理和使用的相关规定。

### 六、涉案物品和工具

包括:(1)涉案伪劣产品;(2)涉案伪劣产品的原料、辅料;(3)用于违法生产经营的伪劣产品的包装材料、标签和使用说明书;(4)用于违法生产经营的工具、设备等物品【注:应当附有查封扣押、先行登记保存、检验(检测、检疫、鉴定)情况。包括《先行登记保存证据通知书》《实施行政强制措施决定书》《场所/设施/财物清单》《抽样记录》《检测/检验/检疫/鉴定委托书》《检测/检验/检疫/鉴定期间告知书》《检测/检验/检疫/鉴定结果告知书》】。

## 七、购销合同、票据和相关记录

1. 伪劣产品生产环节：与伪劣产品的原料、辅料、包装材料、标签和说明书、成品相关的购销合同、进货（查验）记录、入库记录、使用记录、生产记录、销售记录、统计报表、会计账册、收支凭证、票据等证明案件事实与危害程度的书面材料。

2. 伪劣产品销售环节：与销售伪劣产品相关的购销合同、供应商证照资质、产品资质、进货（查验）记录、销售记录、销售价签、销售发票、会计账册、收支凭证等书面材料。

3. 伪劣产品使用环节：与使用伪劣产品有关的购进记录、储存记录、出库记录、门诊记录、处方笺、销售票据等证明案件事实与危害程度的书面材料。

## 八、产品检验报告或鉴定意见

包括：（1）伪劣产品原料、辅料检验报告；（2）伪劣产品出厂检验报告；（3）涉及假药劣药难以认定的，由省级以上药品监督管理部门设置或者确定的药品检验机构出具的检验报告；（4）涉及假药劣药难以认定的，地市级以上药品监督管理部门出具的认定意见等相关材料【注：以上四种，并非可全部获取的证据】。

## 九、执法照片及视听资料

1. 执法照片

主要包括违法行为发生地照片、现场检查情形的照片、产品照片、法定代表人和主要负责人照片。执法照片应当注明拍摄的具体时间、地点，并由执法人员和当事人签字确认。

2. 视听资料

是指以录音、录像所反映的声音、形象、所提供的资料来证明案件真实情况的证据。主要包括：（1）当事人监控录像显示的关于生产、销售伪劣产品的视听资料；（2）执法记录仪、录像设备、录音设备记录的有关违法行为的视听资料；（3）有关违法行为的通话录音。

制作和调取视听资料的规则：（1）在进行录音录像时，一般应当公开进行。若因查处违法行为，需要进行秘密录音录像的，应当不违反法律规定，且不得侵害当事人的合法权益。（2）提取有关资料的原始载体。提取原始载体确有困难的，可以提取复制件。（3）注明制作方法、制作时间、制作人和证明对象等。（4）声音资料应当附有该声音内容的文字记录。

### 十、电子证据

包括违法相对人电脑或其他信息化载体（如手持销售终端等）中有关涉案伪劣产品的原料购进、生产、销售行为的电子数据和记录；有关电子台账、生产、加工与销售记录和监控录像显示关于生产、销售伪劣产品违法行为的电脑存储文件等。

### 十一、其他证据

包括：（1）从事违法行为的场地租赁合同；（2）对人体健康造成严重危害、其他严重情节的情况报告或其他书面材料；（3）当事人是否因生产、销售伪劣产品的违法行为在两年内受到食品药品监管部门行政处罚的情况，如有需附行政处罚决定书；（4）当事人是否存在"销售少量根据民间传统配方私自加工的药品，或者销售少量未经批准进口的国外、境外药品，没有造成他人伤害后果或者延误诊治"等不认为是犯罪情形的证据。

## 三、公安机关证据收集

### 【证据清单】

### （一）证明犯罪嫌疑人身份、人数等主体方面的证据

生产、销售伪劣产品案件的犯罪主体为一般主体。自然人实施

犯罪行为需要追究刑事责任的必须已满 16 周岁，并具有刑事责任能力。单位也可以成为此类案件的犯罪主体。

证明自然人主体资格的证据材料包括犯罪嫌疑人的身份信息材料、前科材料、刑事责任能力材料等。

证明单位犯罪主体的证据材料包括证明单位的名称、住所地、性质、法定代表人、单位负责人、业务范围、成立时间和单位法定代表人、单位负责人或直接责任人员等的身份证明材料。

**（二）证明犯罪嫌疑人主观方面的证据**

生产、销售伪劣产品案件在主观方面属于故意，即犯罪嫌疑人明知生产、销售的是掺杂、掺假，以假充真，以次充好或者以不合格产品冒充合格产品而仍然予以生产、销售。犯罪嫌疑人一般具有非法牟利的目的，但是否营利不影响其刑事责任的追究。

1. 证明犯罪嫌疑人主观明知的证据

包括：（1）收集证明犯罪嫌疑人生产、销售伪劣产品动机、目的及预谋情况的证据；（2）收集证明伪劣产品销售价格明显低于市场价格销售且无合理原因的证据；（3）收集证明犯罪嫌疑人无合法手续、未经过批准、违反规定销售或者证明犯罪嫌疑人伪造、变造、非法获取质量合格证明等文件的相关证据；（4）收集证明犯罪嫌疑人故意逃避检查或属于受过行政或刑事处罚后再次生产、销售的证据；（5）收集证明犯罪嫌疑人隐匿、销毁涉案产品、财务账册等相关证据；（6）收集证明伪劣产品的生产经营者已经相关部门公告，犯罪嫌疑人仍生产、销售同一类型产品的相关证据。

2. 证明单位犯罪主观故意的证据

收集证明生产、销售伪劣产品的行为是由单位集体决定，或由单位负责人或被授权的其他人决定、同意，所获取的非法利益或违法所得大部分归单位所有的证据。

**（三）证明犯罪嫌疑人实施危害行为的证据**

包括：（1）在产品中掺入杂质或者异物，致使产品质量不符合国家法律、法规或者产品明示质量标准规定的质量要求，降低、失去应有使用性能的证据；（2）以不具有某种使用性能的产品冒充具有该种使用性能的产品的证据；（3）以低等级、低档次产品冒充高等级、高档次产品，或者以残次、废旧零配件组合、拼装后冒充正品或者新产品的证据；（4）生产不符合《产品质量法》第 26 条第 2 款规定质量要求的产品的证据；

对上述证据难以确定的，应当委托法律、行政法规规定的产品质量检验机构进行鉴定。

**（四）证明数额达到立案标准的证据**

包括：（1）伪劣产品销售金额 5 万元以上；（2）伪劣产品尚未销售，货值金额 15 万元以上；（3）伪劣产品销售金额不满 5 万元，但将已销售金额乘以 3 倍后，与尚未销售的伪劣产品货值金额合计 15 万元以上。

**【适用法律规定】**

一、《刑法》条文

**第一百四十条【生产、销售伪劣产品罪】** 生产者、销售者在产品中掺杂、掺假，以假充真，以次充好或者以不合格产品冒充合格产品，销售金额五万元以上不满二十万元的，处二年以下有期徒刑或者拘役，并处或者单处销售金额百分之五十以上二倍以下罚金；销售金额二十万元以上不满五十万元的，处二年以上七年以下有期徒刑，并处销售金额百分之五十以上二倍以下罚金；销售金额五十万元以上不满二百万元的，处七年以上有期徒刑，并处销售金额百分之五十以上二倍以下罚金；销售金额二百万元以上的，处十五年有期徒刑或者无期徒刑，并处销售金额百分之五十以上二倍以下罚金或者没收财产。

**第一百四十九条【对生产、销售伪劣商品行为的法条适用】**
生产、销售本节第一百四十一条至第一百四十八条所列产品，不构成各该条规定的犯罪，但是销售金额在五万元以上的，依照本节第一百四十条的规定定罪处罚。

生产、销售本节第一百四十一条至第一百四十八条所列产品，构成各该条规定的犯罪，同时又构成本节第一百四十条规定之罪的，依照处罚较重的规定定罪处罚。

**第一百五十条【单位犯本节规定之罪的处罚规定】** 单位犯本节第一百四十条至第一百四十八条规定之罪的，对单位判处罚金，并对其直接负责的主管人员和其他直接责任人员，依照各该条的规定处罚。

**二、司法解释**

**1. 2008 年 6 月 25 日《最高人民检察院、公安部关于公安机关管辖的刑事案件立案追诉标准的规定（一）》**

**第十六条【生产、销售伪劣产品案（刑法第一百四十条）】**
生产者、销售者在产品中掺杂、掺假，以假充真，以次充好或者以不合格产品冒充合格产品，涉嫌下列情形之一的，应予立案追诉：

（一）伪劣产品销售金额五万元以上的；

（二）伪劣产品尚未销售，货值金额十五万元以上的；

（三）伪劣产品销售金额不满五万元，但将已销售金额乘以三倍后，与尚未销售的伪劣产品货值金额合计十五万元以上的。

本条规定的"掺杂、掺假"，是指在产品中掺入杂质或者异物，致使产品质量不符合国家法律、法规或者产品明示质量标准规定的质量要求，降低、失去应有使用性能的行为；"以假充真"，是指以不具有某种使用性能的产品冒充具有该种使用性能的产品的行为；"以次充好"，是指以低等级、低档次产品冒充高等级、高档次产品，或者以残次、废旧零配件组合、拼装后冒充正品或者新产品的行为；"不合格产品"，是指不符合《中华人民共和国产品质量法》规定的质量要求的产品。

对本条规定的上述行为难以确定的，应当委托法律、行政法规规定的产品质量检验机构进行鉴定。本条规定的"销售金额"，是指生产者、销售者出售伪劣产品后所得和应得的全部违法收入；"货值金额"，以违法生产、销售的伪劣产品的标价计算；没有标价的，按照同类合格产品的市场中间价格计算。货值金额难以确定的，按照《扣押、追缴、没收物品估价管理办法》的规定，委托估价机构进行确定。

**2. 2001 年 4 月 10 日《最高人民法院、最高人民检察院关于办理生产、销售伪劣商品刑事案件具体应用法律若干问题的解释》**

**第一条** 刑法第一百四十条规定的"在产品中掺杂、掺假"，是指在产品中掺入杂质或者异物，致使产品质量不符合国家法律、法规或者产品明示质量标准规定的质量要求，降低、失去应有使用性能的行为。

刑法第一百四十条规定的"以假充真"，是指以不具有某种使用性能的产品冒充具有该种使用性能的产品的行为。

刑法第一百四十条规定的"以次充好"，是指以低等级、低档次产品冒充高等级、高档次产品，或者以残次、废旧零配件组合、拼装后冒充正品或者新产品的行为。

刑法第一百四十条规定的"不合格产品"，是指不符合《中华人民共和国产品质量法》第二十六条第二款规定的质量要求的产品。

对本条规定的上述行为难以确定的，应当委托法律、行政法规规定的产品质量检验机构进行鉴定。

**第二条** 刑法第一百四十条、第一百四十九条规定的"销售金额"，是指生产者、销售者出售伪劣产品后所得和应得的全部违法收入。

伪劣产品尚未销售，货值金额达到刑法第一百四十条规定的销售金额三倍以上的，以生产、销售伪劣产品罪（未遂）定罪处罚。

货值金额以违法生产、销售的伪劣产品的标价计算；没有标价的，按照同类合格产品的市场中间价格计算。货值金额难以确定的，按照国家计划委员会、最高人民法院、最高人民检察院、公安部1997年4月22日联合发布的《扣押、追缴、没收物品估价管理办法》的规定，委托指定的估价机构确定。

多次实施生产、销售伪劣产品行为，未经处理的，伪劣产品的销售金额或者货值金额累计计算。

**第九条** 知道或者应当知道他人实施生产、销售伪劣商品犯罪，而为其提供贷款、资金、账号、发票、证明、许可证件，或者提供生产、经营场所或者运输、仓储、保管、邮寄等便利条件，或者提供制假生产技术的，以生产、销售伪劣商品犯罪的共犯论处。

**第十条** 实施生产、销售伪劣商品犯罪，同时构成侵犯知识产权、非法经营等其他犯罪的，依照处罚较重的规定定罪处罚。

**第十一条** 实施刑法第一百四十条至第一百四十八条规定的犯罪，又以暴力、威胁方法抗拒查处，构成其他犯罪的，依照数罪并罚的规定处罚。

**第十二条** 国家机关工作人员参与生产、销售伪劣商品犯罪的，从重处罚。

**3. 2010 年 3 月 26 日《最高人民法院、最高人民检察院关于办理非法生产、销售烟草专卖品等刑事案件具体应用法律若干问题的解释》**

**第一条** 生产、销售伪劣卷烟、雪茄烟等烟草专卖品，销售金额在五万元以上的，依照刑法第一百四十条的规定，以生产、销售伪劣产品罪定罪处罚。

未经卷烟、雪茄烟等烟草专卖品注册商标所有人许可，在卷烟、雪茄烟等烟草专卖品上使用与其注册商标相同的商标，情节严重的，依照刑法第二百一十三条的规定，以假冒注册商标罪定罪处罚。

销售明知是假冒他人注册商标的卷烟、雪茄烟等烟草专卖品，销售金额较大的，依照刑法第二百一十四条的规定，以销售假冒注册商标的商品罪定罪处罚。

伪造、擅自制造他人卷烟、雪茄烟注册商标标识或者销售伪造、擅自制造的卷烟、雪茄烟注册商标标识，情节严重的，依照刑法第二百一十五条的规定，以非法制造、销售非法制造的注册商标标识罪定罪处罚。

违反国家烟草专卖管理法律法规，未经烟草专卖行政主管部门许可，无烟草专卖生产企业许可证、烟草专卖批发企业许可证、特种烟草专卖经营企业许可证、烟草专卖零售许可证等许可证明，非法经营烟草专卖品，情节严重的，依照刑法第二百二十五条的规定，以非法经营罪定罪处罚。

**第二条** 伪劣卷烟、雪茄烟等烟草专卖品尚未销售，货值金额达到刑法第一百四十条规定的销售金额定罪起点数额标准的三倍以上的，或者销售金额未达到五万元，但与未销售货值金额合计达到十五万元以上的，以生产、销售伪劣产品罪（未遂）定罪处罚。

销售金额和未销售货值金额分别达到不同的法定刑幅度或者均达到同一法定刑幅度的，在处罚较重的法定刑幅度内酌情从重处罚。

查获的未销售的伪劣卷烟、雪茄烟，能够查清销售价格的，按照实际销售价格计算。无法查清实际销售价格，有品牌的，按照该品牌卷烟、雪茄烟的查获地省级烟草专卖行政主管部门出具的零售价格计算；无品牌的，按照查获地省级烟草专卖行政主管部门出具的上年度卷烟平均零售价格计算。

第五条 行为人实施非法生产、销售烟草专卖品犯罪，同时构成生产、销售伪劣产品罪、侵犯知识产权犯罪、非法经营罪的，依照处罚较重的规定定罪处罚。

第六条 明知他人实施本解释第一条所列犯罪，而为其提供贷款、资金、账号、发票、证明、许可证件，或者提供生产、经营场所、设备、运输、仓储、保管、邮寄、代理进出口等便利条件，或者提供生产技术、卷烟配方的，应当按照共犯追究刑事责任。

**4. 2013 年 5 月 4 日《最高人民法院、最高人民检察院关于办理危害食品安全刑事案件适用法律若干问题的解释》**

第十条 生产、销售不符合食品安全标准的食品添加剂，用于食品的包装材料、容器、洗涤剂、消毒剂，或者用于食品生产经营的工具、设备等，构成犯罪的，依照刑法第一百四十条的规定以生产、销售伪劣产品罪定罪处罚。

第十三条 生产、销售不符合食品安全标准的食品，有毒、有害食品，符合刑法第一百四十三条、第一百四十四条规定的，以生产、销售不符合安全标准的食品罪或者生产、销售有毒、有害食品罪定罪处罚。同时构成其他犯罪的，依照处罚较重的规定定罪处罚。

生产、销售不符合食品安全标准的食品，无证据证明足以造成严重食物中毒事故或者其他严重食源性疾病，不构成生产、销售不符合安全标准的食品罪，但是构成生产、销售伪劣产品罪等其他犯罪的，依照该其他犯罪定罪处罚。

三、其他规范性文件

**2012 年 1 月 9 日《最高人民法院，最高人民检察院、公安部关于依法严惩"地沟油"犯罪活动的通知》**

一、依法严惩"地沟油"犯罪，切实维护人民群众食品安全

"地沟油"犯罪，是指用餐厨垃圾、废弃油脂、各类肉及肉制品加工废弃物等非食品原料，生产、加工"食用油"，以及明知是利用"地沟油"生产、加工的油脂而作为食用油销售的行为。"地沟油"犯罪严重危害人民群众身体健康和生命安全，严重影响国家形象，损害党和政府的公信力。各级公安机关、检察机关、人民法院要认真贯彻《刑法修正案（八）》对危害食品安全犯罪从严打击的精神，依法严惩"地沟油"犯罪，坚决打击"地沟油"进入食用领域的各种犯罪行为，坚决保护人民群众切身利益。对于涉及多地区的"地沟油"犯罪案件，各地公安机关、检察机关、人民法院要在案件管辖、调查取证等方面通力合作，形成打击合力，切实维护人民群众食品安全。

二、准确理解法律规定，严格区分犯罪界限

（四）虽无法查明"食用油"是否系利用"地沟油"生产、加工，但犯罪嫌疑人、被告人明知该"食用油"来源可疑而予以销售的，应分别情形处理：经鉴定，检出有毒、有害成分的，依照刑法第 144 条销售有毒、有害食品罪的规定追究刑事责任；属于不符合安全标准的食品的，依照刑法第 143 条销售不符合安全标准的食品罪追究刑事责任；属于以假充真、以次充好、以不合格产品冒充合

格产品或者假冒注册商标，构成犯罪的，依照刑法第140条销售伪劣产品罪或者第213条假冒注册商标罪、第214条销售假冒注册商标的商品罪追究刑事责任。

三、准确把握宽严相济刑事政策在食品安全领域的适用

在对"地沟油"犯罪定罪量刑时，要充分考虑犯罪数额、犯罪分子主观恶性及其犯罪手段、犯罪行为对人民群众生命安全和身体健康的危害、对市场经济秩序的破坏程度、恶劣影响等。对于具有累犯、前科、共同犯罪的主犯、集团犯罪的首要分子等情节，以及犯罪数额巨大、情节恶劣、危害严重，群众反映强烈，给国家和人民利益造成重大损失的犯罪分子，依法严惩，罪当判处死刑的，要坚决依法判处死刑。对在同一条生产销售链上的犯罪分子，要在法定刑幅度内体现严惩源头犯罪的精神，确保生产环节与销售环节量刑的整体平衡。对于明知是"地沟油"而非法销售的公司、企业，要依法从严追究有关单位和直接责任人员的责任。对于具有自首、立功、从犯等法定情节的犯罪分子，可以依法从宽处理。要严格把握适用缓刑、免予刑事处罚的条件。对依法必须适用缓刑的，一般同时宣告禁止令，禁止其在缓刑考验期内从事与食品生产、销售等有关的活动。

**【参考案例】**

# 王龙、封英销售伪劣产品案

**一、基本案情**

王龙、封英（均为化名）系夫妻，自2016年以来，二人在位于北京市朝阳区望京花园东区206号楼108室的暂住地，从代理商、网

上搜索进货，再以淘宝网上注册的"北方宠物店"及实体销售形式，销售伪劣兽药。经工作，起获兽药 128 种、假兽药 207 种、人用药 4 种，其中的 74 种兽药价值人民币 20 余万元，其他药品无法鉴定。

## 二、诉讼过程

2018 年 8 月 3 日，北京市朝阳区农村工作委员会向朝阳区人民检察院移送本案线索。经审查，朝阳区人民检察院认为现有证据能够证实王龙、封英涉嫌销售伪劣产品罪，建议行政执法机关将案件移送公安机关。后北京市公安局朝阳分局对该案立案侦查，现已审结。

## 三、公安机关取证内容

根据《刑法》第 140 条以及相关司法解释的规定，要认定王龙、封英构成销售伪劣产品罪，公安机关应当收集以下证据：

1. 证明犯罪主体身份的证据

生产、销售伪劣产品案件的犯罪主体为一般主体。自然人实施犯罪行为需要追究刑事责任的必须已满 16 周岁，并具有刑事责任能力。因此，公安机关应当全面调取证明王龙、封英主体资格的证据材料，包括其身份信息材料、前科材料、刑事责任能力材料等。本案中，二人系夫妻关系，故公安机关还应当调取其婚姻证明材料。

2. 证明存在主观故意的证据

生产、销售伪劣产品案件在主观方面属于故意，即行为人明知生产、销售的是掺杂、掺假，以假充真，以次充好或者以不合格产品冒充合格产品，而仍然予以生产、销售。一般具有非法牟利目的，但是否营利、营利多少不影响其刑事责任的追究。证据表现形式主要为被告人供述，公安机关在讯问时应当重点问明其销售伪劣产品的动机、目的及预谋情况。此外，还可以通过证明被告人无合法手续、未经过批准、违反规定销售伪劣产品，以客观行为推定具有主观故意。本案属于共同犯罪，因此，公安机关还应当另行查明二人是否存在共谋或者相互知道对方在销售伪劣产品，以及二人的分工情况。

3. 证明实施危害行为的证据

本案中，王龙、封英被查获时，从其处起获兽药128种、假兽药207种、人用药4种。要证明二人实施了销售伪劣产品的危害行为，公安机关就应当在"销售""伪劣产品""货值金额"这三方面进行重点取证。

首先，公安机关调取了王龙银行卡账户明细以及其注册的淘宝交易记录，证实王龙、封英确实存在销售行为，并且其二人对此也自认。其次，要认定涉案兽药属于"伪劣产品"，公安机关调取了北京市朝阳区农村工作委员会2018年8月20日出具的处理证明，证实涉案兽药属于假兽药。并且，在案有搜查笔录、起获假兽药照片、扣押决定书、扣押清单、扣押笔录等书证，证实涉案伪劣产品被扣押的情况。最后，经价格认定，涉案假劣兽药价值202571元人民币，达到了《刑法》第140条规定的销售金额3倍（15万元）以上。

综合主体身份、主观故意、客观行为三方面的证据，可以认定王龙、封英实施了以假充真，销售伪劣产品，金额较大的行为，因此构成销售伪劣产品罪。

# 生产、 销售假药罪

生产、销售假药罪，是指自然人或者单位违反国家药品管理法规，故意生产、销售假药的行为。

## 一、刑事立案标准

根据《刑法》第 141 条、《刑事诉讼法》第 112 条及《最高人民检察院、公安部关于公安机关管辖的刑事案件立案追诉标准的规定（一）的补充规定》第 2 条，生产、销售假药的，应予立案追诉。但销售少量根据民间传统配方私自加工的药品，或者销售少量未经批准进口的国外、境外药品，没有造成他人伤害后果或者延误诊治，情节显著轻微危害不大的除外。

本条规定的"假药"，是指依照《药品管理法》的规定属于假药的药品、非药品。是否属于假药难以确定的，可以根据地市级以上药品监督管理部门出具的认定意见等相关材料进行认定。必要时，可以委托省级以上药品监督管理部门设置或者确定的药品检验机构进行检验。

此外，2019 年 8 月 26 日修订、2019 年 12 月 1 日施行的《药品管理法》（以下称 2019 年《药品管理法》）对假药的认定内容进行缩减，突出以药品功效评价为核心的假药品含义，将药品功效和药品许可管理秩序分开认定，明确了 4 种假药情形，并删除了按假药论处的药品情形。同时，单独规定了违反许可管理秩序的两种情形，即"未取得药品批准证明文件生产、进口药品"和"使用未按照规定审评、审批的原料药、包装材料和容器生产药品"。

根据 2019 年《药品管理法》第 98 条规定，假药情形包括：（1）药品所含成分与国家药品标准规定的成分不符；（2）以非药品冒充药品或者以他种药品冒充此种药品；（3）变质的药品；（4）药品所标明的适应症或者功能主治超出规定范围。只要当事人实施生产、销售假药的行为，就应当移送。对假药案件的移送，必须载明药品检验机构的质量检验结果，但《药品管理法》第 49 条第 3 款第 1、2、5、6 项规定的情形除外。有下列情形之一的，应当移送公安机关追究刑事责任：

1. 以生产、销售假药为目的，实施下列生产假药行为之一：（1）合成、精制、提取、储存、加工炮制药品原料；（2）将药品原料、辅料、包装材料制成成品过程中，进行配料、混合、制剂、储存、包装；（3）印制包装材料、标签、说明书。

2. 医疗机构、医疗机构工作人员明知是假药而有偿提供给他人使用，或者为出售而购买、储存的行为，应当认定为《刑法》第 141 条规定的销售假药行为。

3. 明知他人生产、销售假药，而有下列情形之一的，以共同犯罪论处，应当一并移送追究刑事责任：（1）提供资金、贷款、账号、发票、证明、许可证件的；（2）提供生产、经营场所、设备或者运输、储存、保管、邮寄、网络销售渠道等便利条件的；（3）提供生产技术或者原料、辅料、包装材料、标签、说明书的；（4）提供广告宣传等帮助行为的。

4. 药品注册申请单位的工作人员，故意使用虚假药物非临床研究报告、药物临床试验报告及相关材料，骗取药品批准证明文件生产、销售药品的，应当以生产、销售假药罪定罪处罚，并予移送。

药品经营企业、医疗机构未违反《药品管理法》和《药品管理法实施条例》的有关规定，并有充分证据证明其不知道所销售或者使用的药品是假药的，不再移送公安机关追究刑事责任，但是根据《药品管理法实施条例》第 75 条的规定，应当没收其销售或者使用的假药和违法所得，并可以免除其他行政处罚。

## 二、行政执法机关证据、材料收集、移送

【证据材料类型清单】

（一）主体身份证据

1. 证明目的

证明行政违法相对人主体的身份、资质、人数等。

2. 证据类型

包括：（1）身份资质证据，包括营业执照或者其他主体资格证明文件（事业单位法人登记证等）、药品生产许可证、药品 GMP 证书、药品经营许可证、药品 GSP 证书、医疗机构执业许可证等复印件；药品批准文件、药品质量标准等材料；药品生产企业、药品经营企业、医疗机构及其法定代表人、负责人、直接负责的主管人员和其他直接责任人员身份证复印件等。（2）现场检查笔录。（3）询问调查笔录。（4）视听资料。（5）其他证据。

（二）违法行为证据

1. 证明目的

证明行政违法相对人实施生产（含配制）、销售假药的行为。主要包括：（1）合成、精制、提取、储存、加工炮制药品原料；（2）将药品原料、辅料、包装材料制成成品过程中，进行配料、混合、制剂、储存、包装；（3）印制包装材料、标签、说明书；（4）提供资金、贷款、账号、发票、证明、许可证件；（5）提供

生产、经营场所、设备或者运输、储存、保管、邮寄、网络销售渠道等便利条件；（6）提供生产技术或者原料、辅料、包装材料、标签、说明书；（7）提供广告宣传等帮助行为。

2. 证据类型

包括：（1）涉案物品。包括假药；涉案药品原料、辅料；涉案药品的包装材料、标签和说明书；用于违法生产经营假药的工具、设备等物品。（2）购销合同、随货同行单、票据和相关记录及复印件。（3）现场检查笔录。（4）询问调查笔录。（5）视听资料。（6）电子数据。（7）当事人陈述。（8）证人证言。（9）检验报告。由省级以上食品药品监督管理部门设置或者确定的药品检验机构的检验报告【注：2019年《药品管理法》第121条规定："对假药、劣药的处罚决定，应当依法载明药品检验机构的质量检验结论"】。（10）地市级以上药品监督管理部门出具的认定意见等相关材料【注：《最高人民法院、最高人民检察院关于办理危害药品安全刑事案件适用法律若干问题的解释》第14条 是否属于刑法第一百四十一条、第一百四十二条规定的"假药""劣药"难以确定的，司法机关可以根据地市级以上药品监督管理部门出具的认定意见等相关材料进行认定。必要时，可以委托省级以上药品监督管理部门设置或者确定的药品检验机构进行检验】。（11）鉴定意见或专家论证意见书。（12）其他证据。

**（三）主观故意证据**

1. 证明目的

证明行政违法相对人具有违法故意。违法故意可以通过主观心理状态的询问和未履行药品质量安全法定义务的调查进行证明。

2. 证据类型

包括：（1）询问调查笔录。（2）证人证言。（3）其他证据。

### （四）危害后果证据

1. 证明目的

证明行政违法相对人违法行为客观危害性程度。包括：（1）实施违法行为的持续时间、具体地点；（2）涉案假药的种类、数量、销售范围、货值金额、购进单价、销售单价、销售金额、违法所得；（3）适用人群是否属于老人、孕产妇、婴幼儿、儿童和其他特定人群；（4）假药的基本情况说明，如物理和化学特性、对人体可能造成的危害等；（5）出现致人伤害、死亡等后果的，证明危害后果状况。

2. 证据类型

包括：（1）现场检查笔录。（2）询问调查笔录。（3）现场检查照片及其他视听资料。（4）购进合同、销售合同、场地租赁合同等。（5）购、销相关票据或者生产、加工、使用、销售记录。（6）省级以上药品监督管理部门设置或者确定的药品检验机构出具的检验报告。（7）查封扣押文书或先行登记保存文书。（8）食药部门自查得知或卫生行政部门提供的药害报告或媒体、公民提示的食药部门经审查确认的药害信息。（9）鉴定意见或者专家论证意见。（10）地市级以上药品监督管理部门出具的认定意见等相关材料。（11）其他证据。

### 【操作指引】

本规范列明了在违法事实清楚、证据确实充分的情况下执法人员应当和能够调取的全部证据。在实际工作中由于各种客观情况，本规范列明的证据并非可以全部取得。《刑事诉讼法》第 109 条规定："公安机关或者人民检察院发现犯罪事实或者犯罪嫌疑人，应当按照管辖范围，立案侦查。"行政机关只要能够认定或者间接认定违法相对人有违法行为，证明有犯罪事实需要追究刑事责任的，即可向公安机关移送涉嫌犯罪案件。

**一、主体资格证据**

包括：（1）营业执照或者其他主体资格证明文件（事业单位法人登记证等）。（2）药品生产许可证、药品 GMP 证书、药品经营许可证、药品 GSP 证书、医疗机构执业许可证、药品批准证明文件等复印件。（3）药品生产企业、药品经营企业、医疗机构的法定代表人、负责人、直接负责的主管人员和其他直接责任人员身份证复印件等。（4）无法取得违法行为人的身份证复印件的，调取驾驶执照、户口本、护照、社保卡等其他能够间接证明违法行为人身份的凭证复印件。（5）对无法提供任何身份证明的违法相对人，现场应进行头像拍照和摄像（若不具备条件，要拍摄出能清晰反映当事人面部及形体特征的照片），并在现场检查笔录和询问调查笔录中注明情况，对性别、年龄进行初步记录。

**二、现场检查笔录**

现场检查笔录应当载明以下事项：

1. 现场检查的时间、地点，执法人员姓名，执法证号等。

2. 违法相对人的主体资质情况。包括持有照证情况、经营范围、取得药品批准文号情况、法定代表人和陪同检查人员身份信息情况，以及现场发现主要从事违法活动的人员数量及身份信息情况。如违法相对人设立了组织机构或进行了职责分工，还应记录药品质量控制部门主管人员或直接负责人的职责分工和个人信息情况。

3. 现场检查时发现的涉及违法相对人从事违法生产销售活动的情况。包括：（1）生产车间、原料库房、成品库房情况，销售现场情况，现场的相关涉案物品、票据（包括相关的各种合同、进销存票据、生产记录、销售记录、账目记录、收支发票、销售范围资料等），电脑中的相关资料；（2）能够证明涉案药品原料、药品辅料、药品包装标签、说明书、药品成品来源的材料（包括生产商或供货商资质、出厂检验报告、产品合格证明、购销合同等）；（3）生产假药，应描述药品原料、药品辅料、药品包装、标签和说明书的存放位置、数量及储存和使用情况；（4）为生产销售假药提供资金、贷款、账号、发票、证明、许可证件的情况；提供生产、经营场所、设备或者运输、储存、保管、邮寄、网络销售渠道等便利条件的情况；提供广告宣传等帮助行为的情况。

4. 现场检查时发现的违法行为和客观危害程度。包括：（1）实施违法行为的持续时间、具体地点；（2）涉案假药的名称、种类、标明的批准文号、生产批号、有效期等信息；（3）涉案假药的数量、单价、货值金额、销售金额、违法所得；（4）涉案假药销售范围、适用人群、功能主治；（5）假药原料、辅料的种类、含量。

5. 查封扣押物品情况和先行登记保存物品情况。

**三、询问调查笔录及当事人陈述**

1. 调查询问的时间、地点，执法人员姓名，执法证号，被调查人的基本情况和企业授权被调查人接受调查的情况。

2. 当事人的主体资质情况，包括取得营业执照和药品生产许可证、药品 GMP 证书、药品经营许可证、药品 GSP 证书、医疗机构执业许可证的情况，生产经营的具体范围，是否取得药品批准文号，药品执行标准等。

3. 询问调查实施生产、销售假药行为的基本情况。包括以下四类。

假药的基本情况：（1）假药原料、辅料的物理和化学特性，包括名称、颜色、气味、形态等；（2）假药的包装容器、标签标识、储存方式情况；（3）假药的名称、标明的批准文号、适用人群、功能主治、使用方法、生产批号、有效期等。

假药原料、辅料的购进情况：（1）假药原料、辅料的购进数量、价格、购进渠道；（2）是否进行进货查验并进行相关记录；（3）是否取得生产商资质、出厂检验报告、产品合格证明、购销合同、支付价款和取得发票情况。

假药生产情况：（1）生产涉案假药的名称、种类及数量、库存数量、生产时间、生产批次等；（2）生产涉案假药的具体工艺流程、技术标准和配料比例；（3）药品原料、辅料和包装材料、标签的使用数量、库存数量、储存位置、经手人（包括接收人、领用人、使用人）情况。

假药的销售情况：（1）涉案假药的名称、种类及销售、库存数量，销售行为持续时间，销售去向，货值金额及销售金额；（2）涉案假药的来源情况（自行生产或委托生产，从生产商、中间商或个人处购进）。

4. 违法行为客观危害性程度的基本情况。包括：（1）实施违法行为的持续时间、销售区域；（2）涉案药品种类、销售范围、适用人群；（3）涉案药品的数量、货值金额、销售金额、违法所得。

5. 当事人对于违法行为的主观心理状态（是否明知）的情况。包括：（1）当事人是否知道涉案产品属于假药的情况，是否知晓对于"生产、销售假药"的禁止性规定；（2）当事人是否以明显低于市场价格购进药品原料、辅料或以明显低于市场价格销售药品；（3）当事人是否对其生产销售的药品进行检验，是否有不合格检验报告，以及对不合格检验报告的处置情况；（4）当事人是否曾经受到涉案药品发生危害后果的投诉举报、收到要求召回药品的通知、是否因生产销售假药受到过行政处罚等；（5）生产销售人员在执法人员检查时，是否有逃跑、抗拒检查等行为，是否在现场查获生产销售的假药；（6）是否在偏远、隐蔽场所制造，或者采取对制造设备进行伪装等方式生产假药。

**四、证人证言**

在行政机关需要或者条件允许的情况下，可向当事人以外的了解案件有关情况的人取得用来证明案件待证事实的陈述，从而帮助行政机关进一步了解案件事实经过、违法行为实施人、相关责任人员及其他内容。

固定证人证言的相关要求：（1）写明证人的姓名、年龄、性别、职业、住址等基本情况；（2）有证人的签名，不能签名的，应当以捺手印或盖章等方式证明；（3）注明出具日期；（4）附有居民身份证复印件等证明证人身份的文件。

**五、证明违法行为人是否依法履行生产经营过程控制法定义务的证据**

包括：（1）药品生产企业是否严格执行药品生产质量管理规范的规定；（2）药品经营企业是否严格执行药品经营质量管理规范的规定；（3）医疗机构是否严格执行药品管理和使用的相关规定。

**六、涉案物品和工具**

包括：（1）涉案假药；（2）涉案假药的原料、辅料；（3）用于违法生产经营的药品技术资料、包装材料、标签和药品说明书；（4）用于违法生产经营的工具、设备等物品【注：应当附有查封扣押、先行登记保存、检验（检测、检疫、鉴定）情况。包括《先行登记保存证据通知书》《实施行政强制措施决定书》《场所/设施/财物清单》《抽样记录》《检测/检验/检疫/鉴定委托书》《检测/检验/检疫/鉴定期间告知书》《检测/检验/检疫/鉴定结果告知书》】。

## 七、购销合同、票据和相关记录

药品生产环节：与假药原料、辅料、包装材料、标签和说明书、药品成品相关的购销合同、进货（查验）记录、入库记录、使用记录、生产记录、销售记录、统计报表、会计账册、收支凭证、票据等证明案件事实与危害程度的书面材料。

药品销售环节：与销售假药相关的购销合同、供应商证照资质、产品资质、进货（查验）记录、销售记录、销售价签、销售发票、会计账册、收支凭证等书面材料。

药品使用环节：与使用假药有关的购进记录、储存记录、出库记录、门诊记录、处方笺、销售票据等证明案件事实与危害程度的书面材料。

## 八、产品检验报告

包括：（1）药品原料、辅料检验报告；（2）药品出厂检验报告；（3）省级以上药品监督管理部门设置或者确定的药品检验机构出具的证明药品为假药的检验报告；（4）地市级以上药品监督管理部门出具的认定意见等相关材料【注：以上四种，并非可全部获取的证据】。

## 九、鉴定意见或专家论证意见

应当由具有司法鉴定资格的机构出具鉴定意见。无法出具鉴定意见的，以专家论证意见为准。

是否属于《刑法》第141条规定的"假药"难以确定的，司法机关可以根据地市级以上药品监督管理部门出具的认定意见等相关材料进行认定。必要时，可以委托省级以上药品监督管理部门设置或者确定的药品检验机构进行检验。

## 十、执法照片及视听资料

1. 执法照片。主要包括违法行为发生地照片、现场检查情形的照片、产品照片、法定代表人和主要负责人照片。执法照片应当注明拍摄的具体时间、地点，并由执法人员和当事人签字确认。

2. 视听资料，是指以录音、录像所反映的声音、形象、所提供的资料来证明案件真实情况的证据。主要包括：（1）当事人监控录像显示关于生产、销售不符合卫生标准的化妆品的视听资料；（2）执法记录仪、录像设备、录音设备记录的有关违法行为的视听资料；（3）有关违法行为的通话录音。

制作和调取视听资料的规则：（1）在进行录音录像时，一般应当公开进行。若因查处违法行为，需要进行秘密录音录像的，应当不违反法律规定，且不得侵害当事人的合法权益。（2）提取有关资料的原始载体。提取原始载体确有困难的，可以提取复制件。（3）注明制作方法、制作时间、制作人和证明对象等。（4）声音资料应当附有该声音内容的文字记录。

## 十一、电子证据

包括违法相对人电脑或其他信息化载体（如手持销售终端等）中有关药品原料购进、生产、销售行为的电子数据和记录；有关电子台账，生产、加工与销售记录和监控录像显示关于生产、销售假药违法行为的电脑存储文件等。

## 十二、其他证据

包括：（1）提供生产、经营场所、设备或者运输、储存、保管、邮寄、网络销售渠道等便利条件的合同或协议；（2）对人体健康造成严重危害、其他严重情节的情况报告或其他书面材料；（3）当事人是否因生产、销售假药的违法行为在两年内受到食品药品监管部门行政处罚的情况，如有需附行政处罚决定书；（4）当事人是否存在"销售少量根据民间传统配方私自加工的药品，或者销售少量未经批准进口的国外、境外药品，没有造成他人伤害后果或者延误诊治"情形的证据。

符合以下情形之一的，可以认为属于"销售少量根据民间传统配方私自加工的药品，或者销售少量未经批准进口的国外、境外药品"的情形：（1）销售涉案药品三次以下的；（2）违法所得在人民币两千元以下的。

## 三、公安机关证据收集

**【证据清单】**

**（一）证明犯罪嫌疑人身份、人数等主体方面的证据**

生产、销售假药案件的犯罪主体为一般主体。自然人实施犯罪行为需要追究刑事责任的必须已满16周岁，并具有刑事责任能力。单位也可以成为此类案件的犯罪主体。

证明自然人主体资格的证据材料，包括犯罪嫌疑人的身份信息材料、前科材料、刑事责任能力材料等。

证明单位犯罪主体的证据材料，包括证明单位的名称、住所地、性质、法定代表人、单位负责人、业务范围、成立时间和单位法定代表人、单位负责人或直接责任人员等的身份证明材料。

**（二）证明犯罪嫌疑人主观方面的证据**

生产、销售假药罪的责任形式为故意，即行为人明知生产、销售的是假药而仍然予以生产、销售。本罪不要求以非法获取利润为目的，是否营利、营利多少不影响其刑事责任的追究。即使低于成本价出售假药，也不影响本罪成立。

1. 证明犯罪嫌疑人主观明知的证据

包括：（1）收集证明犯罪嫌疑人生产、销售假药动机、目的及预谋情况的证据。（2）收集证明假药销售价格明显低于市场价格且无合理原因的证据。（3）收集证明犯罪嫌疑人无合法手续、未经过批准、违反规定销售或者证明犯罪嫌疑人伪造、变造、非法获取批准文号、药品合格检验报告等证明文件的相关证据。（4）收集证明犯罪嫌疑人故意逃避检查或属于受过行政或刑事处罚后再次生产、销售的证据。（5）收集证明犯罪嫌疑人隐匿、销毁涉案药品、财务账册等相关证据。（6）收集证明假药以及假药的生产经营者已经相关部门公告，犯罪嫌疑人仍生产、销售同一类型假药的相关证据。

2. 证明单位犯罪主观故意的证据

收集证明生产、销售假药的行为是由单位集体决定，或由单位负责人或被授权的其他人决定、同意，所获取的非法利益或违法所得大部分归单位所有的证据。

3. 证明为生产、销售假药提供条件的共同犯罪嫌疑人主观故意的证据

收集能够证明犯罪嫌疑人知道或者应当知道他人实施了生产、销售假药的犯罪行为，仍然为其提供资金、贷款、账号、发票、证明、许可证，或者提供生产、经营场所、设备或运输、储存、保管、邮寄、网络销售渠道等便利条件，或者提供生产技术、原料、辅料、包装材料、标签、说明书，或者提供广告宣传等帮助的证据。

**（三）证明犯罪嫌疑人实施危害行为的证据**

收集能够证明实施生产、销售行为的证据，并且犯罪对象为假药。

包括：（1）假冒药品生产许可证、经营企业许可证、制剂许可证、药品质量认证书及其标志。（2）伪造药品产地、冒用厂名、厂址以及注册商标。（3）药品所含成分的名称与国家、省、自治区、直辖市药品标准的规定不符。（4）以非药品冒充药品、以他种药品冒充此种药品。（5）生产、销售变质的药品。（6）生产、销售所标明的适应症或者功能主治超出规定范围的药品。

**(四) 证明犯罪对象是假药的证据**

假药，是指依照《药品管理法》的规定属于假药的药品、非药品。

属于假药的情形：（1）药品所含成分与国家药品标准规定的成分不符的；（2）以非药品冒充药品或者以他种药品冒充此种药品的。（3）变质的药品；（4）药品所标明的适应症或者功能主治超出规定范围。

是否属于《刑法》第141条规定的"假药"难以确定的，司法机关可以根据地市级以上药品监督管理部门出具的认定意见等相关材料进行认定。必要时，可以委托省级以上药品监督管理部门设置或者确定的药品检验机构进行检验。

**【适用法律规定】**

一、《刑法》条文

**第一百四十一条【生产、销售假药罪】** 生产、销售假药的，处三年以下有期徒刑或者拘役，并处罚金；对人体健康造成严重危害或者有其他严重情节的，处三年以上十年以下有期徒刑，并处罚金；致人死亡或者有其他特别严重情节的，处十年以上有期徒刑、无期徒刑或者死刑，并处罚金或者没收财产。

本条所称假药，是指依照《中华人民共和国药品管理法》的规定属于假药和按假药处理的药品、非药品。

**第一百四十九条【对生产、销售伪劣商品行为的法条适用】**生产、销售本节第一百四十一条至第一百四十八条所列产品，不构成各该条规定的犯罪，但是销售金额在五万元以上的，依照本节第一百四十条的规定定罪处罚。

生产、销售本节第一百四十一条至第一百四十八条所列产品，构成各该条规定的犯罪，同时又构成本节第一百四十条规定之罪的，依照处罚较重的规定定罪处罚。

**第一百五十条【单位犯本节规定之罪的处罚规定】** 单位犯本节第一百四十条至第一百四十八条规定之罪的，对单位判处罚金，并对其直接负责的主管人员和其他直接责任人员，依照各该条的规定处罚。

二、《药品管理法》条文

**第九十八条** 禁止生产（包括配制，下同）、销售、使用假药、劣药。

有下列情形之一的，为假药：

（一）药品所含成分与国家药品标准规定的成分不符；

（二）以非药品冒充药品或者以他种药品冒充此种药品；

（三）变质的药品；

（四）药品所标明的适应症或者功能主治超出规定范围。

有下列情形之一的，为劣药：

（一）药品成分的含量不符合国家药品标准；

（二）被污染的药品；

（三）未标明或者更改有效期的药品；

（四）未注明或者更改产品批号的药品；

（五）超过有效期的药品；

（六）擅自添加防腐剂、辅料的药品；

（七）其他不符合药品标准的药品。

禁止未取得药品批准证明文件生产、进口药品；禁止使用未按照规定审评、审批的原料药、包装材料和容器生产药品。

三、司法解释

**1. 2017 年 4 月 27 日《最高人民检察院、公安部关于公安机关管辖的刑事案件立案追诉标准的规定（一）的补充规定》**

将《立案追诉标准（一）》第十七条修改为：【生产、销售假药案（刑法第一百四十一条）】生产、销售假药的，应予立案追诉。但销售少量根据民间传统配方私自加工的药品，或者销售少量未经批准进口的国外、境外药品，没有造成他人伤害后果或者延误诊治，情节显著轻微危害不大的除外。

以生产、销售假药为目的，具有下列情形之一的，属于本条规定的"生产"：

（一）合成、精制、提取、储存、加工炮制药品原料的；

（二）将药品原料、辅料、包装材料制成成品过程中，进行配料、混合、制剂、储存、包装的；

（三）印制包装材料、标签、说明书的。

医疗机构、医疗机构工作人员明知是假药而有偿提供给他人使用，或者为出售而购买、储存的，属于本条规定的"销售"。

本条规定的"假药"，是指依照《中华人民共和国药品管理法》的规定属于假药和按假药处理的药品、非药品。是否属于假药难以确定的，可以根据地市级以上药品监督管理部门出具的认定意见等相关材料进行认定。必要时，可以委托省级以上药品监督管理部门设置或者确定的药品检验机构进行检验。

**2. 2014 年 12 月 1 日《最高人民法院、最高人民检察院关于办理危害药品安全刑事案件适用法律若干问题的解释》**

第一条  生产、销售假药，具有下列情形之一的，应当酌情从重处罚：

（一）生产、销售的假药以孕产妇、婴幼儿、儿童或者危重病人为主要使用对象的；

（二）生产、销售的假药属于麻醉药品、精神药品、医疗用毒性药品、放射性药品、避孕药品、血液制品、疫苗的；

（三）生产、销售的假药属于注射剂药品、急救药品的；

（四）医疗机构、医疗机构工作人员生产、销售假药的；

（五）在自然灾害、事故灾难、公共卫生事件、社会安全事件等突发事件期间，生产、销售用于应对突发事件的假药的；

（六）两年内曾因危害药品安全违法犯罪活动受过行政处罚或者刑事处罚的；

（七）其他应当酌情从重处罚的情形。

**第二条** 生产、销售假药，具有下列情形之一的，应当认定为刑法第一百四十一条规定的"对人体健康造成严重危害"：

（一）造成轻伤或者重伤的；

（二）造成轻度残疾或者中度残疾的；

（三）造成器官组织损伤导致一般功能障碍或者严重功能障碍的；

（四）其他对人体健康造成严重危害的情形。

**第三条** 生产、销售假药，具有下列情形之一的，应当认定为刑法第一百四十一条规定的"其他严重情节"：

（一）造成较大突发公共卫生事件的；

（二）生产、销售金额二十万元以上不满五十万元的；

（三）生产、销售金额十万元以上不满二十万元，并具有本解释第一条规定情形之一的；

（四）根据生产、销售的时间、数量、假药种类等，应当认定为情节严重的。

**第四条** 生产、销售假药，具有下列情形之一的，应当认定为

刑法第一百四十一条规定的"其他特别严重情节":

（一）致人重度残疾的;

（二）造成三人以上重伤、中度残疾或者器官组织损伤导致严重功能障碍的;

（三）造成五人以上轻度残疾或者器官组织损伤导致一般功能障碍的;

（四）造成十人以上轻伤的;

（五）造成重大、特别重大突发公共卫生事件的;

（六）生产、销售金额五十万元以上的;

（七）生产、销售金额二十万元以上不满五十万元，并具有本解释第一条规定情形之一的;

（八）根据生产、销售的时间、数量、假药种类等，应当认定为情节特别严重的。

**第六条** 以生产、销售假药、劣药为目的，实施下列行为之一的，应当认定为刑法第一百四十一条、第一百四十二条规定的"生产":

（一）合成、精制、提取、储存、加工炮制药品原料的行为;

（二）将药品原料、辅料、包装材料制成成品过程中，进行配料、混合、制剂、储存、包装的行为;

（三）印制包装材料、标签、说明书的行为。

医疗机构、医疗机构工作人员明知是假药、劣药而有偿提供给他人使用，或者为出售而购买、储存的行为，应当认定为刑法第一百四十一条、第一百四十二条规定的"销售"。

**第七条** 违反国家药品管理法律法规，未取得或者使用伪造、变造的药品经营许可证，非法经营药品，情节严重的，依照刑法第二百二十五条的规定以非法经营罪定罪处罚。

以提供给他人生产、销售药品为目的，违反国家规定，生产、销售不符合药用要求的非药品原料、辅料，情节严重的，依照刑法第二百二十五条的规定以非法经营罪定罪处罚。

实施前两款行为，非法经营数额在十万元以上，或者违法所得数额在五万元以上的，应当认定为刑法第二百二十五条规定的"情节严重"；非法经营数额在五十万元以上，或者违法所得数额在二十五万元以上的，应当认定为刑法第二百二十五条规定的"情节特别严重"。

实施本条第二款行为，同时又构成生产、销售伪劣产品罪、以危险方法危害公共安全罪等犯罪的，依照处罚较重的规定定罪处罚。

**第八条** 明知他人生产、销售假药、劣药，而有下列情形之一的，以共同犯罪论处：

（一）提供资金、贷款、账号、发票、证明、许可证件的；

（二）提供生产、经营场所、设备或者运输、储存、保管、邮寄、网络销售渠道等便利条件的；

（三）提供生产技术或者原料、辅料、包装材料、标签、说明书的；

（四）提供广告宣传等帮助行为的。

**第十条** 实施生产、销售假药、劣药犯罪，同时构成生产、销售伪劣产品、侵犯知识产权、非法经营、非法行医、非法采供血等犯罪的，依照处罚较重的规定定罪处罚。

**第十一条** 对实施本解释规定之犯罪的犯罪分子，应当依照刑法规定的条件，严格缓刑、免予刑事处罚的适用。对于适用缓刑的，应当同时宣告禁止令，禁止犯罪分子在缓刑考验期内从事药品生产、销售及相关活动。

销售少量根据民间传统配方私自加工的药品，或者销售少量未经批准进口的国外、境外药品，没有造成他人伤害后果或者延误诊治，情节显著轻微危害不大的，不认为是犯罪。

**第十二条** 犯生产、销售假药罪的，一般应当依法判处生产、销售金额二倍以上的罚金。共同犯罪的，对各共同犯罪人合计判处的罚金应当在生产、销售金额的二倍以上。

**第十三条** 单位犯本解释规定之罪的，对单位判处罚金，并对直接负责的主管人员和其他直接责任人员，依照本解释规定的自然人犯罪的定罪量刑标准处罚。

**第十四条** 是否属于刑法第一百四十一条、第一百四十二条规定的"假药""劣药"难以确定的，司法机关可以根据地市级以上药品监督管理部门出具的认定意见等相关材料进行认定。必要时，可以委托省级以上药品监督管理部门设置或者确定的药品检验机构进行检验。

**第十五条** 本解释所称"生产、销售金额"，是指生产、销售假药、劣药所得和可得的全部违法收入。

**第十六条** 本解释规定的"轻伤""重伤"按照《人体损伤程度鉴定标准》进行鉴定。

本解释规定的"轻度残疾""中度残疾""重度残疾"按照相关伤残等级评定标准进行评定。

**3. 2017 年 9 月 1 日《最高人民法院、最高人民检察院关于办理药品、医疗器械注册申请材料造假刑事案件适用法律若干问题的解释》**

**第三条** 药品注册申请单位的工作人员，故意使用符合本解释第一条第二款规定的虚假药物非临床研究报告、药物临床试验报告及相关材料，骗取药品批准证明文件生产、销售药品的，应当依照刑法第一百四十一条规定，以生产、销售假药罪定罪处罚。

**第四条** 药品注册申请单位的工作人员指使药物非临床研究机构、药物临床试验机构、合同研究组织的工作人员提供本解释第一条第二款规定的虚假药物非临床研究报告、药物临床试验报告及相关材料的，以提供虚假证明文件罪的共同犯罪论处。

具有下列情形之一的，可以认定为前款规定的"指使"，但有相反证据的除外：

（一）明知有关机构、组织不具备相应条件或者能力，仍委托其进行药物非临床研究、药物临床试验的；

（二）支付的价款明显异于正常费用的。

药品注册申请单位的工作人员和药物非临床研究机构、药物临床试验机构、合同研究组织的工作人员共同实施第一款规定的行为，骗取药品批准证明文件生产、销售药品，同时构成提供虚假证明文件罪和生产、销售假药罪的，依照处罚较重的规定定罪处罚。

【参考案例】

# 邱伟销售假药案

## 一、基本案情

2017年11月2日，邱伟（化名）通过淘宝网店铺，向他人销售医用小苏打1瓶，后通过快递从北京市朝阳区王四营乡盛华宏林粮油市场将上述医用小苏打寄送给买受人。经查，上述医用小苏打系从北京世和锦辉调料销售中心购进的食用小苏打，批准文号、厂商、厂址均系冒用。

## 二、诉讼过程

2018 年 4 月 24 日，朝阳区食品药品监督管理局商请朝阳区人民检察院对该案件线索进行审查。5 月 24 日，朝阳区人民检察院书面建议朝阳区食品药品监督管理局将该案件线索移送北京市公安局朝阳分局。6 月 1 日，朝阳区食品药品监督管理局依法移送。6 月 27 日，北京市公安局朝阳分局立案侦查。2018 年 6 月 28 日，北京市公安局朝阳分局对该案移送审查起诉。当日，朝阳区人民检察院适用速裁程序依法提起公诉，朝阳区人民法院以被告人邱伟犯销售假药罪，判处拘役三个月，罚金人民币 1000 元。

## 三、公安机关取证内容

根据《刑法》第 141 条以及相关司法解释的规定，要认定被告人邱伟构成销售假药罪，公安机关应当收集以下证据：

1. 证明犯罪主体身份的证据

生产、销售假药案件的犯罪主体为一般主体。自然人实施犯罪行为需要追究刑事责任的必须已满 16 周岁，并具有刑事责任能力。因此，公安机关应当全面调取证明邱伟主体资格的证据材料，包括其身份信息材料、前科材料、刑事责任能力材料等。

2. 证明存在主观故意的证据

生产、销售假药罪的责任形式为故意，即行为人明知生产、销售的是假药而仍然予以生产、销售。证据表现形式主要为被告人供述，公安机关在讯问时应当重点问明其销售假药的动机、目的及预谋情况。此外，还可以通过证明行为人无合法手续、未经过批准、违反规定销售假药，以客观行为推定具有主观故意。

本案中，被告人邱伟到案后如实供述了自己销售假药的情况，称"2017 年 8 月 25 日从北京世和锦辉调料销售中心购进食用小苏打，自己购买外包装盒和塑料瓶，把食用小苏打直接倒进塑料瓶内重新包装了一下"，这说明邱伟对销售假药持希望态度，符合销售假药罪的直接故意要求。

3. 证明实施危害行为的证据

本案中，邱伟通过淘宝网上店铺，以食用小苏打冒充医用小苏打进行销售。要证明邱伟实施了销售假药的危害行为，公安机关就应当在"销售"和"假药"这两方面进行重点取证，并且查明邱伟有无《药品许可证》。

首先，公安机关调取了涉案两名举报人的证言，证明她们从邱伟的淘宝店铺（MONODY［北京］医美 SODA 官旗店）购买医用小苏打，后发现药品为假的情况。其次，公安机关对邱伟进行了详细讯问，获取其有罪供述，证明邱伟没有药品经营许可证，利用淘宝网店，以食用小苏打冒充医用小苏打进行销售，并且网店销售的医用级小苏打外包装、说明书、标签、网页宣传页是自己从网上搜索编辑好，找印刷店印制的情况。此外，公安机关还对涉案网店淘宝销售记录进行了截屏固定，以客观证据证实"销售"的具体情况。最后，公安机关调取了涉案小苏打瓶照片、包装盒照片、使用说明书等物证、书证，证明涉案所谓的医用小苏打实为食用小苏打，属于《药品管理法》第 98 条第 2 款第 2 项规定的"以非药品冒充药品"情形，应认定为"假药"。

综合主体身份、主观故意、客观行为三方面的证据，可以认定邱伟实施了违反国家药品管理法规，故意销售假药的行为，因此构成销售假药罪。

# 生产、 销售劣药罪

生产、销售劣药罪，是指自然人或者单位生产、销售劣药，对人体健康造成严重危害的行为。

## 一、刑事立案标准

根据《刑法》第 142 条、《刑事诉讼法》第 112 条及《最高人民检察院、公安部关于公安机关管辖的刑事案件立案追诉标准的规定（一）》第 18 条，生产（配置）、销售劣药，涉嫌下列情形之一的，应予立案追诉：（1）造成人员轻伤、重伤或者死亡；（2）其他对人体健康造成严重危害的情形。

"其他对人体健康造成严重危害"具体包括以下情形：（1）造成轻度残疾或者中度残疾；（2）造成器官组织损伤导致一般功能障碍或者严重功能障碍。

"劣药"是指，依照《药品管理法》的规定，属于劣药药品。

此外，2019 年《药品管理法》对劣药的认定内容进行缩减，突出以药品功效评价为核心的劣药含义，明确了七种劣药情形，删除了按劣药论处的情形。根据 2019 年《药品管理法》第 98 条规定，劣药情形包括：（1）药品成分的含量不符合国家药品标准；（2）被污染的药品；（3）未标明或者更改有效期的药品；（4）未注明或者更改产品批号的药品；（5）超过有效期的药品；（6）擅自添加防腐剂、辅料的药品；（7）其他不符合药品标准的药品。

2019 年《药品管理法》第 121 条规定："对假药、劣药的处罚决定，应当依法载明药品检验机构的质量检验结论。"有下列情形之一的，应当移送公安机关追究刑事责任：

1. 以生产、销售劣药为目的，实施下列生产劣药行为之一：（1）合成、精制、提取、储存、加工炮制药品原料；（2）将药品原料、辅料、包装材料制成成品过程中，进行配料、混合、制剂、储存、包装；（3）印制包装材料、标签、说明书。

2. 医疗机构、医疗机构工作人员明知是劣药而有偿提供给他人使用，或者为出售而购买、储存的行为，应当认定为《刑法》第 142 条规定的销售劣药行为，有初步证据证明造成危害后果的，应予移送。

3. 明知他人生产、销售劣药，而有下列情形之一的，以共同犯罪论处，应当一并移送追究刑事责任：（1）提供资金、贷款、账号、发票、证明、许可证件的；（2）提供生产、经营场所、设备或者运输、储存、保管、邮寄、网络销售渠道等便利条件的；（3）提供生产技术或者原料、辅料、包装材料、标签、说明书的；（4）提供广告宣传等帮助行为的。

药品经营企业、医疗机构未违反《药品管理法》和《药品管理法实施条例》的有关规定，并有充分证据证明其不知道所销售或者使用的药品是劣药的，不再移送公安机关追究刑事责任，但是根据《药品管理法实施条例》第 75 条的规定，应当没收其销售或者使用的劣药和违法所得，并可以免除其他行政处罚。

## 二、行政执法机关证据、材料收集、移送

**【证据材料类型清单】**

**（一）主体身份证据**

1. 证明目的

证明行政违法相对人主体的身份、资质、人数等。

2. 证据类型

包括：（1）身份资质证据，包括营业执照或者其他主体资格证明文件（机关或者事业单位法人登记证、社会团体登记证等）、药品生产许可证、药品 GMP 证书、药品经营许可证、药品 GSP 证书、医疗机构执业许可证等复印件；药品批准文件、药品质量标准等材料；药品生产经营企业、医疗机构及其法定代表人、负责人、直接负责的主管人员和其他直接责任人员身份证复印件等。（2）现场检查笔录。（3）询问调查笔录。（4）视听资料。（5）其他证据。

**（二）违法行为证据**

1. 证明目的

证明行政违法相对人实施生产、销售劣药的行为。

2. 证据类型

包括：（1）涉案物品，包括劣药；涉案药品原料、辅料；涉案药品的包装材料、标签和说明书；用于违法生产经营劣药的工具、设备等物品。（2）购销合同、随货同行单、票据和相关记录及复印件。（3）现场检查笔录。（4）询问调查笔录。（5）视听资料。（6）电子数据。（7）当事人陈述。（8）证人证言。（9）检验报告，系由按照国家认证认可的规定取得资质认定的药品检验机构出具的检验报告。（10）地市级以上药品监督管理部门出具的认定意见等相关材料。（11）鉴定意见或专家论证意见书。（12）其他证据。

**（三）主观故意证据**

1. 证明目的

证明行政违法相对人具有违法故意。违法故意可以通过主观心理状态的询问和未履行药品安全法定义务的调查进行证明。

2. 证据类型

包括：（1）询问调查笔录。（2）证人证言。（3）其他证据。

### （四）危害后果证据

1. 证明目的

证明行政违法相对人违法行为的客观危害性程度，即证明对人体健康造成严重危害。包括：（1）实施违法行为时间、时长、地点；（2）涉案劣药的种类、数量、销售范围、货值金额、购进单价、销售单价、销售金额、违法所得；（3）适用人群是否属于老人、孕产妇、婴幼儿、儿童和其他特定人群；（4）劣药的基本情况说明，如物理和化学特性、对人体可能造成的危害等；（5）出现致人伤害、死亡等后果的，证明危害后果状况。

2. 证据类型

包括：（1）现场检查笔录。（2）询问调查笔录。（3）现场检查照片及其他视听资料。（4）购进合同、销售合同、场地租赁合同等。（5）购、销相关票据或者生产、加工、使用、销售记录。（6）省级以上药品监督管理部门设置或者确定的药品检验机构出具的检验报告。（7）查封扣押文书或先行登记保存文书。（8）食品药品监管部门自查得知或卫生行政部门提供的药害报告或新闻媒体、社会公众提示的食药部门经审查确认的药害信息。（9）鉴定意见或者专家论证意见。（10）地市级以上药品监督管理部门出具的认定意见等相关材料。（11）其他证据。

## 【操作指引】

本规范列明了在违法事实清楚、证据确实充分的情况下执法人员应当和能够调取的全部证据。在实际工作中由于各种客观情况，本规范列明的证据并非可以全部取得。《刑事诉讼法》第 109 条规定："公安机关或者人民检察院发现犯罪事实或者犯罪嫌疑人，应当按照管辖范围，立案侦查。"行政机关只要能够认定或者间接认定违法相对人有违法行为，证明有犯罪事实需要追究刑事责任的，即可向公安机关移送涉嫌犯罪案件。

## 一、主体资格证据

包括：（1）营业执照或者其他主体资格证明文件（事业单位法人登记证等）。（2）药品生产许可证、药品GMP证书、药品经营许可证、药品GSP证书、医疗机构执业许可证、药品注册证书、药品质量标准等复印件。（3）药品生产企业、药品经营企业、医疗机构的法定代表人、负责人、直接负责的主管人员和其他直接责任人员身份证复印件等。（4）无法取得违法行为人的身份证复印件的，调取驾驶执照、户口本、护照、社保卡等其他能够间接证明违法行为人身份的凭证复印件。（5）对无法提供任何身份证明的违法相对人，现场应进行头像拍照和摄像（若不具备条件，要拍摄出能清晰反映当事人面部及形体特征的照片），并在现场检查笔录和询问调查笔录中注明情况，对性别、年龄、进行初步记录。

## 二、现场检查笔录

现场检查笔录应当载明以下事项：

1. 现场检查的时间、地点，执法人员姓名，执法证号等。

2. 违法相对人的主体资质情况。包括持有证照情况、法定代表人和陪同检查人员身份信息情况，以及现场发现主要从事违法活动的人员数量及身份信息情况。如违法相对人设立了组织机构或进行了职责分工，还应记录药品质量安全控制部门主管人员或直接负责人的职责分工和人员信息情况。

3. 现场检查时发现的涉及违法相对人从事违法生产经营活动的情况。包括：（1）生产车间、原料库房、成品库房情况，销售现场情况，现场的相关涉案物品、票据（包括相关的各种合同、进销存票据、生产记录、销售记录、账目记录、收支发票、销售范围资料等），电脑中的相关资料；（2）能够证明涉案药品原料、药品辅料、药品包装材料、标签、说明书、药品成品来源的材料（包括生产商或供货商资质、出厂检验报告、产品合格证明、购销合同等）；（3）生产劣药，应描述药品原料、药品辅料、药品包装和标签的存放位置、物理性质、数量及储存和使用情况；（4）为生产销售劣药提供资金、贷款、账号、发票、证明、许可证件的情况；提供生产、经营场所、设备或者运输、储存、保管、邮寄、网络销售渠道等便利条件的情况；提供广告宣传等帮助行为的情况。

4. 现场检查时发现的违法行为客观危害程度。包括：（1）实施违法行为时间、时长、地点；（2）涉案劣药的名称、种类、批准文号、功能主治、生产批号、有效期、数量、单价；（3）涉案劣药的货值金额、销售金额、违法所得；（4）涉案劣药销售范围、适用人群是否以孕产妇、婴幼儿、儿童或者危重病人为主要使用对象；（5）涉案劣药原料、辅料的种类、含量。

5. 查封扣押物品情况或者先行登记保存物品情况。

**三、询问调查笔录及当事人陈述**

1. 调查询问的时间、地点，执法人员姓名，执法证号，被调查人的基本情况和企业授权被调查人接受调查的情况。

2. 当事人的主体资质情况，包括取得营业执照和药品生产许可证、药品 GMP 证书、药品经营许可证、药品 GSP 证书、医疗机构执业许可证的情况，经营范围，药品批准文件，药品执行标准等。

3. 询问调查实施生产、销售劣药行为的基本情况。包括以下四类。

涉案劣药的基本情况：（1）劣药原料、辅料的物理和化学特性，包括名称、颜色、气味、形态等；（2）劣药的包装容器、标签标识、说明书、储存方式情况；（3）劣药的名称、批准文号、生产批号、有效期、适用人群、功能主治、使用方法等。

涉案劣药原料、辅料的购进情况：（1）劣药原料、辅料的购进数量、价格、购进渠道；（2）是否进行进货查验并进行相关记录；（3）是否取得生产商资质、出厂检验报告、产品合格证明、购销合同、支付价款和取得发票情况。

涉案劣药生产情况：（1）生产涉案劣药的种类及数量、库存数量、生产时间、生产批次等；（2）生产涉案劣药的具体工艺流程和配料比例；（3）药品原料、辅料和包装材料、标签的使用数量、库存数量、储存位置、经手人（包括接收人、领用人、使用人）情况。

涉案劣药的销售情况：（1）涉案劣药的名称、种类及销售、库存数量，销售行为持续时间，销售去向，货值金额及销售金额；（2）涉案劣药的来源情况（自行生产或委托生产，从生产商、中间商或个人处购进）。

4. 违法行为客观危害程度的基本情况。包括：（1）实施违法行为的持续时间、销售区域；（2）涉案药品种类、销售范围、适用人群；（3）涉案药品的数量、货值金额、销售金额、违法所得；（4）涉案药品对人体健康造成严重危害的情况。

5. 当事人对于违法行为的主观心理状态（是否明知）的情况。包括：（1）当事人是否知道涉案产品属于劣药的情况，是否知晓对于"生产、销售劣药"的禁止性规定；（2）当事人是否以明显低于市场价格购进药品原料、辅料或以明显低于市场价格销售药品；（3）当事人是否对其生产销售的药品进行检验，是否有不合格检验报告和对不合格检验报告的处置情况；（4）当事人是否曾经受到涉案药品发生危害后果的投诉举报、收到要求召回药品的通知，是否受到过行政处罚等；（5）当事人是否在执法人员检查时，有逃跑、抗拒检查等行为；（6）是否在偏远、隐蔽场所制造，或者采取对制造设备进行伪装等方式生产劣药。

### 四、证人证言

在行政机关需要或者条件允许的情况下，可向当事人以外的了解案件有关情况的人取得用来证明案件待证事实的陈述，从而帮助行政机关进一步了解案件事实经过、违法行为实施人、相关责任人员及其他内容。

证人证言的相关要求：（1）写明证人的姓名、年龄、性别、职业、住址等基本情况；（2）有证人的签名，不能签名的，应当以捺手印或盖章等方式证明；（3）注明出具日期；（4）附有居民身份证复印件等证明证人身份的文件。

### 五、证明违法行为人是否依法履行生产经营过程控制法定义务的证据

包括：（1）药品生产企业是否严格执行药品生产质量管理规范的规定；（2）药品经营企业是否严格执行药品经营质量管理规范的规定；（3）医疗机构是否严格执行药品管理和使用的相关规定。

### 六、涉案物品和工具

包括：（1）涉案劣药；（2）涉案劣药的原料、辅料；（3）用于违法生产经营的药品技术资料、包装材料、标签和说明书；（4）用于违法生产经营的工具、设备等物品【注：应当附有查封扣押、先行登记保存、检验（检测、检疫、鉴定）情况。包括《先行登记保存证据通知书》《实施行政强制措施决定书》《场所/设施/财物清单》《抽样记录》《检测/检验/检疫/鉴定委托书》《检测/检验/检疫/鉴定期间告知书》《检测/检验/检疫/鉴定结果告知书》】。

### 七、购销合同、票据和相关记录

药品生产环节：与生产劣药有关的药品原料、辅料、包装材料、标签和说明书、药品成品相关的购销合同、进货（查验）记

录、入库记录、使用记录、生产记录、销售记录、统计报表、会计账册、收支凭证、票据等证明案件事实与危害程度的书面材料。

药品销售环节：与销售劣药相关的购销合同、供应商证照资质、产品资质、进货（查验）记录、销售记录、销售价签、销售发票、会计账册、收支凭证等书面材料。

药品使用环节：与使用劣药有关的购进记录、储存记录、出库记录、门诊记录、处方笺、销售票据等证明案件事实与危害程度的书面材料。

## 八、产品检验报告

包括：（1）药品原料、辅料检验报告；（2）药品出厂检验报告；（3）省级以上药品监督管理部门设置或者确定的药品检验机构出具的证明药品为劣药的检验报告；（4）地市级以上药品监督管理部门出具的认定意见等相关材料【注：以上四种，并非可全部获取的证据】。

## 九、鉴定意见或专家论证意见

应当由具有司法鉴定资格的机构出具鉴定意见。无法出具鉴定意见的，以专家论证意见为准。

是否属于《刑法》第142条规定的"劣药"难以确定的，司法机关可以根据地市级以上药品监督管理部门出具的认定意见等相关材料进行认定。必要时，可以委托省级以上药品监督管理部门设置或者确定的药品检验机构进行检验。

## 十、执法照片及视听资料

1. 执法照片，主要包括违法行为发生地照片、现场检查情形的照片、产品照片、法定代表人和主要负责人照片。执法照片应当注明拍摄的具体时间、地点，并由执法人员和当事人签字确认。

2. 视听资料，是指以录音、录像所反映的声音、形象、所提供的资料来证明案件真实情况的证据。

主要包括：（1）当事人监控录像显示关于生产、销售劣药的视听资料；（2）执法记录仪、录像设备、录音设备记录的有关违法行为的视听资料；（3）有关违法行为的通话录音。

制作和调取视听资料的规则：（1）在进行录音录像时，一般应当公开进行。若因查处违法行为，需要进行秘密录音录像的，应当不违反法律规定，且不得侵害当事人的合法权益。（2）提取有关资料的原始载体。提取原始载体确有困难的，可以提取复制件。（3）注明制作方法、制作时间、制作人和证明对象等。（4）声音资料应当附有该声音内容的文字记录。

**十一、电子证据**

包括违法相对人电脑或其他信息化载体（如手持销售终端等）中有关药品原料购进、生产、销售行为的电子数据和记录；有关电子台账，生产、加工与销售记录和监控录像显示关于生产、销售劣药违法行为的电脑存储文件等。

**十二、其他证据**

包括：（1）从提供生产、经营场所、设备或者运输、储存、保管、邮寄、网络销售渠道等便利条件的合同或协议；（2）对人体健康造成严重危害、其他严重情节的情况报告或其他书面材料；（3）当事人是否因生产、销售劣药的违法行为在两年内受到食品药品监管部门行政处罚的情况，如有，需附行政处罚决定书。

# 三、公安机关证据收集

**【证据清单】**

**（一）证明犯罪嫌疑人身份、人数等主体方面的证据**

生产、销售劣药案件的犯罪主体为一般主体。自然人实施犯罪行为需要追究刑事责任的必须已满 16 周岁，并具有刑事责任能力。单位也可以成为此类案件的犯罪主体。

证明自然人主体资格的证据材料，包括犯罪嫌疑人的身份信息材料、前科材料、刑事责任能力材料等。

证明单位犯罪主体的证据材料，包括证明单位的名称、住所地、性质、法定代表人、单位负责人、业务范围、成立时间和单位法定代表人、单位负责人或直接责任人员等的身份证明材料。

**（二）证明犯罪嫌疑人主观方面的证据**

生产、销售劣药罪的责任形式为故意，即行为人明知生产、销售劣药的行为会发生危害人体健康的结果，并且希望或者放任这种结果的发生。行为人一般具有非法牟利的目的，但是否营利、营利多少不影响其刑事责任的追究。

1. 证明犯罪嫌疑人主观明知的证据

包括：（1）收集证明犯罪嫌疑人生产、销售劣药动机、目的及预谋情况的证据。（2）收集证明劣药销售价格明显低于市场价格且无合理原因的证据。（3）收集证明犯罪嫌疑人无合法手续、未经过批准、违反规定销售或者证明犯罪嫌疑人伪造、变造、非法获取药品生产许可证、药品质量认证书、药品合格检验报告等证明文件的相关证据。（4）收集证明犯罪嫌疑人故意逃避检查或属于受过行政或刑事处罚后再次生产、销售的证据。（5）收集证明犯罪嫌疑人隐匿、销毁涉案劣药、财务账册等相关证据。（6）收集证明劣药以及劣药的生产经营者已经相关部门公告，犯罪嫌疑人仍生产、销售同一类型药品的相关证据。

2. 证明单位犯罪主观故意的证据

收集证明生产、销售劣药的行为是由单位集体决定，或由单位负责人或被授权的其他人决定、同意，所获取的非法利益或违法所得大部分归单位所有的证据。

3. 证明为生产、销售劣药提供条件的共同犯罪嫌疑人主观故意的证据

收集能够证明犯罪嫌疑人知道或者应当知道他人实施了生产、销售劣药的犯罪行为，仍然为其提供了资金、贷款、账号、发票、证明、许可证，或者提供生产、经营场所、设备或运输、储存、保管、邮寄、网络销售渠道等便利条件，或者提供生产技术、原料、辅料、包装材料、标签、说明书，或者提供广告宣传等帮助的证据。

**（三）证明犯罪嫌疑人实施危害行为的证据**

收集能够证明实施生产、销售行为的证据，并且犯罪对象为劣药。包括：（1）合成、精制、提取、储存、加工炮制药品原料；（2）将药品原料、辅料、包装材料制成成品过程中，进行配料、混合、制剂、储存、包装；（3）印制包装材料、标签、说明书。

"劣药"是指，依照《药品管理法》的规定，药品成分的含量不符合国家药品标准的药品。有下列情形之一的，为劣药：（1）药品成分的含量不符合国家药品标准；（2）被污染的药品；（3）未标明或者更改有效期的药品；（4）未注明或者更改产品批号的药品；（5）超过有效期的药品；（6）擅自添加防腐剂、辅料的药品；（7）其他不符合药品标准的药品。

**（四）证明造成危害后果的证据**

收集能够证明行为人生产、销售劣药以致造成人体健康严重危害的证据。包括：（1）造成人员轻伤、重伤或者死亡；（2）造成轻度残疾或者中度残疾；（3）造成器官组织损伤导致一般功能障碍或者严重功能障碍。

**【适用法律规定】**

一、《刑法》条文

**第一百四十二条 【生产、销售劣药罪】** 生产、销售劣药，对人体健康造成严重危害的，处三年以上十年以下有期徒刑，并处销售金额百分之五十以上二倍以下罚金；后果特别严重的，处十年以上有期徒刑或者无期徒刑，并处销售金额百分之五十以上二倍以下罚金或者没收财产。

本条所称劣药，是指依照《中华人民共和国药品管理法》的规定属于劣药的药品。

**第一百四十九条 【对生产、销售伪劣商品行为的法条适用】** 生产、销售本节第一百四十一条至第一百四十八条所列产品，不构成各该条规定的犯罪，但是销售金额在五万元以上的，依照本节第一百四十条的规定定罪处罚。

生产、销售本节第一百四十一条至第一百四十八条所列产品，构成各该条规定的犯罪，同时又构成本节第一百四十条规定之罪的，依照处罚较重的规定定罪处罚。

**第一百五十条 【单位犯本节规定之罪的处罚规定】** 单位犯本节第一百四十条至第一百四十八条规定之罪的，对单位判处罚金，并对其直接负责的主管人员和其他直接责任人员，依照各该条的规定处罚。

二、《药品管理法》条文

**第九十八条** 禁止生产（包括配制，下同）、销售、使用假药、劣药。

有下列情形之一的，为假药：

（一）药品所含成分与国家药品标准规定的成分不符；

（二）以非药品冒充药品或者以他种药品冒充此种药品；

（三）变质的药品；

（四）药品所标明的适应症或者功能主治超出规定范围。

有下列情形之一的，为劣药：

（一）药品成分的含量不符合国家药品标准；

（二）被污染的药品；

（三）未标明或者更改有效期的药品；

（四）未注明或者更改产品批号的药品；

（五）超过有效期的药品；

（六）擅自添加防腐剂、辅料的药品；

（七）其他不符合药品标准的药品。

禁止未取得药品批准证明文件生产、进口药品；禁止使用未按照规定审评、审批的原料药、包装材料和容器生产药品。

**三、司法解释**

**1. 2008 年 6 月 25 日《最高人民检察院、公安部关于公安机关管辖的刑事案件立案追诉标准的规定（一）》**

第十八条　生产（包括配制）、销售劣药，涉嫌下列情形之一的，应予立案追诉：

（一）造成人员轻伤、重伤或者死亡的；

（二）其他对人体健康造成严重危害的情形。

本条规定的"劣药"，是指依照《中华人民共和国药品管理法》的规定，药品成分的含量不符合国家药品标准的药品和按劣药论处的药品。

**2. 2014 年 12 月 1 日《最高人民法院、最高人民检察院关于办理危害药品安全刑事案件适用法律若干问题的解释》**

第五条　生产、销售劣药，具有本解释第二条规定情形之一的，应当认定为刑法第一百四十二条规定的"对人体健康造成严重危害"。

生产、销售劣药，致人死亡，或者具有本解释第四条第一项至第五项规定情形之一的，应当认定为刑法第一百四十二条规定的"后果特别严重"。

生产、销售劣药，具有本解释第一条规定情形之一的，应当酌情从重处罚。

第六条 以生产、销售假药、劣药为目的，实施下列行为之一的，应当认定为刑法第一百四十一条、第一百四十二条规定的"生产"：

（一）合成、精制、提取、储存、加工炮制药品原料的行为；

（二）将药品原料、辅料、包装材料制成成品过程中，进行配料、混合、制剂、储存、包装的行为；

（三）印制包装材料、标签、说明书的行为。

医疗机构、医疗机构工作人员明知是假药、劣药而有偿提供给他人使用，或者为出售而购买、储存的行为，应当认定为刑法第一百四十一条、第一百四十二条规定的"销售"。

第八条 明知他人生产、销售假药、劣药，而有下列情形之一的，以共同犯罪论处：

（一）提供资金、贷款、账号、发票、证明、许可证件的；

（二）提供生产、经营场所、设备或者运输、储存、保管、邮寄、网络销售渠道等便利条件的；

（三）提供生产技术或者原料、辅料、包装材料、标签、说明书的；

（四）提供广告宣传等帮助行为的。

第十条 实施生产、销售假药、劣药犯罪，同时构成生产、销售伪劣产品、侵犯知识产权、非法经营、非法行医、非法采供血等犯罪的，依照处罚较重的规定定罪处罚。

# 生产、销售不符合安全标准的食品罪

生产、销售不符合安全标准的食品罪，是指生产者、销售者违反国家食品安全管理法规，生产、销售不符合食品安全标准的食品，足以造成严重食物中毒事故或者其他严重食源性疾病的行为。

## 一、刑事立案标准

根据《刑法》第 143 条、《刑事诉讼法》第 112 条及《最高人民检察院、公安部关于公安机关管辖的刑事案件立案追诉标准的规定（一）的补充规定》第 3 条，生产、销售不符合食品安全标准的食品，食品中含有可能导致严重食物中毒事故或者其他严重食源性疾病的超标准的有害细菌或者其他污染物的，应当立案。

在办理生产、销售不符合食品安全标准食品行政处罚案件时，具有下列情形之一的，行政机关应向公安机关移送案件：（1）已造成严重食物中毒事故或者其他严重食源性疾病的；（2）经专家论证，致病性微生物、农药残留、兽药残留、重金属、污染物质等指标属于严重超出标准限量，或足以造成严重食物中毒事故或者严重食源性疾病的；（3）经专家论证，婴幼儿食品中生长发育所需营养成分严重不符合食品安全标准的；（4）属于病死、死因不明或者检验检疫不合格的畜、禽、兽、水产动物及其肉类、肉类制品的；（5）属于国家为防控疾病等特殊需要明令禁止生产、销售的；

（6）其他应移送的情形。

在食品加工、销售、运输、贮存等过程中，违反食品安全标准，超限量或者超范围滥用食品添加剂，足以造成严重食物中毒事故或者其他严重食源性疾病的，应予移送。

在食用农产品种植、养殖、销售、运输、贮存等过程中，违反食品安全标准，超限量或者超范围滥用添加剂、农药、兽药等，足以造成严重食物中毒事故或者其他严重食源性疾病的，应予移送。

# 二、行政执法机关证据、材料收集、移送

**【证据材料类型清单】**

**（一）主体身份证据**

1. 证明目的

证明行政违法相对人主体的身份、资质、人数等。

2. 证据类型

包括：（1）身份资质证据，包括营业执照、其他主体资格证明文件（机关或者事业单位法人登记证、社会团体登记证等）、食品生产许可证、食品经营许可证等复印件；食品生产经营者及其法定代表人、负责人、直接负责的主管人员和其他直接责任人员身份证复印件等。（2）现场检查笔录。（3）询问调查笔录。（4）视听资料。（5）其他证据。

**（二）违法行为证据**

1. 证明目的

证明行政违法相对人实施生产、销售不符合安全标准的食品的行为。在食品加工、销售、运输、贮存等过程中，违反食品安全标准，超限量或者超范围滥用食品添加剂。在食用农产品种植、养殖、销售、运输、贮存等过程中，违反食品安全标准，超限量或者

超范围滥用添加剂、农药、兽药等。

2. 证据类型

包括：（1）涉案物品，包括不符合食品安全标准的食品；食品原料；食品包装、标签和说明书；用于违法生产经营的工具、设备等物品。（2）购销合同、票据和相关记录及复印件。（3）现场检查笔录。（4）询问调查笔录。（5）视听资料。（6）电子数据。（7）当事人陈述。（8）证人证言。（9）检验报告，系由按照国家认证认可的规定取得资质认定的检验机构出具（符合资格的检验机构可在《中国国家认证认可监督管理委员会》网站上查询）。（10）鉴定意见或专家论证意见书。（11）其他证据。

**（三）主观故意证据**

1. 证明目的

证明行政违法相对人具有违法故意。违法故意可以通过主观心理状态的询问和未履行食品安全法定义务的调查进行证明。

2. 证据类型

包括：（1）询问调查笔录。（2）证人证言。（3）其他证据。

**（四）危害后果证据**

1. 证明目的

证明行政违法相对人违法行为客观危害性的程度，即足以造成严重食物中毒事故或者其他严重食源性疾病或者已经造成严重食物中毒事故或者其他严重食源性疾病的危害后果。包括：（1）实施违法行为时间、时长、地点；（2）涉案食品的种类、数量、销售范围、涉案食品的货值金额、销售金额、违法所得；（3）适用人群是否属于老人、孕产妇、婴幼儿、儿童和其他特定人群；（4）食品原料的种类、含量；（5）不符合食品安全标准的食品的基本情况说明，包括物理和化学特性、对人体可能造成的危害等；（6）出现食物中毒事故以及食源性疾病等后果的，证明危害后果状况的证据。

2. 证据类型

包括：（1）现场检查笔录。（2）询问调查笔录。（3）现场检查照片及其他视听资料。（4）购进合同、销售、场地租赁合同等。（5）购、销相关票据或者生产、加工、使用、销售记录。（6）由按照国家认证认可的规定取得资质认定的检验机构出具的检验报告。（7）查封扣押文书或先行登记保存文书。（8）新闻媒体、社会公众披露或其他部门移送的关于严重食物中毒事故或者其他严重食源性疾病并经确认属实的相关信息。（9）鉴定意见或者专家论证意见。（10）其他证据。

**（五）其他需要说明的事项**

涉案食品仅有食品标签不符合食品安全国家标准的，不涉及食品内在安全质量的，不构成生产、销售不符合安全标准的食品罪。但是仍需要调取食品标签、说明书等相关证据。

涉及食品标签的食品安全国家标准有《预包装食品标签通则》（GB 7718 - 2011）、《预包装食品营养标签通则》（GB 28050 - 2011）、《预包装特殊膳食用食品标签》（GB 13432 - 2013）和其他食品安全国家标准中有关标签标注的规定。

**【操作指引】**

本规范列明了在违法事实清楚、证据确实充分的情况下执法人员应当和能够调取的全部证据。在实际工作中由于各种客观情况，本规范列明的证据并非可以全部取得。《刑事诉讼法》第 109 条规定："公安机关或者人民检察院发现犯罪事实或者犯罪嫌疑人，应当按照管辖范围，立案侦查。"如果食品药品监督管理部门能够认定违法相对人有犯罪行为，或者能够证明有犯罪事实的，即可向公安机关移送涉嫌犯罪案件。

## 一、主体资格证据

包括：（1）营业执照或者其他主体资格证明文件（机关或者事业单位法人登记证、社会团体登记证等）。（2）食品生产许可证、食品经营许可证等复印件。属于保健食品、特殊医学用途配方食品、婴幼儿配方食品等特殊食品的，应当索取并留存特殊食品批准证书或者备案凭证复印件（含技术要求、产品说明书等）和经注册或备案的产品配方、生产工艺等技术要求材料复印件。（3）食品生产经营者及其法定代表人、负责人、直接负责的主管人员和其他直接责任人员身份证复印件等。（4）无法取得违法行为人的身份证复印件的，调取驾驶执照、户口本、护照、社保卡等其他能够间接证明违法行为人身份的凭证复印件。（5）对无法提供任何身份证明的违法相对人，现场应进行头像拍照和摄像（若不具备条件，要拍摄出能清晰反映当事人面部及形体特征的照片），并在现场检查笔录和询问调查笔录中注明情况，对性别、年龄、进行初步记录。

## 二、现场检查笔录

现场检查笔录应当载明以下事项：

1. 现场检查的时间、地点，执法人员姓名，执法证号等。

2. 违法相对人的主体资质情况。包括持有证照情况、法定代表人和陪同检查人员身份信息情况，以及现场发现主要从事违法活动的人员数量及身份信息情况。如违法相对人设立了组织机构或进行了职责分工，还应记录食品安全主管人员或直接负责人的职责分工和人员信息情况。

3. 现场检查时发现的涉及违法相对人从事违法生产经营活动的情况，包括：（1）生产、加工、销售现场情况，库房情况，现场的相关票据（包括相关的各种合同、进销存票据、生产记录、销售记录、账目记录、收支发票、销售范围资料等），电脑中的相关资料；（2）能够证明涉案产品来源的材料（包括生产商或供货商资质、出厂检验报告、产品合格证明、购销合同等）；（3）食品生产、加工、餐饮服务制售使用及销售中使用食品原料和食品添加剂的情况，应描述食品原料和食品添加剂、生产经营工具设备的存放位置、数量及储存和使用情况。

4. 现场检查时发现的违法行为客观危害程度，包括：（1）实施违法行为的持续时间、具体地点；（2）涉案食品的名称、种类、数量、单价；（3）涉案食品的货值金额、销售金额、违法所得；（4）涉案食品销售范围、适用人群是否属于老人、孕产妇、婴幼儿、儿童和其他特定人群；（5）非食品原料的种类、含量、数量、来源、使用的工艺资料等。

5. 查封扣押物品情况或先行登记保存情况。

### 三、询问调查笔录及当事人陈述

1. 调查询问的时间、地点，执法人员姓名，执法证号，被调查人的基本情况和企业授权被调查人接受调查的情况。

2. 当事人的主体资质情况，包括取得营业执照和食品生产许可证、食品经营许可证的时间，生产经营的具体范围，法定代表人，具体负责人等。

3. 询问调查实施生产、销售不符合食品安全标准的食品的行为的基本情况。包括以下四类。

涉案食品原料、食品添加剂的基本情况：（1）食品原料、食品添加剂的物理和化学特性，包括名称、颜色、气味、形态等；（2）食品原料、食品添加剂的包装容器、标签标识、储存方式情况。

涉案食品的购进情况：（1）涉案食品的购进数量、价格、购进渠道；（2）是否进行进货查验并进行相关记录；（3）是否取得生产商资质、出厂检验报告、产品合格证明、购销合同、支付价款和取得发票情况。

涉案食品的生产情况：（1）生产涉案食品的名称、种类及数量、库存数量、生产时间、生产批次等；（2）使用食品原料、食品添加剂的具体工艺流程、技术要求和配料比例；（3）使用食品原料、食品添加剂的使用数量、库存数量、储存位置、经手人（包括接收人、领用人、使用人）情况。

在食品运输、贮存等过程中，违反食品安全标准，超限量或者超范围滥用食品添加剂，在食用农产品种植、养殖、销售、运输、贮存等过程中，违反食品安全标准，超限量或者超范围滥用添加剂、农药、兽药等，在餐饮服务环节制售不符合食品安全标准的，按前款规定进行询问调查。

涉案食品的销售情况：（1）涉案食品名称、种类及销售、库存数量，销售行为持续时间，销售去向，货值金额及销售金额；（2）涉案食品的来源情况（自行生产或加工制作，从生产商、中间商或个人处购进）。

4. 违法行为客观危害程度的基本情况，即涉案食品足以造成严重食物中毒事故或者其他严重食源性疾病的情况。主要包括：（1）实施违法行为的持续时间、销售区域；（2）涉案食品种类、销售范围、适用人群是否属于老人、孕产妇、婴幼儿、儿童和其他特定人群；（3）涉案食品的数量、货值金额、销售金额、违法所得；（4）足以造成严重食物中毒事故或者其他严重食源性疾病的情况。

5. 当事人对于违法行为的主观心理状态（是否明知）的情况。包括：（1）当事人是否接受过食品安全法律法规的培训，是否知晓对于"生产销售不符合食品安全标准的食品"的禁止性规定和涉案食品属于不符合食品安全标准的情况；（2）当事人是否以明显低于市场价格购进食品原料、食品添加剂，或者是否以明显低于市场价格销售涉案食品；（3）当事人是否对其涉案食品进行抽样检验，是否有不合格检验报告和对不合格检验报告的处置情况；（4）当事人是否受到涉案食品发生危害后果的投诉举报、收到要求召回食品的通知，是否受到过行政处罚等；（5）生产销售人员在执法人员检查时，是否有逃跑、抗拒检查等行为，经检验，现场查获物品为不符合食品安全标准的食品；（6）是否在偏远、隐蔽场所制造，或者采取对制造设备进行伪装等方式生产不符合食品安全标准的食品。

## 四、证人证言

在食品药品监督管理部门需要或者条件允许的情况下，可向当事人以外了解案件有关情况的人取得用来证明案件待证事实的陈述，从而帮助食品药品监督管理部门进一步了解案件事实经过、违法行为实施人、相关责任人员及其他内容。

固定证人证言要求：（1）写明证人的姓名、年龄、性别、职业、住址等基本情况；（2）有证人的签名，不能签名的，应当以捺手印或盖章等方式证明；（3）注明出具日期；（4）附有居民身份证复印件等证明证人身份的文件。

## 五、证明违法行为人是否依法履行生产经营过程控制法定义务的证据

食品销售（分为食品零售、食品批发、食用农产品销售）环节要调查经营的食品是否符合食品安全标准。

1. 食品零售环节

从事食品零售业务的经营企业应符合以下规定，否则视为未完全履行进货查验义务：（1）食品进货渠道合法，索取并留存真实、合法的供货方食品生产或经营许可证复印件，索取并留存供货方的名称、地址、联系方式，能够对购进的食品追根溯源。（2）索取并

留存食品出厂检验合格证明或其他合格证明复印件，保健食品经营者索取并留存保健食品批准证书复印件（含技术要求、产品说明书等）和企业产品质量标准复印件，进口保健食品还应当索取并留存检验检疫合格证明复印件。（3）自 2015 年 10 月 1 日起，建立进货查验记录制度，食品进货查验记录真实、完整，记录项目符合《食品安全法》第 53 条第 2 款的规定（食品经营企业应当建立食品进货查验记录制度，如实记录食品的名称、规格、数量、生产日期或者生产批号、保质期、进货日期以及供货者名称、地址、联系方式等内容，并保存相关凭证。记录和凭证保存期限应当符合本法第 50 条第 2 款的规定）。（4）相关凭证及记录保存期限应当符合《食品安全法》第 50 条第 2 款的规定（不少于 2 年）。

2. 食品批发环节

从事食品批发业务食品经营企业，除符合"食品零售"进货查验要求外，还应符合《食品安全法》第 53 条第 4 款的规定，建立真实、完整的食品销售记录，能够对销售的食品追根溯源，否则视为未完全履行进货查验义务【注：《食品安全法》第 53 条第 4 款：从事食品批发业务的经营企业应当建立食品销售记录制度，如实记录批发食品的名称、规格、数量、生产日期或者生产批号、保质期、销售日期以及购货者名称、地址、联系方式等内容，并保存相关凭证。记录和凭证保存期限应当符合本法第 50 条第 2 款的规定】。

3. 食用农产品销售环节

经营的食用农产品不符合食品安全标准，食用农产品销售者应同时符合以下规定，否则视为未完全履行进货查验义务：（1）食用农产品购进渠道合法，索取并留存供货方真实、合法的社会信用代码或者身份证明复印件，索取并留存供货方名称、地址、联系方式，能够对购进的食用农产品追根溯源。（2）索取并留存食用农产品产地证明或购货凭证、合格证明文件（进口食用农产品为入境货物检验检疫证明，畜禽产品为检疫证明，猪肉除检疫证明外，还包括肉品品质检验合格证明）。（3）自2015年10月1日起，建立进货查验记录制度，食用农产品进货查验记录真实、完整，记录项目符合《食品安全法》第65条的规定【注：《食用农产品市场销售质量安全监督管理办法》第57条：食用农产品，指在农业活动中获得的供人食用的植物、动物、微生物及其产品。农业活动，指传统的种植、养殖、采摘、捕捞等农业活动，以及设施农业、生物工程等现代农业活动。植物、动物、微生物及其产品，指在农业活动中直接获得的，以及经过分拣、去皮、剥壳、干燥、粉碎、清洗、切割、冷冻、打蜡、分级、包装等加工，但未改变其基本自然性状和化学性质的产品】。

食品生产、加工环节、餐饮服务制售环节还应调查是否为误添加不符合食品安全标准的食品原料和食品添加剂的证据。

### 六、涉案物品和工具

包括：（1）不符合食品安全标准的涉案食品；（2）涉案食品原料和食品添加剂、食品相关产品；（3）用于违法生产经营的食品包装、标签、说明书；（4）用于违法生产经营的工具、设备、原料等物品【注：应当附有查封扣押、先行登记保存、检验（检测、检疫、鉴定）情况。包括《先行登记保存证据通知书》《实施行政强制措施决定书》《场所/设施/财物清单》《抽样记录》《检测/检验/检疫/鉴定委托书》《检测/检验/检疫/鉴定期间告知书》《检测/检验/检疫/鉴定结果告知书》】。

### 七、购销合同、票据和相关记录

1. 食品生产、加工环节

与涉案食品使用的食品原料、食品添加剂及不符合食品安全标准的食品相关的购销合同、进货（查验）记录、入库记录、使用记录、生产记录、销售记录、统计报表、会计账册、收支凭证、票据等证明案件事实与危害程度的书面材料。

2. 食品销售环节

涉案食品的购销合同、供应商证照资质、产品资质、进货（查验）记录，涉案食品入库记录、出库记录，货位卡、购进记录、销售记录、销售价签、销售发票、会计账册、收支凭证等书面材料。

属于进口食品的，应当索要出入境检验检疫证明、海关通关证明。

属于保健食品、特殊医学用途配方食品、婴幼儿配方食品等特殊食品的，应当索取并留存特殊食品批准证书或者备案凭证复印件（含技术要求、产品说明书等）。

属于食用农产品市场销售的，应当索取并留存供货方真实、合法的社会信用代码或者身份证明复印件，索取并留存供货方名称、地址、联系方式，能够对购进的食用农产品追根溯源；索取并留存食用农产品产地证明或购货凭证、合格证明文件（进口食用农产品为入境货物检验检疫证明，畜禽产品为检疫证明，猪肉除检疫证明外，还包括肉品品质检验合格证明）。

3. 餐饮服务环节

涉案食品使用的食品原料、食品添加剂相关的进货（查验）记录、入库记录、使用记录，餐饮服务销售记录、凭证等证明案件事实与危害程度的书面材料。

**八、产品检验报告**

包括：（1）涉案食品原料、食品添加剂检验报告；（2）涉案食品出厂检验报告、产品合格证明；（3）证明涉案食品不符合食品安全标准的检验报告【注：以上三种，并非可全部获取的证据】。

### 九、鉴定意见或专家论证意见

应当由具有司法鉴定资格的机构出具鉴定意见。无法出具鉴定意见的，以专家论证意见为准。"足以造成严重食物中毒事故或者其他严重食源性疾病"难以确定的，司法机关可以根据检验报告并结合专家意见等相关材料进行认定。必要时，人民法院可以依法通知有关专家出庭作出说明【注：《最高人民法院、最高人民检察院关于办理危害食品安全刑事案件适用法律若干问题的解释》第21条："足以造成严重食物中毒事故或者其他严重食源性疾病""有毒、有害非食品原料"难以确定的，司法机关可以根据检验报告并结合专家意见等相关材料进行认定。必要时，人民法院可以依法通知有关专家出庭作出说明】。

### 十、执法照片和视听资料

1. 执法照片，主要包括违法行为发生地照片、现场检查情形的照片、产品照片、法定代表人和主要负责人照片。如果为经营企业自行掺入，还应取得食品原料或食品添加剂等的照片、从业人员正在从事生产涉案食品的照片等。执法照片应当注明拍摄的具体时间、地点，并由执法人员和当事人签字确认；

2. 视听资料，是指以录音、录像所反映的声音、形象、所提供的资料来证明案件真实情况的证据。主要包括：（1）当事人监控录像显示关于生产、销售涉案食品违法行为的视听资料；（2）执法记录仪、录像设备、录音设备记录的有关违法行为的视听资料；（3）有关违法行为的通话录音。

制作和调取视听资料的规则：（1）在进行录音录像时，一般应当公开进行。若因查处违法行为，需要进行秘密录音录像的，应当不违反法律规定，且不得侵害当事人的合法权益；（2）提取有关资料的原始载体。提取原始载体确有困难的，可以提取复制件；

（3）注明制作方法、制作时间、制作人和证明对象等；（4）声音资料应当附有该声音内容的文字记录。

## 十一、电子证据

包括违法相对人电脑或其他信息化载体（如手持销售终端等）中有关原料购进、生产、销售行为的电子数据和记录；有关电子台账、生产、加工与销售记录和监控录像显示关于生产、销售涉案食品行为的电脑存储文件等。

## 十二、其他证据

包括：（1）为违法行为提供生产、经营场所或者运输、贮存、保管、邮寄、网络销售渠道等便利条件的合同或协议；（2）证明违法行为足以造成危害后果即严重食物中毒事故或者其他严重食源性疾病的鉴定意见或专家论证意见；（3）出现食物中毒事故或者其他食源性疾病等后果的，证明危害后果状况的情况报告或者其他书面材料；（4）新闻媒体、社会公众披露或其他部门移送的关于严重食物中毒事故或者其他严重食源性疾病并经确认属实的相关信息；（5）食品原料和食品添加剂的基本情况说明，包括物理和化学特性、对人体可能造成的危害等；（6）当事人是否因生产、销售不符合食品安全标准的食品在两年内受到行政处罚的情况，如有，需附行政处罚决定书。

# 三、公安机关证据收集

## 【证据清单】

### （一）证明犯罪嫌疑人身份、人数等主体方面的证据

生产、销售不符合安全标准的食品案件的犯罪主体为一般主体。自然人实施犯罪行为需要追究刑事责任的必须已满16周岁，并具有刑事责任能力。单位也可以成为此类犯罪案件的犯罪主体。

证明自然人主体资格的证据材料，包括犯罪嫌疑人的身份信息材料、前科材料、刑事责任能力材料等。

证明单位犯罪主体的证据材料，包括证明单位的名称、住所地、性质、法定代表人、单位负责人、业务范围、成立时间和单位法定代表人、单位负责人或直接责任人员等的身份证明材料。

**（二）证明犯罪嫌疑人主观方面的证据**

生产、销售不符合安全标准的食品案件在主观方面属于故意，即犯罪嫌疑人明知生产、销售的是不符合安全标准的食品而仍然予以生产、销售。犯罪嫌疑人一般具有非法牟利的目的，但是否营利、营利多少不影响其刑事责任的追究。

1. 证明犯罪嫌疑人主观明知的证据

包括：（1）收集证明犯罪嫌疑人生产、销售不符合安全标准的食品动机、目的及预谋情况的证据；（2）收集证明不符合安全标准的食品销售价格明显低于市场价格销售且无合理原因的证据；（3）收集证明犯罪嫌疑人无合法手续、未经过批准、违反规定销售或者证明犯罪嫌疑人伪造、变造、非法获取质量合格证明、检验检疫证明等证明文件的相关证据。（4）收集证明犯罪嫌疑人故意逃避检查或属于受过行政或刑事处罚后再次生产、销售的证据。（5）收集证明犯罪嫌疑人隐匿、销毁涉案不符合安全标准的食品、财务账册等相关证据；（6）收集证明不符合安全标准的食品以及不符合安全标准的食品的生产经营者已经相关部门公告，犯罪嫌疑人仍生产、销售同一类型食品的相关证据。

2. 证明单位犯罪主观故意的证据

收集证明生产、销售不符合安全标准的食品的行为是由单位集体决定，或由单位负责人或被授权的其他人决定、同意，所获取的非法利益或违法所得大部分归单位所有的证据。

3. 证明为生产、销售不符合安全标准的食品提供条件的共同犯罪嫌疑人主观故意的证据

收集能够证明犯罪嫌疑人知道或者应当知道他人实施了生产、销售不符合安全标准的食品的犯罪行为，仍然为其提供了贷款、资金、账号、发票、证明、许可证件，或者提供生产、经营用场所，或运输、贮存、邮寄、网络销售等便利条件，或提供生产技术、原料、辅料、包装材料、标签、说明书，或提供广告宣传等证据。

**（三）证明犯罪嫌疑人实施危害行为的证据**

包括：（1）证明犯罪嫌疑人实施在生产、加工不符合安全标准的食品过程中，食品中含有可能导致严重食物中毒事故或者其他严重食源性疾病的超标准的有害细菌或者其他污染物的证据；（2）证明犯罪嫌疑人实施在销售不符合安全标准的食品中，食品中含有可能导致严重食物中毒事故或者其他严重食源性疾病的超标准的有害细菌或者其他污染物的证据；（3）证明犯罪嫌疑人在餐饮服务中，食品中含有可能导致严重食物中毒事故或者其他严重食源性疾病的超标准的有害细菌或者其他污染物的证据。

**（四）证明犯罪对象是不符合安全标准食品的证据**

收集的证据能够证明食品在加工、销售、运输、储存等过程中有下列情形之一：（1）食品含有严重超出标准限量的致病性微生物、农药残留、兽药残留、重金属、污染物质以及其他危害人体健康的物质的；（2）属于病死、死因不明或者检验检疫不合格的畜、禽、兽、水产动物及其肉类、肉类制品的；（3）属于国家为防控疾病等特殊需要明令禁止生产、销售的食品的；（4）婴幼儿食品中生长发育所需营养成分严重不符合食品安全标准的；（5）违反食品安全标准，超限量或者超范围滥用食品添加剂，足以造成严重食物中毒

事故或者其他严重食源性疾病的；（6）在食用农产品种植、养殖、销售、运输、贮存等过程中，违反食品安全标准，超限量或者超范围滥用添加剂、农药、兽药等，足以造成严重食物中毒事故或者其他严重食源性疾病的；（7）其他足以造成严重食物中毒事故或者严重食源性疾病的情形。

**【适用法律规定】**

**一、《刑法》条文**

**第一百四十三条 【生产、销售不符合安全标准的食品罪】** 生产、销售不符合食品安全标准的食品，足以造成严重食物中毒事故或者其他严重食源性疾病的，处三年以下有期徒刑或者拘役，并处罚金；对人体健康造成严重危害或者有其他严重情节的，处三年以上七年以下有期徒刑，并处罚金；后果特别严重的，处七年以上有期徒刑或者无期徒刑，并处罚金或者没收财产。

**第一百四十九条 【对生产、销售伪劣商品行为的法条适用】** 生产、销售本节第一百四十一条至第一百四十八条所列产品，不构成各该条规定的犯罪，但是销售金额在五万元以上的，依照本节第一百四十条的规定定罪处罚。

生产、销售本节第一百四十一条至第一百四十八条所列产品，构成各该条规定的犯罪，同时又构成本节第一百四十条规定之罪的，依照处罚较重的规定定罪处罚。

**第一百五十条 【单位犯本节规定之罪的处罚规定】** 单位犯本节第一百四十条至第一百四十八条规定之罪的，对单位判处罚金，并对其直接负责的主管人员和其他直接责任人员，依照各该条的规定处罚。

## 二、司法解释

**1. 2017 年 4 月 27 日《最高人民检察院、公安部关于公安机关管辖的刑事案件立案追诉标准的规定（一）的补充规定》**

三、将《立案追诉标准（一）》第 19 条修改为：［生产、销售不符合安全标准的食品案（刑法第 143 条）］生产、销售不符合食品安全标准的食品，涉嫌下列情形之一的，应予立案追诉：

（一）食品含有严重超出标准限量的致病性微生物、农药残留、兽药残留、重金属、污染物质以及其他危害人体健康的物质的；

（二）属于病死、死因不明或者检验检疫不合格的畜、禽、兽、水产动物及其肉类、肉类制品的；

（三）属于国家为防控疾病等特殊需要明令禁止生产、销售的食品的；

（四）婴幼儿食品中生长发育所需营养成分严重不符合食品安全标准的；

（五）其他足以造成严重食物中毒事故或者严重食源性疾病的情形。

在食品加工、销售、运输、贮存等过程中，违反食品安全标准，超限量或者超范围滥用食品添加剂，足以造成严重食物中毒事故或者其他严重食源性疾病的，应予立案追诉。

在食用农产品种植、养殖、销售、运输、贮存等过程中，违反食品安全标准，超限量或者超范围滥用添加剂、农药、兽药等，足以造成严重食物中毒事故或者其他严重食源性疾病的，应予立案追诉。

**2. 2013 年 5 月 4 日《最高人民法院、最高人民检察院关于办理危害食品安全刑事案件适用法律若干问题的解释》**

**第一条** 生产、销售不符合食品安全标准的食品，具有下列情形之一的，应当认定为刑法第一百四十三条规定的"足以造成严重食物中毒事故或者其他严重食源性疾病"：

（一）含有严重超出标准限量的致病性微生物、农药残留、兽药残留、重金属、污染物质以及其他危害人体健康的物质的；

（二）属于病死、死因不明或者检验检疫不合格的畜、禽、兽、水产动物及其肉类、肉类制品的；

（三）属于国家为防控疾病等特殊需要明令禁止生产、销售的；

（四）婴幼儿食品中生长发育所需营养成分严重不符合食品安全标准的；

（五）其他足以造成严重食物中毒事故或者严重食源性疾病的情形。

**第二条** 生产、销售不符合食品安全标准的食品，具有下列情形之一的，应当认定为刑法第一百四十三条规定的"对人体健康造成严重危害"：

（一）造成轻伤以上伤害的；

（二）造成轻度残疾或者中度残疾的；

（三）造成器官组织损伤导致一般功能障碍或者严重功能障碍的；

（四）造成十人以上严重食物中毒或者其他严重食源性疾病的；

（五）其他对人体健康造成严重危害的情形。

**第三条** 生产、销售不符合食品安全标准的食品，具有下列情形之一的，应当认定为刑法第一百四十三条规定的"其他严重情节"：

（一）生产、销售金额二十万元以上的；

（二）生产、销售金额十万元以上不满二十万元，不符合食品安全标准的食品数量较大或者生产、销售持续时间较长的；

（三）生产、销售金额十万元以上不满二十万元，属于婴幼儿食品的；

（四）生产、销售金额十万元以上不满二十万元，一年内曾因危害食品安全违法犯罪活动受过行政处罚或者刑事处罚的；

（五）其他情节严重的情形。

**第四条** 生产、销售不符合食品安全标准的食品，具有下列情形之一的，应当认定为刑法第一百四十三条规定的"后果特别严重"：

（一）致人死亡或者重度残疾的；

（二）造成三人以上重伤、中度残疾或者器官组织损伤导致严重功能障碍的；

（三）造成十人以上轻伤、五人以上轻度残疾或者器官组织损伤导致一般功能障碍的；

（四）造成三十人以上严重食物中毒或者其他严重食源性疾病的；

（五）其他特别严重的后果。

**第八条** 在食品加工、销售、运输、贮存等过程中，违反食品安全标准，超限量或者超范围滥用食品添加剂，足以造成严重食物中毒事故或者其他严重食源性疾病的，依照刑法第一百四十三条的规定以生产、销售不符合安全标准的食品罪定罪处罚。

在食用农产品种植、养殖、销售、运输、贮存等过程中，违反食品安全标准，超限量或者超范围滥用添加剂、农药、兽药等，足以造成严重食物中毒事故或者其他严重食源性疾病的，适用前款的规定定罪处罚。

**第十三条** 生产、销售不符合食品安全标准的食品，有毒、有害食品，符合刑法第一百四十三条、第一百四十四条规定的，以生产、销售不符合安全标准的食品罪或者生产、销售有毒、有害食品罪定罪处罚。同时构成其他犯罪的，依照处罚较重的规定定罪处罚。

生产、销售不符合食品安全标准的食品，无证据证明足以造成严重食物中毒事故或者其他严重食源性疾病，不构成生产、销售不符合安全标准的食品罪，但是构成生产、销售伪劣产品罪等其他犯罪的，依照该其他犯罪定罪处罚。

**第十四条** 明知他人生产、销售不符合食品安全标准的食品，有毒、有害食品，具有下列情形之一的，以生产、销售不符合安全标准的食品罪或者生产、销售有毒、有害食品罪的共犯论处：

（一）提供资金、贷款、账号、发票、证明、许可证件的；

（二）提供生产、经营场所或者运输、贮存、保管、邮寄、网络销售渠道等便利条件的；

（三）提供生产技术或者食品原料、食品添加剂、食品相关产品的；

（四）提供广告等宣传的。

**第十七条** 犯生产、销售不符合安全标准的食品罪，生产、销售有毒、有害食品罪，一般应当依法判处生产、销售金额二倍以上的罚金。

**第十八条** 对实施本解释规定之犯罪的犯罪分子，应当依照刑法规定的条件严格适用缓刑、免予刑事处罚。根据犯罪事实、情节和悔罪表现，对于符合刑法规定的缓刑适用条件的犯罪分子，可以适用缓刑，但是应当同时宣告禁止令，禁止其在缓刑考验期限内从事食品生产、销售及相关活动。

**第十九条** 单位实施本解释规定的犯罪的，依照本解释规定的定罪量刑标准处罚。

**第二十条** 下列物质应当认定为"有毒、有害的非食品原料":

(一)法律、法规禁止在食品生产经营活动中添加、使用的物质;

(二)国务院有关部门公布的《食品中可能违法添加的非食用物质名单》《保健食品中可能非法添加的物质名单》上的物质;

(三)国务院有关部门公告禁止使用的农药、兽药以及其他有毒、有害物质;

(四)其他危害人体健康的物质。

【参考案例】

# 张海、丁荣销售不符合安全标准的食品案

## 一、基本案情

2016 年 11 月 18 日 23 时许,张海、丁荣(均为化名,二人系夫妻关系)驾驶厢式货车至北京市西城区马连道北街某牛羊肉店铺门前,向他人(另案处理)销售牛肉、牛棒骨等食品。上述牛肉为张海私自屠宰的活牛,未经检疫。经检测,涉案牛肉检出盐酸克伦特罗(瘦肉精)成分。

## 二、诉讼过程

鉴于牛羊肉市场一定程度上存在无票销售、借票销售、票物不符等乱象,食药部门与公安机关对该类案件的认识不一。因此,2016 年 11 月 19 日,西城区食药局就该案商请西城区检察院提前介入。通过开展两法衔接工作,西城区检察院认为张海、丁荣涉嫌销售不符合安全标准的食品罪,建议西城区食药局将该案移送公安机关。2016 年 11 月 23 日,北京市公安局西城分局对该案立案侦查。

2017 年 3 月 24 日，西城区检察院提起公诉。2017 年 6 月 14 日，被告人张海、丁荣均因犯销售不符合安全标准的食品罪被西城区人民法院判处有期徒刑 8 个月，并处罚金人民币两万元。

### 三、公安机关取证内容

根据《刑法》第 143 条以及相关司法解释的规定，要认定被告人张海、丁荣构成销售不符合安全标准的食品罪，公安机关应当收集以下证据：

1. 证明犯罪主体身份的证据

生产、销售不符合安全标准的食品案件的犯罪主体为一般主体。自然人实施犯罪行为需要追究刑事责任的必须已满 16 周岁，并具有刑事责任能力。因此，公安机关应当全面调取证明张海、丁荣主体资格的证据材料，包括其身份信息材料、前科材料、刑事责任能力材料等。本案的两名被告人系夫妻，故公安机关还应当调取二人的婚姻证明材料。

2. 证明存在主观故意的证据

生产、销售不符合安全标准的食品罪的责任形式为故意，即行为人明知生产、销售的是不符合安全标准的食品而仍然予以生产、销售，一般具有非法牟利目的，但是否营利、营利多少不影响其刑事责任的追究。证据表现形式主要为被告人供述，公安机关在讯问时应当重点问明其销售不符合安全标准食品的动机、目的及预谋情况。本案属于共同犯罪，因此，公安机关还应当另行查明二人是否存在共谋或者相互知道对方在销售不符合安全标准的食品，以及二人的分工情况。

本案中，被告人张海、丁荣供述其从事牛肉销售经营行为已经有 20 多年，明知出售牛肉需要检验检疫合格证，为了应付检查，又从怀柔肉联厂购买 115 公斤有检疫合格证的牛肉，但检疫合格证上的销售目的地与实际明显不符。张海、丁荣擅自将怀柔肉联厂的检疫合格证复印后提供给买家，明显想要规避法律制裁，明知其销售的牛肉可能不符合检疫标准，却依然进行销售，放任可能发生的危害结果，可以认定具有主观故意。

3. 证明实施危害行为的证据

本案中，西城区食品药品监督管理局查获张海、丁荣时，在其驾驶的车牌号冀 RQ3M19 厢式货车上发现牛肉、牛棒骨、牛尾、牛油等牛肉肉品，现场检查发现有一张动物检疫合格证（数量 115 公斤，目的地北京市海淀区四道口市场），其余 3241 公斤牛肉无检验检疫合格证。要证明两名被告人实施了销售不符合安全标准食品的危害行为，公安机关就应当在"销售"和"不符合安全标准食品"这两方面进行重点取证。

首先，公安机关调取了证人张正（化名）、买主杜新（化名）和李庆（化名）的证言、微信转账记录，证实张海、丁荣确实存在销售行为，并且其二人也自认。此外，还调取了涉案厢式货车的机动车行驶证、机动车驾驶证、运输证，以证实为被告人丁荣所有；并对查获现场用执法记录仪进行录像。其次，要认定涉案牛肉肉品属于"不符合安全标准的食品"，公安机关调取了北京市食品安全监测检验报告 49 份、工作说明、北京市食品安全监控和风险评估中心出具的关于牛肉样本中检出盐酸克仑特罗的评估意见，以证实克仑特罗属于国家为防控疾病等特殊需要明令禁止生产、销售的，人食用含有克仑特罗的动物性食品，可引起心动过速、肌肉震颤、高血压危象等症状，足以造成严重食物中毒事故或者其他严重食源性疾病。

综合主体身份、主观故意、客观行为三方面的证据，可以认定张海、丁荣实施了违反国家食品安全管理法规，销售不符合安全标准的食品，足以造成严重食物中毒事故或者其他严重食源性疾病的行为，因此构成销售不符合安全标准的食品罪。

## 四、经验分享

为了明确法律适用标准，确保后续案件顺利查办，西城区检察院采用"五步法"开展两法衔接工作：

一是建立案例智库，广泛收集案例，为准确定性提供参考。通过对近年来全国各省市的相关司法判例进行收集汇总，认真总结各判决书采用的法律依据，并与本案进行比对，明确定性意见及适用理由。

二是梳理行业规范，系统性掌握动物制品检疫及销售全流程，按环节、按种类勾勒出动物检疫制度框架。通过查找《食品安全法》《动物防疫法》《动物检疫管理办法》《北京市动物防疫条例》等相关法律法规，从应然层面掌握了动物制品流通是否必须经过检疫、检疫的时间和种类、检疫票据的取得和置换以及经营动物制品是否需要具备特定资质等规定。

三是摸底监管现状，与动检、食药等部门召开调研座谈会，从实然层面了解上述制度的实际执行情况，了解北京周边的动物屠宰检疫现状、动检部门检查监督情况等，并向行内专业人员咨询请教案件中普遍存在的票证不符、检疫合格证明复印件是否有效等法律规定不明确的问题，听取行业专家的答疑解析，避免脱离实际。

四是引入专家论证，提炼核心问题，召开专家论证会，结合专家论证意见撰写案件专报，并及时向上级部门请示汇报，通过获取领导支持，为案件的依法办理增强信心、指明方向。

五是做好证据转化，列明需查证的事项，及时向区食药局反馈。对建议移送的案件，与公安机关召开联席会，指明侦查思路，为案件的立案、报捕、起诉、审判等顺畅衔接夯实基础。

# 生产、 销售有毒、 有害食品罪

生产、销售有毒有害食品罪，是指生产者、销售者违反国家食品安全管理法规，故意在生产、销售的食品中掺入有毒、有害的非食品原料，或者销售明知掺有有毒、有害的非食品原料的食品的行为。

## 一、刑事立案标准

根据《刑法》第 144 条、《刑事诉讼法》第 112 条及《最高人民检察院、公安部关于公安机关管辖的刑事案件立案追诉标准的规定（一）的补充规定》第 4 条，具有下列行为之一的，应当立案：（1）在生产、销售的食品中掺入有毒、有害的非食品原料；（2）销售明知掺有有毒、有害的非食品原料的食品。

在办理生产、销售有毒有害食品行政处罚案件时，具有下列情形之一的，属于有毒、有害的非食品原料，行政机关应向公安机关移送案件：（1）法律、法规禁止在食品生产经营活动中添加、使用的物质；（2）国务院有关部门公布的《食品中可能违法添加的非食用物质名单》《保健食品中可能非法添加的物质名单》中所列物质；（3）国务院有关部门公告禁止使用的农药、兽药以及其他有毒、有害物质；（4）经专家论证，在生产、销售的食品中掺入的非食品原料为有毒、有害物质；（5）其他危害人体健康的物质。

## 二、行政执法机关证据、材料收集、移送

**【证据材料类型清单】**

**（一）主体身份证据**

1. 证明目的

证明行政违法相对人主体的身份、资质、人数等。

2. 证据类型

包括：（1）身份资质证据，包括营业执照或者其他主体资格证明文件（机关或者事业单位法人登记证、社会团体登记证等）、食品生产许可证、食品经营许可证等复印件；食品生产经营者及其法定代表人、负责人、直接负责的主管人员和其他直接责任人员身份证复印件等。（2）现场检查笔录。（3）询问调查笔录。（4）视听资料。（5）其他证据。

**（二）违法行为证据**

1. 证明目的

证明行政违法相对人实施在生产、销售的食品中掺入有毒、有害的非食品原料或者销售明知掺有有毒、有害的非食品原料的食品的行为；或者为生产、销售有毒有害食品的违法行为提供资金、贷款、账号、发票、证明、许可证件，提供生产、经营场所或者运输、贮存、保管、邮寄、网络销售渠道等便利条件，提供生产技术或者食品原料、食品添加剂、食品相关产品，提供广告等宣传。

2. 证据类型

包括：（1）涉案物品，包括掺有有毒、有害的非食品原料的食品；有毒、有害的非食品原料；用于违法生产经营的工具、设备等物品。（2）购销合同、票据和相关记录及复印件。（3）现场检查笔录。（4）询问调查笔录。（5）视听资料。（6）电子数据。（7）当

事人陈述。(8) 证人证言。(9) 检验报告,系由按照国家认证认可的规定取得资质认定的检验机构出具的检验报告(可在中国国家认证认可监督管理委员会网站上查询)。(10) 鉴定意见或专家论证意见书。(11) 其他证据。

**(三) 主观故意证据**

1. 证明目的

证明行政违法相对人具有违法故意。违法故意可以通过询问主观心理状态和调查未履行食品安全法定义务的情况进行证明。

2. 证据类型

包括:(1) 询问调查笔录。(2) 证人证言。(3) 其他证据。

**(四) 危害后果证据**

1. 证明目的

证明行政违法相对人违法行为客观危害性的程度。

包括:(1) 实施违法行为的持续时间、地点;(2) 涉案食品的种类、数量、销售范围、货值金额、销售金额、违法所得;(3) 适用人群是否属于老人、孕产妇、婴幼儿、儿童和其他特定人群;(4) 有毒有害的非食品原料的种类、含量;(5) 非食品原料和有毒有害食品原料的基本情况说明,包括物理和化学特性、对人体可能造成的危害等;(6) 出现食物中毒事故或者食源性疾病等后果的,证明危害后果状况的证据。

2. 证据类型

包括:(1) 现场检查笔录。(2) 询问调查笔录。(3) 现场检查照片及其他视听资料。(4) 购进合同、销售、场地租赁合同等。(5) 购、销相关票据或者生产、加工、使用、销售记录。(6) 由按照国家认证认可的规定取得资质认定的检验机构出具的检验报告。(7) 查封扣押文书或者先行登记保存文书。(8) 新闻媒体、社会公众披露或其他部门移送的关于严重食物中毒事故或者其他严重食源性疾病并经确认属实的相关信息。（9）鉴定意见或者专家论证意见。（10）其他证据。

## 【操作指引】

本规范列明了在违法事实清楚、证据确实充分的情况下执法人员应当和能够调取的全部证据。在实际工作中由于各种客观情况，本规范列明的证据并非可以全部取得。《刑事诉讼法》第109条规定："公安机关或者人民检察院发现犯罪事实或者犯罪嫌疑人，应当按照管辖范围，立案侦查。"行政机关只要能够认定违法相对人有犯罪行为，证明有犯罪事实需要追究刑事责任的，即可向公安机关移送涉嫌犯罪案件。

### 一、主体资格证据

包括：（1）营业执照或者其他主体资格证明文件（机关或者事业单位法人登记证、社会团体登记证等）。（2）食品生产许可证、食品经营许可证等复印件。（3）食品生产经营者及其法定代表人、负责人、直接负责的主管人员和其他直接责任人员身份证复印件等。（4）无法取得违法行为人的身份证复印件的，调取驾驶执照、户口本、护照、社保卡等其他能够间接证明违法行为人身份的凭证复印件。（5）对无法提供任何身份证明的违法相对人，现场应进行头像拍照和摄像（若不具备条件，要拍摄出能清晰反映当事人面部及形体特征的照片），并在现场检查笔录和询问调查笔录中注明情况，对性别、年龄、进行初步记录。

### 二、现场检查笔录

现场检查笔录应当载明以下事项：

1. 现场检查的时间、地点，执法人员姓名，执法证号等。

2. 违法相对人的主体资质情况。包括持有证照情况、具体经营范围、法定代表人和陪同检查人员身份信息情况，以及现场发现主要从事违法活动的人员数量及身份信息情况。如违法相对人设立了组织机构或进行了职责分工，还应记录食品安全主管人员或直接负责人的职责分工和人员信息情况。

3. 现场检查时发现的涉及违法相对人从事违法生产经营活动的情况。包括：（1）生产、加工、销售现场情况，库房情况，现场的相关票据（包括相关的各种合同、进销存票据、生产记录、销售记录、账目记录、收支发票、销售范围资料等），电脑中的相关资料；（2）能够证明涉案产品来源的材料（包括生产商或供货商资质、出厂检验报告、产品合格证明、购销合同等）；（3）食品生产、加工、餐饮服务制售使用及销售中掺入有毒有害非食品原料，应描述有毒有害非食品原料存放位置、数量及储存和使用情况。

4. 现场检查时发现的违法行为客观危害程度。包括：（1）实施违法行为持续时间、具体地点；（2）涉案食品的名称、种类、数量、单价；（3）涉案食品的货值金额、销售金额、违法所得；（4）涉案食品销售范围、适用人群是否属于老人、孕产妇、婴幼儿、儿童和其他特定人群；（5）非食品原料的种类、含量。

5. 查封扣押物品情况或先行登记保存情况。

### 三、询问调查笔录及当事人陈述

1. 调查询问的时间、地点，执法人员姓名，执法证号，被调查人的基本情况和企业授权被调查人接受调查的情况。

2. 当事人的主体资质情况。包括取得营业执照和食品生产许可证、食品经营许可证的时间，生产经营的具体范围，特殊食品的注册批准文件或备案凭证情况等。

3. 询问调查实施在生产、销售的食品中掺入有毒、有害非食品原料的行为的基本情况。包括以下四类。

有毒、有害的非食品原料的基本情况：（1）有毒有害非食品原料的物理和化学特性，包括名称、颜色、气味、形态等；（2）有毒、有害非食品原料的包装容器、标签标识、储存方式情况。

有毒、有害的非食品原料的购进情况：（1）有毒、有害的非食品原料食品的购进数量、价格、购进渠道；（2）是否进行进货查验并进行相关记录；（3）是否取得生产商资质、出厂检验报告、产品合格证明、购销合同、支付价款和取得发票情况。

涉案食品的生产情况：（1）生产涉案产品的种类及数量、库存数量、生产时间、生产批次等；（2）掺入有毒、有害的非食品原料的具体工艺流程和配料比例；（3）有毒、有害的非食品原料的使用数量、库存数量、储存位置、经手人（包括接收人、领用人、使用人）情况。

餐饮服务环节制售中使用及食品销售环节自行掺入有毒、有害非食品原料的，按前款规定进行询问调查。

涉案食品的销售情况：（1）涉案食品名称、种类及销售、库存数量，销售行为持续时间，销售去向，货值金额及销售金额；（2）涉案食品的来源情况（自行生产或加工制作，从生产商、中间商或个人处购进）。

4. 违法行为客观危害性程度的基本情况。包括：（1）实施违法行为的持续时间、销售区域；（2）涉案食品种类、销售范围、适用人群是否属于老人、孕产妇、婴幼儿、儿童和其他特定人群；（3）涉案食品的数量、货值金额、销售金额、违法所得。

5. 当事人对于违法行为的主观心理状态（是否明知）的情况。包括：（1）当事人是否接受过食品安全法律法规的培训，是否明知对于"在生产、销售的食品中掺入有毒、有害的非食品原料"的禁止性规定；（2）当事人是否知道涉案产品属于有毒、有害食品的情况；（3）当事人是否以明显低于市场价格购进有毒、有害的非食品原料或有毒有害食品，或者是否以明显低于市场价格销售有毒有害食品；（4）当事人是否对其生产销售的食品进行抽样检验，是否有不合格检验报告和对不合格检验报告的处置情况；（5）当事人是否曾经受到涉案食品发生危害后果的投诉举报、收到要求召回食品的通知，是否受到过行政处罚等；（6）是否在偏远、隐蔽场所制造，或者采取对制造设备进行伪装等方式生产涉案食品，经检验是有毒有害食品；（7）制造人员在执法人员检查时，有逃跑、抗拒检查等行为，现场查获生产的物品，经检验是有毒有害食品。

### 四、证人证言

在行政机关需要或者条件允许的情况下，可向当事人以外的了解案件有关情况的人取得用来证明案件待证事实的陈述，从而帮助行政机关进一步了解案件事实经过、违法行为实施人、相关责任人员及其他内容。

固定证人证言要求：（1）写明证人的姓名、年龄、性别、职业、住址等基本情况；（2）有证人的签名，不能签名的，应当以捺手印或盖章等方式证明；（3）注明出具日期；（4）附有居民身份证复印件等证明证人身份的文件。

### 五、证明违法行为人是否依法履行生产经营过程控制法定义务的证据

食品销售（分为食品零售、食品批发、食用农产品销售）环节经营的食品不符合食品安全标准或含有有毒有害的非食品原料。

1. 食品零售环节

从事食品零售业务的经营企业应符合以下规定，否则视为未完全履行进货查验义务。（1）食品进货渠道合法，索取并留存真实、

合法的供货方食品生产或经营许可证复印件，索取并留存供货方的名称、地址、联系方式，能够对购进的食品追根溯源。（2）索取并留存食品出厂检验合格证明或其他合格证明复印件，保健食品经营者索取并留存保健食品批准证书复印件（含技术要求、产品说明书等）和企业产品质量标准复印件，进口保健食品还应当索取并留存检验检疫合格证明复印件。（3）自2015年10月1日起，建立进货查验记录制度，食品进货查验记录真实、完整，记录项目符合《食品安全法》第53条第2款的规定，即食品经营企业应当建立食品进货查验记录制度，如实记录食品的名称、规格、数量、生产日期或者生产批号、保质期、进货日期以及供货者名称、地址、联系方式等内容，并保存相关凭证。记录和凭证保存期限应当符合该法第50条第2款的规定）。（4）相关凭证及记录保存期限应当符合《食品安全法》第50条第2款规定（不少于2年）。

2. 食品批发环节

从事食品批发业务食品经营企业，除符合"食品零售"进货查验要求外，还应符合《食品安全法》第53条第4款的规定，建立真实、完整的食品销售记录，能够对销售的食品追根溯源，否则视为未完全履行进货查验义务【注：《食品安全法》第53条第4款：从事食品批发业务的经营企业应当建立食品销售记录制度，如实记录批发食品的名称、规格、数量、生产日期或者生产批号、保质期、销售日期以及购货者名称、地址、联系方式等内容，并保存相关凭证。记录和凭证保存期限应当符合本法第50条第2款的规定】。

3. 食用农产品销售环节

经营的食用农产品不符合食品安全标准或含有有毒有害的非食品原料，食用农产品销售者应同时符合以下规定，否则视为未完履行进货查验义务。（1）食用农产品购进渠道合法，索取并留存供货方真实、合法的社会信用代码或者身份证明复印件，索取并留存供货方名称、地址、联系方式，能够对购进的食用农产品追根溯源。（2）索取并留存食用农产品产地证明或购货凭证、合格证明文件（进口食用农产品为入境货物检验检疫证明，畜禽产品为检疫证明，猪肉除检疫证明外，还包括肉品品质检验合格证明）。（3）自2015年10月1日起，建立进货查验记录制度，食用农产品进货查验记录真实、完整，记录项目符合《食品安全法》第65条的规定【注：《食用农产品市场销售质量安全监督管理办法》第57条：食用农产品，指在农业活动中获得的供人食用的植物、动物、微生物及其产品。农业活动，指传统的种植、养殖、采摘、捕捞等农业活动，以及设施农业、生物工程等现代农业活动。植物、动物、微生物及其产品，指在农业活动中直接获得的，以及经过分拣、去皮、剥壳、干燥、粉碎、清洗、切割、冷冻、打蜡、分级、包装等加工，但未改变其基本自然性状和化学性质的产品】。

食品生产、加工环节、餐饮服务制售环节还应调查是否为误添加有毒、有害食品原料的证据，如错把用于设备消毒的制剂作为食品原料添加等。

## 六、涉案物品和工具

包括：（1）掺入有毒、有害的非食品原料的食品；（2）有毒、有害的非食品原料/食品添加剂、食品相关产品；（3）用于违法生产经营的食品包装、标签、说明书；（4）用于违法生产经营的工具、设备、原料等物品【注：应当附有查封扣押、先行登记保存、检验（检测、检疫、鉴定）情况。包括《先行登记保存证据通知书》《实施行政强制措施决定书》《场所/设施/财物清单》《抽样记录》《检测/检验/检疫/鉴定委托书》《检测/检验/检疫/鉴定期间告知书》《检测/检验/检疫/鉴定结果告知书》】。

## 七、购销合同、票据和相关记录

1. 食品生产、加工环节

与掺入有毒、有害的非食品原料的食品及有毒、有害的非食品原料相关的购销合同、进货（查验）记录、入库记录、使用记录、生产记录、销售记录、统计报表、会计账册、收支凭证、票据等证明案件事实与危害程度的书面材料。

2. 食品销售环节

与掺入有毒、有害的非食品原料的食品及有毒、有害的非食品原料相关的购销合同、供应商证照资质、产品资质、进货（查验）记录，产品或有毒、有害的非食品原料入库记录、出库记录，货位卡、购进记录、销售记录、销售价签、销售发票、会计账册、收支凭证等书面材料。

属于进口食品的，应当索要出入境检验检疫证明、海关通关证明。

属于保健食品、特殊医学用途配方食品、婴幼儿配方食品等特殊食品的，应当索取并留存特殊食品批准证书或者备案凭证复印件（含技术要求、产品说明书等）和经注册或备案的产品配方、生产工艺等技术要求材料复印件。

属于食用农产品市场销售的，应当索取并留存供货方真实、合法的社会信用代码或者身份证明复印件，索取并留存供货方名称、地址、联系方式，能够对购进的食用农产品追根溯源；索取并留存食用农产品产地证明或购货凭证、合格证明文件（进口食用农产品为入境货物检验检疫证明，畜禽产品为检疫证明，猪肉除检疫证明外，还包括肉品品质检验合格证明）。

3. 餐饮服务环节

有毒、有害的非食品原料相关的进货（查验）记录、入库记录、使用记录，掺入有毒、有害的非食品原料的食品的销售记录、销售票据等证明案件事实与危害程度的书面材料。

## 八、产品检验报告

包括：（1）食品原料检验报告；（2）食品出厂检验报告、产品合格证明；（3）证明行政违法相对人在涉案食品中非法掺入的非食品原料的检验报告【注：以上三种，并非可全部获取的证据】。

## 九、鉴定意见或专家论证意见

"有毒、有害非食品原料"难以确定的，司法机关可以根据检验报告并结合专家意见等相关材料进行认定。必要时，人民法院可以依法通知有关专家出庭作出说明【注：《最高人民法院、最高人民检察院关于办理危害食品安全刑事案件适用法律若干问题的解释》第 21 条："足以造成严重食物中毒事故或者其他严重食源性疾病""有毒、有害非食品原料"难以确定的，司法机关可以根据检验报告并结合专家意见等相关材料进行认定。必要时，人民法院可以依法通知有关专家出庭作出说明】。

## 十、执法照片及视听资料

1. 执法照片，主要包括违法行为发生地照片、现场检查情形的照片、产品照片、法定代表人和主要负责人照片。如果为销售企业自行掺入，还应取得有毒有害物质或非食品原料的照片（重点为涉案原料放置的位置）、从业人员正在从事添加非食用物质行为或从事生产的照片等。执法照片应当注明拍摄的具体时间、地点，并由执法人员和当事人签字确认。

2. 视听资料，是指以录音、录像所反映的声音、形象、所提供的资料来证明案件真实情况的证据。主要包括：（1）当事人监控录像显示关于生产、销售有毒有害食品违法行为的视听资料；（2）执法记录仪、录像设备、录音设备记录的有关违法行为的视听资料；（3）有关违法行为的通话录音。

制作和调取视听资料的规则：（1）在进行录音录像时，一般应当公开进行。若因查处违法行为，需要进行秘密录音录像的，应当不违反法律规定，且不得侵害当事人的合法权益。（2）提取有关资料的原始载体。提取原始载体确有困难的，可以提取复制件。（3）注明制作方法、制作时间、制作人和证明对象等。（4）声音资料应当附有该声音内容的文字记录。

## 十一、电子证据

包括违法相对人电脑或其他信息化载体（如手持销售终端等）中有关原料购进、生产、销售行为的电子数据和记录；有关电子台账，生产、加工与销售记录和监控录像显示关于生产、销售有毒有害食品违法行为的电脑存储文件等。

## 十二、其他证据

包括：（1）为违法行为提供生产、经营场所或者运输、贮存、保管、邮寄、网络销售渠道等便利条件的合同或协议；（2）证明违法行为或足以造成危害后果的鉴定意见；（3）出现食物中毒事故以及食源性疾病等后果的，证明危害后果状况的情况报告或其他书面材料；（4）新闻媒体、社会公众披露或其他部门移送的关于严重食物中毒事故或者其他严重食源性疾病并经确认属实的相关信息；（5）非食品原料和有毒有害食品原料的基本情况说明，包括物理和化学特性、对人体可能造成的危害等；（6）当事人是否因生产、销售有毒有害食品的违法行为在两年内受到行政处罚的情况，如有，需附行政处罚决定书。

# 三、公安机关证据收集

## 【证据清单】

### （一）证明犯罪嫌疑人身份、人数等主体方面的证据

生产、销售有毒、有害食品案件的犯罪主体为一般主体。自然人实施犯罪行为需要追究刑事责任的必须已满 16 周岁，并具有刑事责任能力。单位也可以成为此类犯罪案件的犯罪主体。

证明自然人主体资格的证据材料，包括犯罪嫌疑人的身份信息材料、前科材料、刑事责任能力材料等。

证明单位犯罪主体的证据材料，包括证明单位的名称、住所地、性质、法定代表人、单位负责人、业务范围、成立时间和单位法定代表人、单位负责人或直接责任人员等的身份证明等证据材料。

### （二）证明犯罪嫌疑人主观方面的证据

生产、销售有毒、有害食品案件在主观方面属于故意，即犯罪嫌疑人明知生产、销售的是有毒、有害食品而仍然予以生产、销售。犯罪嫌疑人一般具有非法牟利的目的，但是否营利、营利多少不影响其刑事责任的追究。

1. 证明犯罪嫌疑人主观明知的证据

包括：（1）收集证明犯罪嫌疑人生产、销售有毒、有害食品动机、目的及预谋情况的证据；（2）收集证明食品销售价格明显低于市场价格销售且无合理原因的证据；（3）收集证明犯罪嫌疑人无合法手续、未经过批准、违反规定销售或者证明犯罪嫌疑人伪造、变造、非法获取质量合格证明、检验检疫证明等证明文件的相关证据；（4）收集证明犯罪嫌疑人故意逃避检查或属于受过行政或刑事处罚后再次生产、销售的证据；（5）收集证明犯罪嫌疑人隐匿、销毁涉案食品、财务账册等相关证据；（6）收集证明有毒、有害食品

以及食品的生产经营者已经相关部门公告，犯罪嫌疑人仍生产、销售同一类型食品的相关证据。

2. 证明单位犯罪主观故意的证据

收集证明生产、销售有毒、有害食品的行为是由单位集体决定，或由单位负责人或被授权的其他人决定、同意，所获取的非法利益或违法所得大部分归单位所有的证据。

3. 证明为生产、销售有毒、有害食品提供条件的共同犯罪嫌疑人主观故意的证据

收集能够证明犯罪嫌疑人知道或者应当知道他人实施了生产、销售有毒、有害食品的犯罪行为，仍然为其提供了贷款、资金、账号、发票、证明、许可证件，或者提供生产、经营用场所，或运输、贮存、邮寄、网络销售等便利条件，或提供生产技术、原料、辅料、包装材料、标签、说明书，或提供广告宣传等证据。

**（三）证明犯罪嫌疑人实施危害行为的证据**

包括：（1）证明犯罪嫌疑人实施在生产、加工食品过程中掺入涉案非食品原料的证据；（2）证明犯罪嫌疑人实施在销售食品中掺入涉案非食品原料或销售明知掺有涉案非食品原料的食品的证据；（3）证明犯罪嫌疑人在餐饮服务中掺入涉案非食品原料的证据。

**（四）证明犯罪对象是有毒、有害食品的证据**

收集的证据能够证明在食品加工、销售、运输、储存等过程中掺入或者使用的非食品原料符合以下特征之一，即可认定涉案食品为"有毒、有害食品"，无须再经鉴定或者健康风险评估：（1）法律、法规禁止在食品生产经营活动中添加、使用的物质；（2）国务院有关部门公布的《食品中可能违法添加的非食用物质名单》《保健食品中可能非法添加的物质名单》上的物质；（3）国务院有关部门公告禁止使用的农药、兽药以及其他有毒、有害物质。

"有毒、有害非食品原料"难以确定的，司法机关可以根据检验报告并结合专家意见等相关材料进行认定。

**【适用法律规定】**

一、《刑法》条文

**第一百四十四条【生产、销售有毒、有害食品罪】** 在生产、销售的食品中掺入有毒、有害的非食品原料的，或者销售明知掺有有毒、有害的非食品原料的食品的，处五年以下有期徒刑，并处罚金；对人体健康造成严重危害或者有其他严重情节的，处五年以上十年以下有期徒刑，并处罚金；致人死亡或者有其他特别严重情节的，依照本法第一百四十一条的规定处罚。

**第一百四十九条【对生产、销售伪劣商品行为的法条适用】** 生产、销售本节第一百四十一条至第一百四十八条所列产品，不构成各该条规定的犯罪，但是销售金额在五万元以上的，依照本节第一百四十条的规定定罪处罚。

生产、销售本节第一百四十一条至第一百四十八条所列产品，构成各该条规定的犯罪，同时又构成本节第一百四十条规定之罪的，依照处罚较重的规定定罪处罚。

**第一百五十条【单位犯本节规定之罪的处罚规定】** 单位犯本节第一百四十条至第一百四十八条规定之罪的，对单位判处罚金，并对其直接负责的主管人员和其他直接责任人员，依照各该条的规定处罚。

二、司法解释

**1. 2017 年 4 月 27 日《最高人民检察院、公安部关于公安机关管辖的刑事案件立案追诉标准的规定（一）的补充规定》**

四、将《立案追诉标准（一）》第 20 条修改为：[生产、销售有毒、有害食品案（刑法第 144 条）〕 在生产、销售的食品中掺入有毒、有害的非食品原料的，或者销售明知掺有有毒、有害的非食品原料的食品的，应予立案追诉。

在食品、加工、销售、运输、贮存等过程中，掺入有毒、有害的非食品原料，或者使用有毒、有害的非食品原料加工食品的，应予立案追诉。

在食用农产品种植、养殖、销售、运输、贮存等过程中，使用禁用农药、兽药等禁用物质或者其他有毒、有害物质的，应予立案追诉。

在保健食品或者其他食品中非法添加国家禁用药物等有毒、有害物质的，应予立案追诉。

下列物质应当认定为本条规定的"有毒、有害的非食品原料"：

（一）法律、法规禁止在食品生产经营活动中添加、使用的物质；

（二）国务院有关部门公布的《食品中可能违法添加的非食用物质名单》《保健食品中可能非法添加的物质名单》中所列物质；

（三）国务院有关部门公告禁止使用的农药、兽药以及其他有毒、有害物质；

（四）其他危害人体健康的物质。

**2. 2013 年 5 月 4 日《最高人民法院、最高人民检察院关于办理危害食品安全刑事案件适用法律若干问题的解释》**

**第二条** 生产、销售不符合食品安全标准的食品，具有下列情形之一的，应当认定为刑法第一百四十三条规定的"对人体健康造成严重危害"：

（一）造成轻伤以上伤害的；

（二）造成轻度残疾或者中度残疾的；

（三）造成器官组织损伤导致一般功能障碍或者严重功能障碍的；

（四）造成十人以上严重食物中毒或者其他严重食源性疾病的；

（五）其他对人体健康造成严重危害的情形。

**第五条** 生产、销售有毒、有害食品，具有本解释第二条规定情形之一的，应当认定为刑法第一百四十四条规定的"对人体健康造成严重危害"。

**第六条** 生产、销售有毒、有害食品，具有下列情形之一的，应当认定为刑法第一百四十四条规定的"其他严重情节"：

（一）生产、销售金额二十万元以上不满五十万元的；

（二）生产、销售金额十万元以上不满二十万元，有毒、有害食品的数量较大或者生产、销售持续时间较长的；

（三）生产、销售金额十万元以上不满二十万元，属于婴幼儿食品的；

（四）生产、销售金额十万元以上不满二十万元，一年内曾因危害食品安全违法犯罪活动受过行政处罚或者刑事处罚的；

（五）有毒、有害的非食品原料毒害性强或者含量高的；

（六）其他情节严重的情形。

**第七条** 生产、销售有毒、有害食品，生产、销售金额五十万元以上，或者具有本解释第四条规定的情形之一的，应当认定为刑法第一百四十四条规定的"致人死亡或者有其他特别严重情节"。

**第九条** 在食品加工、销售、运输、贮存等过程中，掺入有毒、有害的非食品原料，或者使用有毒、有害的非食品原料加工食品的，依照刑法第一百四十四条的规定以生产、销售有毒、有害食品罪定罪处罚。

在食用农产品种植、养殖、销售、运输、贮存等过程中，使用禁用农药、兽药等禁用物质或者其他有毒、有害物质的，适用前款的规定定罪处罚。

在保健食品或者其他食品中非法添加国家禁用药物等有毒、有害物质的，适用第一款的规定定罪处罚。

**第十四条** 明知他人生产、销售不符合食品安全标准的食品，有毒、有害食品，具有下列情形之一的，以生产、销售不符合安全标准的食品罪或者生产、销售有毒、有害食品罪的共犯论处：

（一）提供资金、贷款、账号、发票、证明、许可证件的；

（二）提供生产、经营场所或者运输、贮存、保管、邮寄、网络销售渠道等便利条件的；

（三）提供生产技术或者食品原料、食品添加剂、食品相关产品的；

（四）提供广告等宣传的。

**第十六条** 负有食品安全监督管理职责的国家机关工作人员，滥用职权或者玩忽职守，导致发生重大食品安全事故或者造成其他严重后果，同时构成食品监管渎职罪和徇私舞弊不移交刑事案件罪、商检徇私舞弊罪、动植物检疫徇私舞弊罪、放纵制售伪劣商品犯罪行为罪等其他渎职犯罪的，依照处罚较重的规定定罪处罚。

负有食品安全监督管理职责的国家机关工作人员滥用职权或者玩忽职守，不构成食品监管渎职罪，但构成前款规定的其他渎职犯罪的，依照该其他犯罪定罪处罚。

负有食品安全监督管理职责的国家机关工作人员与他人共谋，利用其职务行为帮助他人实施危害食品安全犯罪行为，同时构成渎职犯罪和危害食品安全犯罪共犯的，依照处罚较重的规定定罪处罚。

**第十九条** 单位实施本解释规定的犯罪的，依照本解释规定的定罪量刑标准处罚。

第二十条　下列物质应当认定为"有毒、有害的非食品原料"：

（一）法律、法规禁止在食品生产经营活动中添加、使用的物质；

（二）国务院有关部门公布的《食品中可能违法添加的非食用物质名单》《保健食品中可能非法添加的物质名单》上的物质；

（三）国务院有关部门公告禁止使用的农药、兽药以及其他有毒、有害物质；

（四）其他危害人体健康的物质。

第二十一条　"足以造成严重食物中毒事故或者其他严重食源性疾病""有毒、有害非食品原料"难以确定的，司法机关可以根据检验报告并结合专家意见等相关材料进行认定。必要时，人民法院可以依法通知有关专家出庭作出说明。

三、其他规范性文件

**2012 年 1 月 9 日《最高人民法院，最高人民检察院、公安部关于依法严惩"地沟油"犯罪活动的通知》**

一、依法严惩"地沟油"犯罪，切实维护人民群众食品安全

"地沟油"犯罪，是指用餐厨垃圾、废弃油脂、各类肉及肉制品加工废弃物等非食品原料，生产、加工"食用油"，以及明知是利用"地沟油"生产、加工的油脂而作为食用油销售的行为。"地沟油"犯罪严重危害人民群众身体健康和生命安全，严重影响国家形象，损害党和政府的公信力。各级公安机关、检察机关、人民法院要认真贯彻《刑法修正案（八）》对危害食品安全犯罪从严打击的精神，依法严惩"地沟油"犯罪，坚决打击"地沟油"进入食用领域的各种犯罪行为，坚决保护人民群众切身利益。对于涉及多地区的"地沟油"犯罪案件，各地公安机关、检察机关、人民法院要

在案件管辖、调查取证等方面通力合作，形成打击合力，切实维护人民群众食品安全。

二、准确理解法律规定，严格区分犯罪界限

（一）对于利用"地沟油"生产"食用油"的，依照刑法第144条生产有毒、有害食品罪的规定追究刑事责任。

（二）明知是利用"地沟油"生产的"食用油"而予以销售的，依照刑法第144条销售有毒、有害食品罪的规定追究刑事责任。认定是否"明知"，应当结合犯罪嫌疑人、被告人的认知能力，犯罪嫌疑人、被告人及其同案人的供述和辩解，证人证言，产品质量，进货渠道及进货价格、销售渠道及销售价格等主、客观因素予以综合判断。

（三）对于利用"地沟油"生产的"食用油"，已经销售出去没有实物，但是有证据证明系已被查实生产、销售有毒、有害食品犯罪事实的上线提供的，依照刑法第144条销售有毒、有害食品罪的规定追究刑事责任。

（四）虽无法查明"食用油"是否系利用"地沟油"生产、加工，但犯罪嫌疑人、被告人明知该"食用油"来源可疑而予以销售的，应分别情形处理：经鉴定，检出有毒、有害成分的，依照刑法第144条销售有毒、有害食品罪的规定追究刑事责任；属于不符合安全标准的食品的，依照刑法第143条销售不符合安全标准的食品罪追究刑事责任；属于以假充真、以次充好、以不合格产品冒充合格产品或者假冒注册商标，构成犯罪的，依照刑法第140条销售伪劣产品罪或者第213条假冒注册商标罪、第214条销售假冒注册商标的商品罪追究刑事责任。

（五）知道或应当知道他人实施以上第（1）、（2）、（3）款犯罪行为，而为其掏捞、加工、贩运"地沟油"，或者提供贷款、资金、账号、发票、证明、许可证件，或者提供技术、生产、经营场所、运输、仓储、保管等便利条件的，依照本条第（1）、（2）、（3）款犯罪的共犯论处。

（六）对违反有关规定，掏捞、加工、贩运"地沟油"，没有证据证明用于生产"食用油"的，交由行政部门处理。

（七）对于国家工作人员在食用油安全监管和查处"地沟油"违法犯罪活动中滥用职权、玩忽职守、徇私枉法，构成犯罪的，依照刑法有关规定追究刑事责任。

三、准确把握宽严相济刑事政策在食品安全领域的适用

在对"地沟油"犯罪定罪量刑时，要充分考虑犯罪数额、犯罪分子主观恶性及其犯罪手段、犯罪行为对人民群众生命安全和身体健康的危害、对市场经济秩序的破坏程度、恶劣影响等。对于具有累犯、前科、共同犯罪的主犯、集团犯罪的首要分子等情节，以及犯罪数额巨大、情节恶劣、危害严重，群众反映强烈，给国家和人民利益造成重大损失的犯罪分子，依法严惩，罪当判处死刑的，要坚决依法判处死刑。对在同一条生产销售链上的犯罪分子，要在法定刑幅度内体现严惩源头犯罪的精神，确保生产环节与销售环节量刑的整体平衡。对于明知是"地沟油"而非法销售的公司、企业，要依法从严追究有关单位和直接责任人员的责任。对于具有自首、立功、从犯等法定情节的犯罪分子，可以依法从宽处理。要严格把握适用缓刑、免予刑事处罚的条件。对依法必须适用缓刑的，一般同时宣告禁止令，禁止其在缓刑考验期内从事与食品生产、销售等有关的活动。

【参考案例】

# 陈华销售有毒、有害食品案

## 一、基本案情

2017年7月，西城区食药监局接举报，称在北京市西城区粮食店街59号情趣保健品店内，有人出售"藏獒"牌性保健品。经工作，现场抓获店主陈华（化名），从店中起获1瓶"V8"牌性保健品、1盒"街头霸王"牌性保健品、1瓶"MACA"牌性保健品、销售所得的100元人民币现金，并从购药男子随身携带的包里起获1瓶"藏獒"牌性保健品、1瓶"劲霸"牌性保健品、1盒"金功夫"牌性保健品。经北京微量化学研究所分析测试中心检验，上述"藏獒""劲霸""金功夫""街头霸王""MACA""V8"牌性保健品中均检出西地那非成分。

## 二、诉讼过程

2017年8月11日，西城区人民检察院在工作中发现本案线索。经审查，2017年8月15日，西城区人民检察院建议西城区食品药品监督管理局向北京市公安局西城分局移送该线索；8月16日，北京市公安局西城分局立案侦查；10月16日，北京市公安局西城分局对该案移送审查起诉；12月5日，西城区人民检察院依法提起公诉。2017年12月11日，被告人陈华被西城区人民法院以销售有毒、有害食品罪判处有期徒刑8个月，并处罚金人民币1000元。

## 三、公安机关取证内容

根据《刑法》第144条以及相关司法解释的规定，要认定被告人陈华构成销售有毒、有害食品罪，公安机关应当收集以下证据：

### 1. 证明犯罪主体身份的证据

生产、销售有毒、有害食品案件的犯罪主体为一般主体。自然人实施犯罪行为需要追究刑事责任的必须已满16周岁，并具有刑事责任能力。因此，公安机关应当全面调取证明陈华主体资格的证据材料，包括其身份信息材料、前科材料、刑事责任能力材料等。本案中，公安机关还调取了陈华所经营的情趣保健品店的企业法人营业执照。

### 2. 证明存在主观故意的证据

生产、销售有毒、有害食品案件在主观方面属于故意，即行为人明知生产、销售的是有毒、有害食品而仍然予以生产、销售。一般具有非法牟利目的，但是否营利、营利多少不影响其刑事责任的追究。证据表现形式主要为被告人供述，公安机关在讯问时应当重点问明其销售有毒、有害食品的动机、目的及预谋情况。此外，还可以通过证明被告人已经相关部门公告，仍然继续销售同一类型的有毒、有害食品，或者被告人无合法手续、未经过批准、违反规定销售有毒、有害食品，以客观行为推定具有主观故意。

本案中，根据北京市人民检察院与北京市高级人民法院就销售有毒有害食品类犯罪认定标准协商会议精神关于主观明知的认定，从货物来源、功能、价格、明知禁售仍然销售的行为、明知可能含有壮阳药成分的供述等情况，可推定行为人应当知道食品含有司法解释规定的药物成分，可认定为明知。结合被告人陈华的供述以及书证《关于〈中华人民共和国食品安全法〉相关法律要求的告知书》已经收到，可以认定陈华明知销售的食品为国家禁止销售的食品，其主观上明知准备销售的食品中含有有毒、有害的非食品原料。

### 3. 证明实施危害行为的证据

本案中，陈华被查获时，从店中起获1瓶"V8"牌性保健品、

1盒"街头霸王"牌性保健品、1瓶"MACA"牌性保健品、销售所得的100元人民币现金，并从购药男子随身携带的包里起获1瓶"藏獒"牌性保健品、1瓶"劲霸"牌性保健品、1盒"金功夫"牌性保健品。要证明被告人陈华实施了销售有毒、有害食品的危害行为，公安机关就应当在"销售"和"有毒、有害食品"这两方面进行重点取证。

首先，公安机关调取了买主朱祺（化名）的证言，并让其对被告人陈华进行了辨认，证实陈华确实存在销售行为，并且陈华对此也自认。其次，要认定涉案性保健品属于"有毒、有害食品"，公安机关调取了北京市微量化学研究所分析测试中心出具的检测报告，以证实送检的"藏獒""劲霸""金功夫""街头霸王""MACA""V8"均检出西药成分西地那非。结合《保健食品中可能非法添加的物质名单》，西地那非属于其中列明的物质，是有毒、有害的非食品原料。

综合主体身份、主观故意、客观行为三方面的证据，可以认定陈华实施了违反国家食品安全管理法规，销售明知掺有有毒、有害的非食品原料的食品的行为，因此构成销售有毒、有害食品罪。

# 生产、销售不符合标准的医用器材罪

生产、销售不符合标准的医用器材罪，是指生产不符合保障人体健康的国家标准、行业标准的医疗器械、医用卫生材料，或者销售明知是不符合保障人体健康的国家标准、行业标准的医疗器械、医用卫生材料，足以严重危害人体健康的行为。

## 一、刑事立案标准

根据《刑法》第 145 条、《刑事诉讼法》第 112 条及《最高人民检察院、公安部关于公安机关管辖的刑事案件立案追诉标准的规定（一）》第 21 条，生产不符合保障人体健康的国家标准、行业标准的医疗器械、医用卫生材料，或者销售明知是不符合保障人体健康的国家标准、行业标准的医疗器械、医用卫生材料，涉嫌下列情形之一的，应予立案追诉：（1）进入人体的医疗器械的材料中含有超过标准的有毒有害物质的；（2）进入人体的医疗器械的有效性指标不符合标准要求，导致治疗、替代、调节、补偿功能部分或者全部丧失，可能造成贻误诊治或者人体严重损伤的；（3）用于诊断、监护、治疗的有源医疗器械的安全指标不符合强制性标准要求，可能对人体构成伤害或者潜在危害的；（4）用于诊断、监护、治疗的有源医疗器械的主要性能指标不合格，可能造成贻误诊治或者人体严重损伤的；（5）未经批准，擅自增加功能或者适用范围，可能造成贻误诊治或者人体严重损伤的；（6）其他足以严重危害人体健康或者对人体健康造成严重危害的情形。

医疗机构或者个人知道或者应当知道是不符合保障人体健康的国家标准、行业标准的医疗器械、医用卫生材料而购买并有偿使用的，视为本条规定的"销售"。

如果行政机关暂时不能查明"足以严重危害人体健康"的，应当先行移送公安机关进一步调查。

医疗器械经营企业、使用单位履行了《医疗器械监督管理条例》规定的进货查验等义务，有充分证据证明其不知道所经营、使用的医疗器械为不符合强制性标准或者不符合经注册或者备案的产品技术要求的医疗器械，并能如实说明其进货来源的，可以不移送公安机关追究刑事责任，但是根据《医疗器械监督管理条例》第66条第2款的规定，可以免予行政处罚，但应当依法没收其经营、使用的不符合法定要求的医疗器械。

## 二、行政执法机关证据、材料收集、移送

### 【证据材料类型清单】

#### （一）主体身份证据

1. 证明目的

证明行政违法相对人主体的身份、资质、人数等。

2. 证据类型

包括：（1）身份资质证据，包括营业执照或者其他主体资格证明文件、医疗器械生产许可证或者医疗器械生产备案凭证、医疗器械经营许可证或者医疗器械经营备案凭证、医疗器械产品备案凭证或注册证书等复印件；医疗器械生产经营企业及其法定代表人、负责人、直接负责的主管人员和其他直接责任人员身份证复印件等。

医疗机构视为销售的，应当提供事业单位法人证书、医疗机构执业许可证等。（2）现场检查笔录。（3）询问调查笔录。（4）视听资料。（5）其他证据。

**（二）违法行为证据**

1. 证明目的

证明行政违法相对人实施生产、销售不符合保障人体健康的国家标准、行业标准和经注册或者备案的产品技术要求或者存在其他缺陷的医疗器械的行为。包括：（1）实施违法行为持续时间、具体地点；（2）涉案医疗器械的名称、种类、数量、销售范围、货值金额、销售金额、违法所得；（3）适用人群是否属于老人、孕产妇、婴幼儿、儿童和其他特定人群；（4）医疗器械零部件的种类、含量；（5）不符合保障人体健康的国家标准、行业标准和经注册或者备案的产品技术要求或者存在其他缺陷的医疗器械的基本情况说明。

2. 证据类型

包括：（1）涉案物品，包括不符合保障人体健康的国家标准、行业标准的医疗器械；医疗器械包装、标签和说明书；医疗器械零部件或原料；用于违法生产销售的工具、设备等物品。（2）涉案医疗器械的国家标准、行业标准、经注册或者备案的产品技术要求材料、生产工艺等材料。（3）购销合同、票据和相关记录及复印件。（4）查封扣押文书或先行登记保存文书。（5）现场检查笔录。（6）询问调查笔录。（7）视听资料。（8）电子数据。（9）当事人陈述。（10）证人证言。（11）检验报告，系由按照国家认证认可的规定取得资质认定的医疗器械检验机构出具（符合资格的检验机构可在中国国家认证认可监督管理委员会网站上查询）。（12）鉴定意见或专家论证意见书。（13）其他证据。

**（三） 主观故意证据**

1. 证明目的

证明行政违法相对人具有违法故意。违法故意可以通过询问主观心理状态和调查未履行医疗器械生产经营法定义务进行证明。

2. 证据类型

包括：（1）询问调查笔录。（2）证人证言。（3）其他证据。

**（四） 危害后果证据**

1. 证明目的

证明行政违法相对人违法行为客观危害性的程度，即足以严重危害人体健康。包括：（1）进入人体的医疗器械的材料中含有超过标准的有毒有害物质；（2）进入人体的医疗器械的有效性指标不符合标准要求，导致治疗、替代、调节、补偿功能部分或者全部丧失，可能造成贻误诊治或者人体严重损伤；（3）用于诊断、监护、治疗的有源医疗器械的安全指标不符合强制性标准要求，可能对人体构成伤害或者潜在危害；（4）用于诊断、监护、治疗的有源医疗器械的主要性能指标不合格，可能造成贻误诊治或者人体严重损伤；（5）未经批准，擅自增加功能或者适用范围，可能造成贻误诊治或者人体严重损伤；（6）其他足以严重危害人体健康或者对人体健康造成严重危害的情形。

2. 证据类型

包括：（1）现场检查笔录。（2）询问调查笔录。（3）现场检查照片及其他视听资料。（4）购进合同、销售、场地租赁合同等。（5）购、销相关票据或者生产、加工、使用、销售记录。（6）由按照国家认证认可的规定取得资质认定的检验机构出具的检验报告。（7）其他部门、医疗机构、新闻媒体、社会公众告知的医疗器械可能对人体构成伤害或者潜在危害的信息。（8）鉴定意见或者专家论证意见。（9）其他证据。

## 【操作指引】

本规范列明了在违法事实清楚、证据确实充分的情况下执法人员应当和能够调取的全部证据。在实际工作中由于各种客观情况，本规范列明的证据并非可以全部取得。《刑事诉讼法》第109条规定："公安机关或者人民检察院发现犯罪事实或者犯罪嫌疑人，应当按照管辖范围，立案侦查。"行政机关只要能够认定或者间接认定违法相对人有违法行为，证明有犯罪事实需要追究刑事责任的，即可向公安机关移送涉嫌犯罪案件。

### 一、主体资格证据

包括：（1）营业执照或者其他主体资格证明文件（医疗机构为事业单位的，需要提供事业单位法人登记证等）。（2）医疗器械生产许可证或备案凭证、医疗器械经营许可证或备案凭证、医疗机构执业许可证等复印件。（3）医疗器械生产经营企业、医疗机构的法定代表人、负责人、直接负责的主管人员和其他直接责任人员身份证复印件等。（4）无法取得违法行为人的身份证复印件的，调取驾驶执照、户口本、护照、社保卡等其他能够间接证明违法行为人身份的凭证复印件。（5）对无法提供任何身份证明的违法相对人，现场应进行头像拍照和摄像（若不具备条件，要拍摄出能清晰反映当事人面部及形体特征的照片），并在现场检查笔录和询问调查笔录中注明情况，对性别、年龄、进行初步记录。

### 二、现场检查笔录

现场检查笔录应当载明以下事项：

1. 现场检查的时间、地点，执法人员姓名，执法证号等。

2. 违法相对人的主体资质情况。包括持有证照情况、具体经营范围、法定代表人和陪同检查人员身份信息情况，以及现场发现主要从事违法活动的人员数量及身份信息情况。如违法相对人设立了组织机构或进行了职责分工，还应记录医疗器械质量安全控制部门主管人员或直接负责人的职责分工和人员信息情况。

3. 现场检查时发现的涉及违法相对人从事违法生产经营活动的情况。包括：（1）生产车间、原料库房、成品库房情况，销售现场情况，现场的相关涉案物品、票据（包括相关的各种合同、进销存票据、生产记录、销售记录、账目记录、收支发票、销售范围资料等），电脑中的相关资料；（2）能够证明涉案医疗器械原料或零部件、医疗器械包装标签、说明书、医疗器械产品来源的材料（包括生产商或供货商资质、出厂检验报告、产品合格证明、购销合同等）；（3）生产不符合标准的医疗器械，应描述医疗器械原料或零部件、医疗器械包装标签、说明书的存放位置、数量及储存和使用情况。

4. 现场检查时发现的违法行为客观危害程度。包括：（1）实施违法行为持续时间、具体地点；（2）涉案医疗器械的名称、种类、数量、单价；（3）涉案医疗器械的货值金额、销售金额、违法所得；（4）涉案医疗器械销售范围、适用人群是否以孕产妇、婴幼儿、儿童或者危重病人为主要使用对象；（5）涉案医疗器械零部件的种类、原料含量。

5. 查封扣押物品情况和先行登记保存情况。

**三、询问调查笔录及当事人陈述**

1. 调查询问的时间、地点，执法人员姓名，执法证号，被调查人的基本情况和企业授权被调查人接受调查的情况。

2. 当事人的主体资质情况，包括取得营业执照和医疗器械生产许可证或备案凭证、医疗器械经营许可证或备案凭证、医疗机构执业许可证、经营范围、是否取得医疗器械产品批准文号或备案凭证、医疗器械产品执行标准和技术要求等。

3. 询问调查实施生产、销售不符合标准的医疗器械的基本情况。包括以下四类。

涉案医疗器械的基本情况：（1）涉案医疗器械的名称、种类、功能和适用人群、使用方法等；（2）涉案医疗器械的性能和结构组成等；（3）涉案医疗器械的包装容器、标签标识、说明书等情况。

涉案医疗器械的零部件或原料的购进情况：（1）涉案医疗器械的零部件或原料的购进数量、价格、购进渠道；（2）是否进行进货查验并进行相关记录；（3）是否取得生产商资质、出厂检验报告、产品合格证明、购销合同、支付价款和取得发票情况。

涉案医疗器械的生产情况：（1）生产涉案医疗器械的种类及数量、库存数量、生产时间、生产批次等；（2）生产涉案医疗器械的具体工艺流程和技术要求；（3）医疗器械零部件或者原料、包装材料、标签标识、说明书的使用数量、库存数量、储存位置、经手人（包括接收人、领用人、使用人）情况。

涉案医疗器械的销售情况：（1）涉案医疗器械的种类及销售、库存数量，销售行为持续时间，销售去向，货值金额及销售金额；（2）涉案医疗器械的来源情况（自行生产或委托生产，从生产商、中间商或个人处购进）。

4. 违法行为客观危害程度的基本情况。具体包括：（1）实施违法行为的持续时间、销售区域；（2）涉案医疗器械种类、销售范围、适用人群；（3）涉案医疗器械的数量、货值金额、销售金额、违法所得。

5. 当事人对于违法行为的主观心理状态（是否明知）的情况。包括：（1）当事人是否知道涉案产品属于不符合标准的医疗器械的情况，是否知晓对于"生产、销售不符合标准的医疗器械"的禁止性规定；（2）当事人是否以明显低于市场价格购进医疗器械零部件或原料或以明显低于市场价格销售医疗器械；（3）当事人是否对其生产销售的医疗器械进行检验，是否有不合格检验报告和对不合格检验报告的处置情况；（4）当事人是否曾经受到涉案医疗器械发生危害后果的投诉举报、收到要求召回医疗器械产品的通知，是否受到过行政处罚等；（5）是否在偏远、隐蔽场所生产，或者采取对制造设备进行伪装等方式生产不符合标准的医疗器械；（6）制造人员在执法人员检查时，是否有逃跑、抗拒检查等行为，是否在现场查获生产、销售不符合标准的医用器械。

### 四、证人证言

在行政机关需要或者条件允许的情况下，可向当事人以外的了解案件有关情况的人取得用来证明案件待证事实的陈述，从而帮助行政机关进一步了解案件事实经过、违法行为实施人、相关责任人员及其他内容。

固定证人证言要求：（1）写明证人的姓名、年龄、性别、职业、住址等基本情况；（2）有证人的签名，不能签名的，应当以捺手印或盖章等方式证明；（3）注明出具日期；（4）附有居民身份证复印件等证明证人身份的文件。

### 五、证明违法行为人是否依法履行生产经营过程控制法定义务的证据

包括：（1）医疗器械生产企业是否严格执行医疗器械生产质量管理规范和医疗器械质量管理体系要求的规定；（2）药品经营企业是否严格执行医疗器械经营质量管理规范的规定；（3）医疗机构是否严格执行医疗器械维护、管理和使用的相关规定。

### 六、涉案物品和工具

包括：（1）涉案医疗器械；（2）涉案医疗器械的零部件、原料；（3）用于违法生产经营的医疗器械包装材料、标签和说明书；（4）用于违法生产经营的工具、设备等物品【注：应当附有查封扣押、先行登记保存、检验（检测、检疫、鉴定）情况。包括《先行登记保存证据通知书》《实施行政强制措施决定书》《场所/设施/财物清单》《抽样记录》《检测/检验/检疫/鉴定委托书》《检测/检验/检疫/鉴定期间告知书》《检测/检验/检疫/鉴定结果告知书》】。

### 七、购销合同、票据和相关记录

1. 医疗器械生产环节：与医疗器械产品零部件或原料、包装材料、标签、说明书、医疗器械成品相关的购销合同、进货（查验）记录、入库记录、使用记录、生产记录、销售记录、统计报表、会计账册、收支凭证、票据等证明案件事实与危害程度的书面材料。

2. 医疗器械销售环节：与销售涉案医疗器械相关的购销合同、供应商证照资质、产品资质、进货（查验）记录、销售记录、销售价签、销售发票、会计账册、收支凭证等书面材料。

3. 医疗器械使用环节：与使用医疗器械有关的购进记录、储存记录、出库记录、门诊记录、诊断记录、销售票据等证明案件事实与危害程度的书面材料。

### 八、产品检验报告

包括：（1）医疗器械零部件、原料检验报告；（2）医疗器械出厂检验报告；（3）省级以上药品监督管理部门设置或者确定的医疗器械检验机构出具的证明涉案产品为不符合标准的医疗器械的检验报告【注：以上三种，并非可全部获取的证据】。

### 九、鉴定意见或专家论证意见

应当由具有司法鉴定资格的机构出具鉴定意见。无法出具鉴定意见的，以专家论证意见为准。

"足以严重危害人体健康的"难以确定的，司法机关可以根据检验报告并结合专家意见等相关材料进行认定。必要时，人民法院可以依法通知有关专家出庭作出说明。

### 十、执法照片及视听资料

1. 执法照片，主要包括违法行为发生地照片、现场检查情形的照片、产品照片、法定代表人和主要负责人照片。执法照片应当注明拍摄的具体时间、地点，并由执法人员和当事人签字确认。

2. 视听资料，是指以录音、录像所反映的声音、形象、所提供的资料来证明案件真实情况的证据。主要包括：（1）当事人监控录像显示关于生产、销售不符合标准的医疗器械的视听资料；（2）执法记录仪、录像设备、录音设备记录的有关违法行为的视听资料；（3）有关违法行为的通话录音。

制作和调取视听资料的规则：（1）在进行录音录像时，一般应当公开进行。若因查处违法行为，需要进行秘密录音录像的，应当不违反法律规定，且不得侵害当事人的合法权益；（2）提取有关资料的原始载体。提取原始载体确有困难的，可以提取复制件；（3）注明制作方法、制作时间、制作人和证明对象等；（4）声音资料应当附有该声音内容的文字记录。

### 十一、电子证据

包括违法相对人电脑或其他信息化载体（如手持销售终端等）中有关医疗器械零部件或原料购进、生产、销售行为的电子数据和记录；有关电子台账，生产、加工与销售记录和监控录像显示关于生产、销售涉案医疗器械违法行为的电脑存储文件等。

### 十二、其他证据

包括：（1）为违法行为提供生产、经营场所或者运输、贮存、保管、邮寄、网络销售渠道等便利条件的合同或协议；（2）对人体健康造成严重危害、其他严重情节的情况报告或其他书面材料；（3）当事人是否因生产、销售不符合标准的医疗器械的违法行为在两年内受到食品药品监管部门行政处罚的情况，如有，需附行政处罚决定书。

## 三、公安机关证据收集

### 【证据清单】

### （一）证明犯罪嫌疑人身份、人数等主体方面的证据

生产、销售不符合标准的医用器材案件的犯罪主体为一般主体。自然人实施犯罪行为需要追究刑事责任的必须已满16周岁，并具有刑事责任能力。单位也可以成为此类犯罪案件的犯罪主体。

证明自然人主体资格的证据材料，包括犯罪嫌疑人的身份信息材料、前科材料、刑事责任能力材料等。

证明单位犯罪主体的证据材料，包括证明单位的名称、住所地、性质、法定代表人、单位负责人、业务范围、成立时间和单位法定代表人、单位负责人或直接责任人员等的身份证明材料。

### （二）证明犯罪嫌疑人主观方面的证据

生产、销售不符合标准的医用器材在主观方面属于故意，即犯罪嫌疑人明知生产、销售的是不符合保障人体健康的国家标准、行业标准的医疗器械、医用卫生材料而仍然予以生产、销售。犯罪嫌疑人一般具有非法牟利的目的，但是否营利、营利多少不影响其刑事责任的追究。

1. 证明犯罪嫌疑人主观明知的证据

包括：（1）收集证明犯罪嫌疑人生产、销售不符合标准的医用器材动机、目的及预谋情况的证据；（2）收集证明不符合标准的医用器材销售价格明显低于市场价格销售且无合理原因的证据；（3）收集证明犯罪嫌疑人无合法手续、未经过批准、违反规定销售或者证明犯罪嫌疑人伪造、变造、非法获取质量合格证明等文件的相关证据；（4）收集证明犯罪嫌疑人故意逃避检查或属于受过行政或刑事处罚后再次生产、销售的证据；（5）收集证明犯罪嫌疑人隐匿、销毁涉案产品、财务账册等相关证据；（6）收集证明不符合标准的医用器材的生产经营者已经相关部门公告，犯罪嫌疑人仍生产、销售同一类型产品的相关证据。

2. 证明单位犯罪主观故意的证据

收集证明生产、销售不符合标准的医用器材的行为是由单位集体决定，或由单位负责人或被授权的其他人决定、同意，所获取的非法利益或违法所得大部分归单位所有的证据。

3. 证明为生产、销售不符合标准的医用器材提供条件的共同犯罪嫌疑人主观故意的证据

收集能够证明犯罪嫌疑人知道或者应当知道他人实施了生产、销售不符合标准的医用器材的犯罪行为，仍然为其提供了贷款、资金、账号、发票、证明、许可证件，或者提供生产、经营用场所，或运输、贮存、邮寄、网络销售等便利条件，或提供生产技术、原料、辅料、包装材料、标签、说明书，或提供广告宣传等证据。

**（三）证明犯罪嫌疑人实施危害行为的证据**

包括：（1）收集证明犯罪嫌疑人实施了生产不符合保障人体健康的国家标准、行业标准的医疗器械、医用卫生材料的证据；（2）收集证明犯罪嫌疑人实施了销售明知是不符合保障人体健康的

国家标准、行业标准的医疗器械、医用卫生材料的证据；（3）收集证明医疗机构或者个人知道或者应当知道是不符合保障人体健康的国家标准、行业标准的医疗器械、医用卫生材料而购买并有偿使用的证据。

**（四）证明犯罪对象是不符合标准的医用器材的证据**

收集的证据能够证明涉嫌下列情形之一，可认定为不符合标准的医用器材：（1）进入人体的医疗器械的材料中含有超过标准的有毒、有害物质；（2）进入人体的医疗器械的有效性指标不符合标准要求，导致治疗、替代、调节、补偿功能部分或者全部丧失，可能造成贻误诊治或者人体严重损伤；（3）用于诊断、监护、治疗的有源医疗器械的安全指标不符合强制性标准要求，可能对人体构成伤害或者潜在危害；（4）用于诊断、监护、治疗的有源医疗器械的主要性能指标不合格，可能造成贻误诊治或者人体严重损伤；（5）未经批准，擅自增加功能或者适用范围，可能造成贻误诊治或者人体严重损伤；（6）其他足以严重危害人体健康或者对人体健康造成严重危害的情形。

**【适用法律规定】**

**一、《刑法》条文**

**第一百四十五条【生产、销售不符合标准的医用器材罪】** 生产不符合保障人体健康的国家标准、行业标准的医疗器械、医用卫生材料，或者销售明知是不符合保障人体健康的国家标准、行业标准的医疗器械、医用卫生材料，足以严重危害人体健康的，处三年以下有期徒刑或者拘役，并处销售金额百分之五十以上二倍以下罚金；对人体健康造成严重危害的，处三年以上十年以下有期徒刑，并处销售金额百分之五十以上二倍以下罚金；后果特别严重的，处十年以上有期徒刑或者无期徒刑，并处销售金额百分之五十以上二倍以下罚金或者没收财产。

**第一百四十九条【对生产、销售伪劣商品行为的法条适用】**
生产、销售本节第一百四十一条至第一百四十八条所列产品，不构成各该条规定的犯罪，但是销售金额在五万元以上的，依照本节第一百四十条的规定定罪处罚。

生产、销售本节第一百四十一条至第一百四十八条所列产品，构成各该条规定的犯罪，同时又构成本节第一百四十条规定之罪的，依照处罚较重的规定定罪处罚。

**第一百五十条【单位犯本节规定之罪的处罚规定】** 单位犯本节第一百四十条至第一百四十八条规定之罪的，对单位判处罚金，并对其直接负责的主管人员和其他直接责任人员，依照各该条的规定处罚。

二、司法解释

**1. 2008 年 6 月 25 日《最高人民检察院、公安部关于公安机关管辖的刑事案件立案追诉标准的规定（一）》**

**第二十一条** 生产不符合保障人体健康的国家标准、行业标准的医疗器械、医用卫生材料，或者销售明知是不符合保障人体健康的国家标准、行业标准的医疗器械、医用卫生材料，涉嫌下列情形之一的，应予立案追诉：

（一）进入人体的医疗器械的材料中含有超过标准的有毒、有害物质的；

（二）进入人体的医疗器械的有效性指标不符合标准要求，导致治疗、替代、调节、补偿功能部分或者全部丧失，可能造成贻误诊治或者人体严重损伤的；

（三）用于诊断、监护、治疗的有源医疗器械的安全指标不符合强制性标准要求，可能对人体构成伤害或者潜在危害的；

（四）用于诊断、监护、治疗的有源医疗器械的主要性能指标不合格，可能造成贻误诊治或者人体严重损伤的；

（五）未经批准，擅自增加功能或者适用范围，可能造成贻误诊治或者人体严重损伤的；

（六）其他足以严重危害人体健康或者对人体健康造成严重危害的情形。

医疗机构或者个人知道或者应当知道是不符合保障人体健康的国家标准、行业标准的医疗器械、医用卫生材料而购买并有偿使用的，视为本条规定的"销售"。

**2. 2001 年 4 月 10 日《最高人民法院、最高人民检察院关于办理生产、销售伪劣商品刑事案件具体应用法律若干问题的解释》**

第六条　生产、销售不符合标准的医疗器械、医用卫生材料，致人轻伤或者其他严重后果的，应认定为刑法第一百四十五条规定的"对人体健康造成严重危害"。

生产、销售不符合标准的医疗器械、医用卫生材料，造成感染病毒性肝炎等难以治愈的疾病、1 人以上重伤、3 人以上轻伤或者其他严重后果的，应认定为"后果特别严重"。

生产、销售不符合标准的医疗器械、医用卫生材料，致人死亡、严重残疾、感染艾滋病、3 人以上重伤、10 人以上轻伤或者造成其他特别严重后果的，应认定为"情节特别恶劣"。

医疗机构或者个人，知道或者应当知道是不符合保障人体健康的国家标准、行业标准的医疗器械、医用卫生材料而购买、使用，对人体健康造成严重危害的，以销售不符合标准的医用器材罪定罪处罚。

没有国家标准、行业标准的医疗器械，注册产品标准可视为"保障人体健康的行业标准"。

## 【参考案例】

# 郭某甲、郭某乙、梁某某、韦某
# 生产、销售不符合标准的医用器材案

### 一、基本案情

被告人郭某甲、郭某乙结伙于 2016 年 2 月起，在被告人郭某乙居住的河南省郑州市中原区××村××号楼房间内，将由江苏省苏州市松康医用器材有限公司非法生产的带囊电极导管（腔道介入治疗仪的组成部分）的电极头更换为假冒上海淞行实业有限公司注册商标的电极头，还将该商标的电极头寄给苏州市松康医用器材有限公司用于生产，而后加价销售给被告人梁某某、韦某。被告人梁某某、韦某将上述带囊电极导管经翻包加工，更换为有上海淞行实业有限公司标识的包装后，再加价销售给颜某某（另案处理），颜某某于 2016 年 7 月在其开设的名为康久安医械的网店将 5 箱共计 600 支带囊电极导管销售给北京市军都医院。2016 年 8 月 10 日，被告人郭某甲、郭某乙、梁某某、韦某在郑州市、扬州市被上海市公安局虹口分局民警抓获，民警在颜某某住处查获带囊电极导管成品 340 支。案发后，经国家食品药品监督管理总局上海医疗器械质量监督检验中心鉴定，送检颜某某处带囊电极导管（抽样基数 300）及北京市军都医院带囊电极导管（抽样基数 120）样品中分别有 40 支样品均检验出有菌生长，不符合 YZB/国 7846－2014《腔道介入治疗仪》4.11.5.2 标准要求。

### 二、诉讼过程

2016 年 11 月 18 日，上海市虹口区人民检察院以沪虹检诉刑诉

（2016）739 号起诉书指控被告人郭某甲、郭某乙、梁某某、韦某犯生产、销售不符合标准的医用器材罪，向法院院提起公诉。2016 年 11 月 28 日，上海市虹口区人民法院依法作出（2016）沪 0109 刑初 874 号《刑事判决书》，分别判处：一、被告人郭某甲、郭某乙、梁某某、韦某犯生产、销售不符合标准的医用器材罪，判处拘役四个月，并处罚金人民币两万元。二、缴获不符合标准的医用器材予以没收。

### 三、公安机关取证内容

根据《刑法》第 145 条以及相关司法解释的规定，要认定被告人郭某甲、郭某乙、梁某某、韦某构成生产、销售不符合标准的医用器材罪，应当收集以下证据：

#### 1. 证明犯罪主体身份的证据

生产、销售不符合标准的医用器材罪中证明犯罪主体的证据主要包括证明行政违法相对人主体的身份、资质、人数、违法主体营业执照或者医疗器械生产经营和医疗器械产品资格证明文件等。

本案为被告人郭某甲、郭某乙、梁某某、韦某等四人自然人犯罪，同时这四人主动认罪，适用简易程序审理，因此，仅需取得这四人的相关主体身份资质即可，同时对其未取得相关生产经营资质进行核实调查。

#### 2. 证明存在主观故意的证据

本案中，证明行政违法相对人具有违法故意。违法故意可以通过询问主观心理状态和调查未履行医疗器械生产经营法定义务进行证明。

本案中，郭某甲、郭某乙结伙非法更换假冒注册商标的电极头，还将该商标的电极头寄给苏州市松康医用器材有限公司用于生产，被告人梁某某、韦某将上述带囊电极导管经翻包加工，更换包装后，再加价销售。因此，被告人以牟利为目的，直接违反医疗器械生产经营义务，犯罪故意相对明显。

3. 证明实施违法行为的证据

本案中，证明违法行为的证据主要是证明被告人实施生产、销售不符合保障人体健康的国家标准、行业标准和经注册或者备案的产品技术要求或者存在其他缺陷的医疗器械的行为。本案的具体证据主要有：（1）证人丁某某、徐某某、庄某某、沈某某、颜某某等人的证言；（2）上海市公安局虹口分局制作的《搜查笔录》《扣押清单》《调取证据清单》，拍摄的物证照片及出具的《案发经过》；（3）国家食品药品监督管理总局上海医疗器械质量监督检验中心出具的《检验报告》。

4. 证明造成损害后果的证据。

本案应当取得证明行政违法相对人违法行为客观危害性的程度，即足以严重危害人体健康。本案中取得的主要证据有国家食品药品监督管理总局上海医疗器械质量监督检验中心出具的《检验报告》。

综合主体身份、主观故意、客观行为、危害后果四方面的证据，可以认定被告人实施了生产、销售不符合标准的医疗器械的行为，因此构成生产、销售不符合标准的医用器材罪。

四、经验分享

生产销售不符合标准的医用器材罪属于危险犯，在本案中，构成犯罪的关键是证明行政违法相对人违法行为客观危害性的程度，即足以严重危害人体健康。包括：（1）进入人体的医疗器械的材料中含有超过标准的有毒有害物质；（2）进入人体的医疗器械的有效性指标不符合标准要求，导致治疗、替代、调节、补偿功能部分或者全部丧失，可能造成贻误诊治或者人体严重损伤；（3）用于诊断、监护、治疗的有源医疗器械的安全指标不符合强制性标准要求，可能对人体构成伤害或者潜在危害；（4）用于诊断、监护、治疗的有源医疗器械的主要性能指标不合格，可能造成贻误诊治或者人体严重损伤；（5）未经批准，擅自增加功能或者适用范围，可能造成贻误诊治或者人体严重损伤；（6）其他足以严重危害人体健康或者对人体健康造成严重危害的情形。

对于涉案产品如何认定符合上述情形，应当通过检验报告、鉴定意见、专家论证等方式进行。本案中，涉案产品经国家食品药品监督管理总局上海医疗器械质量监督检验中心鉴定：送检颜某某处带囊电极导管（抽样基数 300）及北京市军都医院带囊电极导管（抽样基数 120）样品中分别有 40 支样品均检验出有菌生长，不符合 YZB/国 7846-2014《腔道介入治疗仪》4.11.5.2 标准要求。

# 生产、销售不符合
# 卫生标准的化妆品罪

生产、销售不符合卫生标准的化妆品罪，是指违反国家产品质量法规，生产不符合卫生标准的化妆品，或者销售明知是不符合卫生标准的化妆品，造成严重后果的行为。

## 一、刑事立案标准

根据《刑法》第148条、《刑事诉讼法》第112条及《最高人民检察院、公安部关于公安机关管辖的刑事案件立案追诉标准的规定（一）》第24条，具有下列行为之一的，应当立案：（1）造成他人容貌毁损或者皮肤严重损伤的；（2）造成他人器官组织损伤导致严重功能障碍的；（3）致使他人精神失常或者自杀、自残造成重伤、死亡的；（4）其他造成严重后果的情形。

行政机关通过当事人陈述、证人证言、医疗诊断证明初步确认具有造成严重后果的上述情形的，即应当移送公安机关。

## 二、行政执法机关证据、材料收集、移送

【证据材料类型清单】

（一）主体身份证据

1. 证明目的

证明行政违法相对人主体的身份、资质、人数等。

2. 证据类型

包括：（1）身份资质证据，包括营业执照或者其他主体资格证明文件、化妆品生产许可证、特殊用途化妆品批准文件、非特殊用途化妆品备案凭证、化妆品质量标准等材料复印件；化妆品生产经营企业及其法定代表人、负责人、直接负责的主管人员和其他直接责任人员身份证复印件。（2）现场检查笔录。（3）询问调查笔录。（4）视听资料。（5）其他证据。

**（二）违法行为证据**

1. 证明目的

证明行政违法相对人实施生产、销售不符合卫生标准的化妆品的行为。

2. 证据类型

包括：（1）涉案物品，包括不符合卫生标准的涉案化妆品；涉案化妆品的原料；涉案化妆品的包装材料、标签、说明书；用于违法生产经营不符合卫生标准的涉案化妆品的工具、设备等物品。（2）购销合同、票据和相关记录及复印件。（3）现场检查笔录。（4）询问调查笔录。（5）视听资料。（6）电子数据。（7）当事人陈述。（8）证人证言。（9）检验报告，系由按照国家认证认可的规定取得资质认定的化妆品检验机构出具的检验报告。（10）鉴定意见或专家论证意见书。（11）其他证据。

**（三）主观故意证据**

1. 证明目的

证明行政违法相对人具有违法故意。违法故意可以通过主观心理状态的询问和未履行化妆品质量安全法定义务的调查进行证明。

2. 证据类型

包括：（1）询问调查笔录。（2）证人证言。（3）其他证据。

### （四） 危害后果证据

1. 证明目的

证明行政违法相对人违法行为客观危害性的程度。即证明造成他人容貌毁损或者皮肤严重损伤；造成他人器官组织损伤导致严重功能障碍；致使他人精神失常或者自杀、自残造成重伤、死亡或者其他造成严重后果的情形。

2. 证据类型

包括：（1）现场检查笔录。（2）询问调查笔录。（3）现场检查照片及视听资料。（4）购进合同、销售合同、场地租赁合同等。（5）购、销相关票据或生产、加工、使用、销售记录。（6）符合资质的化妆品检验机构出具的检验报告。（7）查封扣押文书或先行登记保存文书。（8）新闻媒体、社会公众披露或其他部门移送的关于不符合卫生标准的涉案化妆品造成他人容貌毁损或者皮肤严重损伤、造成他人器官组织损伤导致严重功能障碍、致使他人精神失常或者自杀、自残造成重伤、死亡或者其他造成严重后果并经确认属实的相关材料。（9）鉴定意见或者专家论证意见。（10）其他证据。

## 【操作指引】

本规范列明了在违法事实清楚、证据确实充分的情况下执法人员应当和能够调取的全部证据。在实际工作中由于各种客观情况，本规范列明的证据并非可以全部取得。《刑事诉讼法》第 109 条规定："公安机关或者人民检察院发现犯罪事实或者犯罪嫌疑人，应当按照管辖范围，立案侦查。"行政机关只要能够认定或者间接认定违法相对人有违法行为，证明有犯罪事实需要追究刑事责任的，即可向公安机关移送涉嫌犯罪案件。

## 一、主体资格证据

包括：（1）营业执照或者其他主体资格证明文件。（2）化妆品生产许可证、特殊用途化妆品批准文件、非特殊用途化妆品备案凭证、化妆品质量标准等材料复印件【注：化妆品经营企业无须取得化妆品经营许可，仅提供经营范围载明销售化妆品的营业执照即可】。（3）药品生产经营企业的法定代表人、负责人、直接负责的主管人员和其他直接责任人员身份证复印件。（4）无法取得违法行为人身份证复印件的，调取驾驶执照、户口本、护照、社保卡等其他能够间接证明违法行为人身份的凭证复印件。（5）对无法提供任何身份证明的违法相对人，现场应进行头像拍照和摄像（若不具备条件，要拍摄出能清晰反映当事人面部及形体特征的照片），并在现场检查笔录和询问调查笔录中注明情况，对性别、年龄、进行初步记录。

## 二、现场检查笔录

现场检查笔录应当载明以下事项：

1. 现场检查的时间、地点，执法人员姓名，执法证号等。

2. 违法相对人的主体资质情况。包括持有证照情况。法定代表人和陪同检查人员身份信息情况，以及现场发现主要从事违法活动的人员数量及身份信息情况。如违法相对人设立了组织机构或进行了职责分工，还应记录化妆品质量控制部门主管人员或直接负责人的职责分工和人员信息情况。

3. 现场检查时发现的涉及违法相对人从事违法生产经营活动的情况，包括：（1）生产车间、原料库房、成品库房情况，销售现场情况，现场的相关涉案物品、票据（包括相关的各种合同、进销存票据、生产记录、销售记录、账目记录、收支发票、销售范围资料等），电脑中的相关资料；（2）能够证明涉案化妆品原料、包装标签、说明书、成品来源的材料（包括生产商或供货商资质、出厂检验报告、产品合格证明、购销合同等）；（3）生产不符合卫生标准的化妆品，应描述化妆品原料、包装和标签的存放位置、物理性质、数量及储存和使用情况。

4. 现场检查时发现的违法行为客观危害程度，包括：（1）实施违法行为的持续时间、具体地点；（2）涉案化妆品名称、种类、数量、单价；（3）涉案化妆品的货值金额、销售金额、违法所得；（4）涉案化妆品销售范围、适用人群是否以孕产妇、婴幼儿、儿童或者危重病人为主要使用对象；（5）涉案化妆品原料的种类、含量。

5. 查封扣押物品情况或先行登记保存物品情况。

### 三、询问调查笔录及当事人陈述

1. 调查询问的时间、地点，执法人员姓名，执法证号，被调查人的基本情况和企业授权被调查人接受调查的情况。

2. 调查询问当事人的主体资质情况，包括取得营业执照和化妆品生产许可证的时间、生产经营的具体范围、化妆品执行标准等。

3. 调查询问实施生产、销售不符合卫生标准的化妆品的基本情况，包括以下四类。

涉案化妆品的基本情况：（1）涉案化妆品的名称、种类、取得批准文件或备案凭证情况；（2）涉案化妆品的原料的物理和化学特性，包括名称、颜色、气味、形态等；（3）涉案化妆品的包装容器、标签标识、说明书等情况。

涉案化妆品原料的购进情况：（1）化妆品原料的购进数量、价格、购进渠道；（2）是否进行进货查验并进行相关记录；（3）是否取得生产商资质、出厂检验报告、产品合格证明、购销合同、支付价款和取得发票情况。

涉案化妆品的生产情况：（1）生产涉案化妆品的名称、种类及数量、库存数量、生产时间、生产批次等；（2）生产涉案化妆品的具体工艺流程、技术要求或者配料比例；（3）化妆品原料和包装材料、标签、说明书的使用数量、库存数量、储存位置、经手人（包括接收人、领用人、使用人）情况。

涉案化妆品的销售情况：（1）涉案化妆品的种类及销售、库存数量，销售行为持续时间，销售去向、货值金额及销售金额；（2）涉案化妆品的来源情况（自行生产或委托生产，从生产商、中间商或个人处购进）。

4. 调查询问违法行为客观危害程度的基本情况，包括：（1）实施违法行为的持续时间、销售区域；（2）涉案化妆品种类、销售范围、适用人群；（3）涉案化妆品的数量、货值金额、销售金额、违法所得。

5. 调查询问当事人对于违法行为的主观心理状态（是否明知）的情况，包括：（1）当事人是否知道涉案产品属于化妆品，是否知晓对于"生产、销售不符合卫生标准的化妆品"的禁止性规定；（2）当事人是否以明显低于市场价格购进化妆品原料、化妆品或以明显低于市场价格销售涉案化妆品；（3）当事人是否对其生产销售的化妆品进行检验，是否有不合格检验报告和对不合格检验报告的处置情况；（4）当事人是否曾经受到涉案化妆品发生危害后果的投诉举报、收到要求召回产品的通知，是否因生产销售不符合卫生标准的化妆品受到过行政处罚等；（5）是否在偏远、隐蔽场所生产，或者采取对制造设备进行伪装等方式生产不符合卫生标准的化妆品；（6）制造人员在执法人员检查时，是否有逃跑、抗拒检查等行为，是否在现场查获生产、销售不符合卫生标准的化妆品。

## 四、证人证言

在行政机关需要或者条件允许的情况下，可向当事人以外的了解案件有关情况的人取得用来证明案件待证事实的陈述，从而帮助行政机关进一步了解案件事实经过、违法行为实施人、相关责任人员及其他内容。

固定证人证言要求：（1）写明证人的姓名、年龄、性别、职业、住址等基本情况；（2）有证人的签名，不能签名的，应当以捺手印或盖章等方式证明；（3）注明出具日期；（4）附有居民身份证复印件等证明证人身份的文件。

## 五、证明违法行为人是否依法履行生产经营过程控制法定义务的证据

包括：（1）证明化妆品生产企业是否严格执行化妆品生产质量管理规定的证据；（2）证明化妆品经营企业是否严格执行化妆品经营质量管理规定的证据。

## 六、涉案物品和工具

包括：（1）不符合卫生标准的涉案化妆品；（2）涉案化妆品的原料、辅料；（3）用于违法生产经营的化妆品包装材料、标签和说明书；（4）用于违法生产经营的工具、设备等物品【注：应当附有查封扣押、先行登记保存、检验（检测、检疫、鉴定）情况。包括《先行登记保存证据通知书》《实施行政强制措施决定书》《场所/设施/财物清单》《抽样记录》《检测/检验/检疫/鉴定委托书》《检测/检验/检疫/鉴定期间告知书》《检测/检验/检疫/鉴定结果告知书》】。

## 七、购销合同、票据和相关记录

1. 化妆品生产环节：与生产不符合卫生标准的化妆品有关的化妆品原料、包装材料、标签和说明书、化妆品出厂销售相关的购销合同、进货（查验）记录、入库记录、使用记录、生产记录、销售记录、统计报表、会计账册、收支凭证、票据等证明案件事实与危害程度的书面材料。

2. 化妆品销售环节：与销售化妆品相关的购销合同、供应商证照资质、产品资质、进货（查验）记录、销售记录、销售价签、销

售发票、会计账册、收支凭证等书面材料。

## 八、产品检验报告

包括：（1）化妆品原料检验报告；（2）化妆品出厂检验报告；（3）证明涉案化妆品不符合卫生标准的检验报告【注：以上三种，并非可全部获取的证据】。

## 九、鉴定意见或专家论证意见

应当由具有司法鉴定资格的机构出具鉴定意见。无法出具鉴定意见的，以专家论证意见为准。

"造成严重后果"难以确定的，司法机关可以根据检验报告并结合专家意见等相关材料进行认定。必要时，人民法院可以依法通知有关专家出庭作出说明。

## 十、执法照片及视听资料

1. 执法照片，主要包括违法行为发生地照片、现场检查情形的照片、产品照片、法定代表人和主要负责人照片。执法照片应当注明拍摄的具体时间、地点，并由执法人员和当事人签字确认。

2. 视听资料，是指以录音、录像所反映的声音、形象、所提供的资料来证明案件真实情况的证据。主要包括：（1）当事人监控录像显示关于生产、销售不符合卫生标准的化妆品的视听资料；（2）执法记录仪、录像设备、录音设备记录的有关违法行为的视听资料；（3）有关违法行为的通话录音。

制作和调取视听资料的规则：（1）在进行录音录像时，一般应当公开进行。若因查处违法行为需要进行秘密录音录像的，应当不违反法律规定，且不得侵害当事人的合法权益；（2）提取有关资料的原始载体。提取原始载体确有困难的，可以提取复制件；（3）注明制作方法、制作时间、制作人和证明对象等；（4）声音资料应当附有该声音内容的文字记录。

## 十一、电子证据

包括违法相对人电脑或其他信息化载体（如手持销售终端等）中有关化妆品原料购进、生产、销售行为的电子数据和记录；有关电子台账，生产、加工与销售记录和监控录像显示关于生产、销售涉案化妆品违法行为的电脑存储文件等。

## 十二、其他证据

包括：（1）为违法行为提供生产、经营场所或者运输、贮存、保管、邮寄、网络销售渠道等便利条件的合同或协议；（2）对人体健康造成严重危害、其他严重情节的情况报告或其他书面材料；（3）当事人是否因生产、销售不符合卫生标准的化妆品的违法行为在两年内受到行政处罚的情况，如有，需附行政处罚决定书。

# 三、公安机关证据收集

## 【证据清单】

### （一）证明犯罪嫌疑人身份、人数等主体方面的证据

生产、销售不符合卫生标准的化妆品案件的犯罪主体为一般主体。自然人实施犯罪行为需要追究刑事责任的必须已满16周岁，并具有刑事责任能力。单位也可以成为此类犯罪案件的犯罪主体。

证明自然人主体资格的证据材料，包括犯罪嫌疑人的身份信息材料、前科材料、刑事责任能力材料等。

证明单位犯罪主体的证据材料，包括证明单位的名称、住所地、性质、法定代表人、单位负责人、业务范围、成立时间和单位法定代表人、单位负责人或直接责任人员等的身份证明材料。

### （二）证明犯罪嫌疑人主观方面的证据

生产、销售不符合卫生标准的化妆品案件在主观方面属于故意，即犯罪嫌疑人明知生产、销售的化妆品不符合卫生标准。犯罪

嫌疑人一般具有非法牟利的目的，但是否营利、营利多少不影响其刑事责任的追究。

1. 证明犯罪嫌疑人主观明知的证据

包括：（1）收集证明犯罪嫌疑人生产、销售不符合卫生标准化妆品的动机、目的及预谋情况的证据；（2）收集证明不符合卫生标准的化妆品销售价格明显低于市场价格销售且无合理原因的证据；（3）收集证明犯罪嫌疑人无合法手续、未经过批准、违反规定销售或者证明犯罪嫌疑人伪造、变造、非法获取质量合格证明等文件的相关证据；（4）收集证明犯罪嫌疑人故意逃避检查或属于受过行政或刑事处罚后再次生产、销售的证据；（5）收集证明犯罪嫌疑人隐匿、销毁涉案产品、财务账册等相关证据；（6）收集证明不符合卫生标准化妆品的生产经营者已经相关部门公告，犯罪嫌疑人仍生产、销售同一类型产品的相关证据。

2. 证明单位犯罪主观故意的证据

收集证明生产、销售不符合卫生标准的化妆品的行为是由单位集体决定，或由单位负责人或被授权的其他人决定、同意，所获取的非法利益或违法所得大部分归单位所有的证据。

**（三）证明犯罪嫌疑人实施危害行为的证据**

包括：（1）收集证明犯罪嫌疑人实施了生产不符合卫生标准的化妆品的证据；（2）收集证明犯罪嫌疑人实施了销售明知是不符合卫生标准的化妆品的证据。

**（四）证明造成危害结果的证据**

具有下列情形之一的，可认定为造成严重后果：（1）他人容貌毁损或者皮肤严重损伤；（2）他人器官组织损伤导致严重功能障碍；（3）他人精神失常或者自杀、自残造成重伤、死亡；（4）其他严重后果。

**【适用法律规定】**

一、《刑法》条文

**第一百四十八条【生产、销售不符合卫生标准的化妆品罪】**
生产不符合卫生标准的化妆品，或者销售明知是不符合卫生标准的
化妆品，造成严重后果的，处三年以下有期徒刑或者拘役，并处或
者单处销售金额百分之五十以上二倍以下罚金。

**第一百四十九条【对生产、销售伪劣商品行为的法条适用】**
生产、销售本节第一百四十一条至第一百四十八条所列产品，不构
成各该条规定的犯罪，但是销售金额在五万元以上的，依照本节第
一百四十条的规定定罪处罚。

生产、销售本节第一百四十一条至第一百四十八条所列产品，
构成各该条规定的犯罪，同时又构成本节第一百四十条规定之罪
的，依照处罚较重的规定定罪处罚。

**第一百五十条【单位犯本节规定之罪的处罚规定】** 单位犯本
节第一百四十条至第一百四十八条规定之罪的，对单位判处罚金，并对
其直接负责的主管人员和其他直接责任人员，依照各该条的规定处罚。

二、司法解释

**2008 年 6 月 25 日《最高人民检察院、公安部关于公安机关管
辖的刑事案件立案追诉标准的规定（一）》**

**第二十四条** 生产不符合卫生标准的化妆品，或者销售明知是
不符合卫生标准的化妆品，涉嫌下列情形之一的，应予立案追诉：

（一）造成他人容貌毁损或者皮肤严重损伤的；

（二）造成他人器官组织损伤导致严重功能障碍的；

（三）致使他人精神失常或者自杀、自残造成重伤、死亡的；

（四）其他造成严重后果的情形。

## 【参考案例】

# 朱某生产、销售不符合卫生标准的化妆品案

### 一、基本案情

被告人朱某以非法营利为目的，在其未取得《化妆品生产企业卫生许可证》的情况下，私下印制了塑料软管和包装盒，并委托广州兴发化妆品批发市场的王某为其灌装"茉莉娜（JULINA）"系列化妆品，以人民币56750元的价格（零售价人民币283750元）销售给本市的郭某某、李某某二人所经营的赛罕区馥伦美容美体中心、如意开发区广鑫馥伦美容美体中心和加盟店呼和浩特长城奥能养生减肥有限公司，从中牟取暴利。

被害人黄某在赛罕区馥伦美容美体中心使用了"茉莉娜（JULINA）"系列产品后出现腿肿、脚肿等症状"汞中毒，膜性肾病"，经北京通达首诚司法鉴定所鉴定，被害人黄某"汞中毒，膜性肾病"与使用了汞量严重超标的"茉莉娜（JULINA）"莹白净肤爽B，莹白净肤焕颜霜存在因果关系，损伤程度符合《劳动能力鉴定职工工伤与职业病致残等级》第5.6.70条之规定，符合六级伤残。

### 二、诉讼过程

2015年5月20日，深圳市龙华区食药局在深圳市涵韵化妆品有限公司当场查获库存的"茉莉娜（JULINA）"系列化妆品585支（零售价人民币220710元）。后呼和浩特市赛罕区人民检察院以呼赛检公诉刑诉（2016）46号起诉书指控被告人朱某犯生产、销售不符合卫生标准的化妆品罪，提起公诉。2016年2月24日，赛罕区人民法院作出刑事判决，认定被告人朱某犯销售不符合卫

生标准的化妆品罪，判处有期徒刑八个月，并处罚金人民币八万元。

### 三、公安机关取证内容

根据《刑法》第 148 条以及相关司法解释的规定，要认定朱某构成生产、销售不符合卫生标准的化妆品罪，应当收集以下证据：

（一）证明犯罪主体身份的证据

生产、销售不符合卫生标准的化妆品罪中，证明犯罪主体的主要证据有：1. 营业执照或者其他主体资格证明文件；2. 化妆品生产许可证、特殊用途化妆品批准文件、非特殊用途化妆品备案凭证、化妆品质量标准等材料复印件。需要注意的是，化妆品经营企业无须取得化妆品经营许可，仅提供经营范围载明销售化妆品的营业执照即可；3. 企业的法定代表人、负责人、直接负责的主管人员和其他直接责任人员身份证复印件。因此，取证重点在于调取该人的身份信息和生产经营资质许可情况。

本案中，具体取得的证据有：1. 企业法人营业执照。证实深圳市涵韵化妆品有限公司注册法人为朱某，登记经营范围为化妆品、美容品及日用品销售；广州首贺化妆品有限公司的法人为肖某某，经营范围为化工原料和化学制品制造；赛罕区馥伦美容美体中心的经营者为郭某某，经营范围为生活美容美体。2. 深市质龙华食函(2015) 36 号深圳市场和质量监督管理委员会龙华食品药品监督管理局文件。证实深圳市涵韵化妆品公司未取得《化妆品生产企业卫生许可证》。3. 常住人口信息。证实被告人朱某的基本身份信息。4. 辨认笔录。证实经辨认，李某某自 12 张女性照片中，指认出 8 号（朱某）照片中的人是本案被告人朱某。

（二）证明存在主观故意的证据

本案中，需要证明行政违法相对人具有违法故意。违法故意可以通过主观心理状态的询问和未履行化妆品质量安全法定义务的调查进行证明。本案中取得被告人朱某的供述，证实被告人朱某供述其在没有化妆品生产许可证的情况下，购进其他有资质的化妆品公司的产品原料，委托他人灌装在自己的"茉莉娜"产品包装中出售，并且产品包装上印制了与本产品生产无关的其他有生产资质的公司名称，以及通过食药检验所对涉案的 13 种"茉莉娜"系列产品的检验，有五种产品存在不同程度的汞含量严重超标的事实；

（三）证明实施违法行为的证据

本案中，证明违法行为的证据主要是证明朱某实施生产、销售不符合卫生标准的化妆品的行为。办案中取得的具体证据主要有：1. 证人证言：（1）证人郭某某证言。证实郭某某陈述在看过朱某提供的相关生产化妆品的资质后，先后分别多次以该公司标注的市场价的 2 折购进了"茉莉娜"系列化妆品，共计约 12 万元，案发后在其经销的"茉莉娜"系列化妆品中查扣并检出汞超标的产品价值共计人民币 45092 元。（2）证人李某某证言。证实李某某陈述先后 8 次向朱某以该公司标注的市场价的 2 折购进了"茉莉娜"系列化妆品，共计约 12 万元。后在其经销的"茉莉娜"系列化妆品中查扣并检出汞超标的产品价值共计 45092 元。（3）证人赵某某、张某某、李某某证言。证实馥伦美容美体中心在被查处以前向客户推荐使用了大量茉莉娜产品，但在被查处之后就不再使用。2. 广州首贺化妆品有限公司出具的证明一份及相关合同等。证实广州首贺化妆品有限公司曾与深圳市涵韵化妆品有限公司签订过合同，仅为深圳市涵韵化妆品有限公司提供化妆品原料产品，无灌装包装等后续工作。3. 证明及相关资质。证实产品标识生产公司具有相关资质，涉案化妆品不是该公司生产、加工、销售产品，该公司也未委托第三方进行生产、加工、销售。4. 证明货值金额或违法所得的证据，具体包括：（1）赛罕区馥伦美容美体中心现场查获"茱莉娜"产品消费价格表。证实茱莉娜系列化妆品在馥伦美容美体中心的销售价格。（2）朱某银行流水。证实朱某的个人账户接受订货的货款。（3）受害人提供的订货单。（4）深圳市龙华食药局查扣的"茱莉娜"产品。证实在深圳扣押的货物销售金额共计人民币220710元。（5）2015年4月27日呼和浩特市食药局在如意开发区赛罕区馥伦美容美体中心查扣的"茱莉娜"产品。证实赛罕区馥伦美容美体中心订货的金额为人民币73681元。5. 呼和浩特市食药局移送的相关行政查扣材料。证实自馥伦美容美体中心查扣到的"茱莉娜"系列化妆品的数量及品种，以及馥伦美容美体中心销售"茱莉娜"系列化妆品的数量、品种及金额。6. 呼和浩特市食药局出具的《询问调查笔录》及查扣涉案产品的图片。证实涉案的汞含量超标的"茱莉娜"系列化妆品的包装及生产厂家标识为"香港皇家集团有限公司""深圳市涵韵化妆品有限公司""广州高美堂化妆品有限公司"。7. 呼和浩特市食药局移送的资料。证实该案件在呼和浩特食药局的办理过程。

（四）证明造成损害后果的证据

生产、销售不符合卫生标准的化妆品罪中关于损害后果的证据主要是证明行政违法相对人违法行为客观危害性的程度。即证明造成他人容貌毁损或者皮肤严重损伤，造成他人器官组织损伤导致严重功能障碍，致使他人精神失常或者自杀、自残造成重伤、死亡或者其他造成严重后果的情形。本案中取得的主要证据有：1. 被害人黄某陈述及报案材料。证实被害人在大学东路国际瘦身美容院使用了全套"茱莉娜"系列美白产品，2014年7月底出现脚部水肿，在内蒙古附院初步定为肾病综合症、汞中毒导致。9月1日在北京朝阳医院做了重金属化验尿汞超标40倍。2. 检验报告。9月10日将

"茉莉娜"系列化妆品送往国家化妆品质量监督检验中心化验，结果是化妆品汞超标及报案情况。3. 证人证言。证人田某、邬某某、金某、杜某证言。证实田某、邬某某、金某、杜某分别陈述了使用"茉莉娜"系列化妆品后出现不同程度的面部红肿，脱皮、瘙痒以及视觉模糊、呼吸不畅等身体不适的状况。4. 北京通达首诚司法鉴定所出具的243号法医临床鉴定意见书。证实被鉴定人黄某"汞中毒、膜性肾病"与使用汞含量严重超标的莹白净肤霜B、莹白净肤美颜霜、莹白净肤焕颜霜存在因果关系。5. 司法鉴定许可证。证实北京通达首诚司法鉴定所法定代表人身份，证实其鉴定范围为法医临床鉴定、法医病理鉴定、法医物证鉴定、法医毒物鉴定等。6. 北京通达首诚司法鉴定所出具的266号法医临床鉴定意见书。证实被鉴定人黄某汞中毒造成膜性肾病，目前遗留蛋白尿，符合六级伤残。7. 三〇七医院出具的毒检报告。证实被检人田某送检的血样、尿样中汞含量46.3ng/ml，送检的血液、尿液中没有检测到其他毒物。8. 内蒙古自治区食药检验所出具的检验报告。证实"茉莉娜"系列化妆品莹白净肤霜A的汞含量为23056mg/kg；莹白净肤霜B汞含量为34376mg/kg；莹白净肤霜C汞含量为41484mg/kg；莹白净肤美颜霜汞含量为31130mg/kg、莹白净肤焕颜霜汞含量为28440mg/kg。9. 被害人黄某病历。证实被害人黄某出现损害后的治疗情况。

此外还有抓获经过。证实案发后，被告人朱某接到食药局工作人员电话通知后，主动到食药局接受侦查人员讯问，到案后如实供述其犯罪事实。

综合主体身份、主观故意、客观行为、危害后果四方面的证据，可以认定朱某实施了生产、销售不符合卫生标准的化妆品的行为，因此构成生产、销售不符合卫生标准的化妆品罪。

### 四、经验分享

在涉刑案件移送过程中，应当充分运用各种调查手段，要立体化、全方位取证，方能做到证据充分确凿。在本案办理中，通过被告人供述、受害人陈述、检验报告、司法鉴定意见、医院毒检报告、扣押的涉案物品、销售记录等各种证据形成证据链，充分证实了被告人构成生产、销售不符合卫生标准的化妆品罪。

# 非法经营罪

非法经营罪，是指自然人或者单位违反国家规定，故意从事非法经营活动，扰乱市场秩序，情节严重的行为。本罪属于打击食药领域犯罪行为的兜底罪名。

## 一、刑事立案标准

根据《刑法》第 225 条、《刑事诉讼法》第 112 条及《最高人民检察院、公安部关于公安机关管辖的刑事案件立案追诉标准的规定（二）》第 79 条等相关司法解释，非法经营，涉嫌下列情形之一的，应予立案追诉：

**（一）危害食品安全的非法经营行为**

1. 以提供给他人生产、销售食品为目的，违反国家规定，生产、销售国家禁止用于食品生产、销售的非食品原料，情节严重的，以非法经营罪定罪处罚。

2. 违反国家规定，生产、销售国家禁止生产、销售、使用的农药、兽药，饲料、饲料添加剂，或者饲料原料、饲料添加剂原料，情节严重的，以非法经营罪定罪处罚。

3. 违反国家规定，私设生猪屠宰厂（场），从事生猪屠宰、销售等经营活动，情节严重的，以非法经营罪定罪处罚。

**（二）危害药品安全的非法经营行为**

1. 违反国家药品管理法律法规，未取得或者使用伪造、变造的药品经营许可证，非法经营药品数额在 10 万元以上或者违法所得数额在 5 万元以上。

2. 以提供给他人生产、销售药品为目的，违反国家规定，生产、销售不符合药用要求的非药品原料、辅料，非法经营药品数额在 10 万元以上或者违法所得数额在 5 万元以上。

3. 行为人出于医疗目的，违反有关药品管理的国家规定，非法贩卖国家规定管制的能够使人形成瘾癖的麻醉药品或者精神药品，扰乱市场秩序，情节严重的，以非法经营罪定罪处罚。

**（三）非法生产、销售、使用禁止在饲料和动物饮用水中使用的药品**

1. 未取得药品生产、经营许可证件和批准文号，非法生产、销售盐酸克仑特罗等禁止在饲料和动物饮用水中使用的药品，扰乱药品市场秩序，情节严重的，以非法经营罪追究刑事责任。

2. 在生产、销售的饲料中添加盐酸克仑特罗等禁止在饲料和动物饮用水中使用的药品，或者销售明知是添加有该类药品的饲料，情节严重的，以非法经营罪追究刑事责任。

禁止在饲料和动物饮用水中使用的药品，依照国家有关部门公告的禁止在饲料和动物饮用水中使用的药物品种目录确定。

**（四）非法买卖麻黄草、麻黄碱类复方制剂**

1. 违反国家规定采挖、销售、收购麻黄草，没有证据证明以制造毒品或者走私、非法买卖制毒物品为目的，构成非法经营罪的，依法定罪处罚。

2. 非法买卖麻黄碱类复方制剂或者运输、携带、寄递麻黄碱类复方制剂进出境，没有证据证明系用于制造毒品或者走私、非法买卖制毒物品，或者未达到走私制毒物品罪、非法买卖制毒物品罪的定罪数量标准，构成非法经营罪的，依法定罪处罚。

在办理食品药品行政处罚案件时，实施上述刑事立案标准中明文认定为非法经营的违法行为，行政机关应向公安机关移送案件。

## 二、行政执法机关证据、材料收集、移送

**【证据材料类型清单】**

**（一）主体身份证据**

1. 证明目的

证明行政违法相对人主体的身份、资质、人数等。

2. 证据类型

包括：（1）身份资质证据，包括营业执照或者其他主体资格证明文件（事业单位法人登记证等）、生产经营许可证、医疗机构执业许可证等复印件；食品药品生产经营主体及其法定代表人、负责人、直接负责的主管人员和其他直接责任人员身份证复印件等。（2）现场检查笔录。（3）询问调查笔录。（4）视听资料。（5）其他证据。

**（二）违法行为证据**

1. 证明目的

证明行政违法相对人实施非法经营的行为。主要包括：（1）违反国家药品管理法律法规，未取得或者使用伪造、变造的药品经营许可证，非法经营药品；（2）以提供给他人生产、销售药品为目的，违反国家规定，生产、销售不符合药用要求的非药品原料、辅料；（3）行为人出于医疗目的，违反有关药品管理的国家规定，非法贩卖国家规定管制的能够使人形成瘾癖的麻醉药品或者精神药品，扰乱市场秩序；（4）未取得药品生产、经营许可证件和批准文号，非法生产、销售盐酸克仑特罗等禁止在饲料和动物饮用水中使用的药品，扰乱药品市场秩序；（5）在生产、销售的饲料中添加盐

酸克仑特罗等禁止在饲料和动物饮用水中使用的药品，或者销售明知是添加有该类药品的饲料；（6）非法买卖麻黄碱类复方制剂或者运输、携带、寄递麻黄碱类复方制剂进出境；（7）以提供给他人生产、销售食品为目的，违反国家规定，生产、销售国家禁止用于食品生产、销售的非食品原料；（8）违反国家规定，生产、销售国家禁止生产、销售、使用的农药、兽药，饲料、饲料添加剂，或者饲料原料、饲料添加剂原料；（9）违反国家规定，私设生猪屠宰厂（场），从事生猪屠宰、销售等经营活动；（10）违反国家规定采挖、销售、收购麻黄草。

2. 证据类型

包括：（1）涉案物品，包括涉案产品（包括食品药品）；涉案产品原料、辅料；涉案产品的包装材料、标签和说明书；用于违法生产经营涉案产品的工具、设备等物品。（2）购销合同、随货同行单、票据和相关记录及复印件。（3）现场检查笔录。（4）询问调查笔录。（5）视听资料。（6）电子数据。（7）当事人陈述。（8）证人证言。（9）检验报告，系由按照国家认证认可的规定取得资质认定的检验机构出具（符合资格的检验机构可在《中国国家认证认可监督管理委员会》网站上查询）。（10）鉴定意见或专家论证意见书。（11）其他证据。

**（三）主观故意证据**

1. 证明目的

证明行政违法相对人具有违法故意。违法故意可以通过询问主观心理状态和调查未履行法定义务进行证明。

2. 证据类型

包括：（1）询问调查笔录；（2）证人证言；（3）其他证据。

**（四）危害后果证据**

1. 证明目的

证明行政违法相对人违法行为客观危害程度。包括：（1）实施非法经营行为持续时间、具体地点；（2）涉案产品的种类、数量、销售范围、购进单价、销售单价、销售金额、货值金额、违法所得；（3）适用人群是否属于老人、孕产妇、婴幼儿、儿童和其他特定人群；（4）涉案产品的基本情况说明，包括物理和化学特性、对人体可能造成的危害等；（5）出现致人伤害、死亡等后果的，证明危害后果状况。

2. 证据类型

包括：（1）现场检查笔录；（2）询问调查笔录；（3）现场检查照片及其他视听资料；（4）购进合同、销售、场地租赁合同等；（5）购、销相关票据或者生产、加工、使用、销售记录；（6）检验报告；（7）查封扣押文书或先行登记保存文书；（8）新闻媒体、社会公众披露或其他部门移送的关于涉案产品危害后果的相关信息；（9）鉴定意见或者专家论证意见；（10）其他证据。

**【操作指引】**

本规范列明了在违法事实清楚、证据确实充分的情况下执法人员应当和能够调取的全部证据。在实际工作中由于各种客观情况，本规范列明的证据并非可以全部取得。《刑事诉讼法》第109条规定："公安机关或者人民检察院发现犯罪事实或者犯罪嫌疑人，应当按照管辖范围，立案侦查。"行政机关只要能够认定或者间接认定违法相对人有违法行为，证明有犯罪事实需要追究刑事责任的，即可向公安机关移送涉嫌犯罪案件。

## 一、主体资格证据

包括:(1)营业执照或者其他主体资格证明文件(事业单位法人登记证等);(2)生产许可证、经营许可证等复印件;(3)非法经营主体的法定代表人、负责人、直接负责的主管人员和其他直接责任人员身份证复印件等;(4)无法取得违法行为人的身份证复印件的,调取驾驶执照、户口本、护照、社保卡等其他能够间接证明违法行为人身份的凭证复印件;(5)对无法提供任何身份证明的违法相对人,现场应进行头像拍照和摄像(若不具备条件,要拍摄出能清晰反映当事人面部及形体特征的照片),并在现场检查笔录和询问调查笔录中注明情况,对性别、年龄、进行初步记录。

## 二、现场检查笔录

现场检查笔录应当载明以下事项:

1. 现场检查的时间、地点,执法人员姓名,执法证号等。

2. 违法相对人的主体资质情况。包括持有证照情况、经营范围、取得涉案产品批准文号情况、法定代表人和陪同检查人员身份信息情况,以及现场发现主要从事非法经营活动的人员数量及身份信息情况。如违法相对人设立了组织机构或进行了职责分工,还应记录药品质量控制部门主管人员或直接负责人的职责分工和个人信息情况。

3. 现场检查时发现的涉及违法相对人从事违法生产销售活动的情况。包括:(1)生产车间、原料库房、成品库房情况,销售现场情况,现场的相关涉案物品、票据(包括相关的各种合同、进销存票据、生产记录、销售记录、账目记录、收支发票、销售范围资料等),电脑中的相关资料;(2)能够证明涉案产品原料、辅料、包装标签、说明书、成品来源的材料(包括生产商或供货商资质、出厂检验报告、产品合格证明、购销合同等);(3)生产涉案产品,应描述产品原料、辅料、包装、标签、说明书的存放位置、数量及储存和使用情况；（4）为非法经营行为提供资金、贷款、账号、发票、证明、许可证件的情况，提供生产、经营场所、设备或者运输、储存、保管、邮寄、网络销售渠道等便利条件的情况，提供广告宣传等帮助行为的情况。

4. 现场检查时发现的违法行为和客观危害程度。包括：（1）实施违法行为的持续时间、具体地点；（2）涉案产品的名称、种类、数量、单价；（3）涉案产品的货值金额、销售金额、违法所得；（4）涉案产品销售范围、适用人群；（5）涉案产品原料、辅料的种类、含量。

5. 查封扣押物品情况和先行登记保存物品情况。

### 三、询问调查笔录及当事人陈述

1. 调查询问的时间、地点，执法人员姓名，执法证号，被调查人的基本情况和企业授权被调查人接受调查的情况。

2. 当事人的主体资质情况，包括取得营业执照和生产经营许可的情况、经营范围、是否取得产品批准文号、产品执行标准等。

3. 询问调查实施非法经营的基本情况。包括以下四类。

涉案产品的基本情况：（1）涉案产品原料、辅料的物理和化学特性，包括名称、颜色、气味、形态等；（2）涉案产品的包装容器、标签标识、储存方式情况；（3）涉案产品的名称、适用人群、功能主治、使用方法等。

涉案产品原料、辅料的购进情况：（1）涉案产品原料、辅料的购进数量、价格、购进渠道；（2）是否进行进货查验并进行相关记录；（3）是否取得生产商资质、出厂检验报告、产品合格证明、购销合同、支付价款和取得发票情况。

涉案产品生产情况：（1）生产涉案产品的名称、种类及数量、库存数量、生产时间、生产批次等；（2）生产涉案产品的具体工艺流程、技术标准和配料比例；（3）涉案产品原料、辅料、包装材料、标签的使用数量、库存数量、储存位置、经手人（包括接收人、领用人、使用人）情况。

涉案产品的销售情况：（1）涉案产品的名称、种类及销售、库存数量，销售行为持续时间，销售去向，货值金额及销售金额；（2）涉案产品的来源情况（自行生产或委托生产，从生产商、中间商或个人处购进）。

4. 违法行为客观危害程度的基本情况。包括：（1）非法经营的持续时间、销售区域；（2）涉案产品名称、种类、销售范围、适用人群；（3）涉案产品的数量、货值金额、销售金额、违法所得。

5. 当事人对于违法行为的主观心理状态（是否明知）的情况。包括：（1）当事人是否知道违法行为属于非法经营的情况，是否知晓对于非法经营行为的禁止性规定；（2）当事人是否采用虚假信息、隐蔽手段生产、经营、运输、寄递、存储涉案产品；（3）当事人是否以明显低于市场交易价格购进涉案产品或以明显高于市场交易价格销售涉案产品；（4）当事人是否对其生产销售的药品进行检验，是否有不合格检验报告和对不合格检验报告的处置情况；（5）当事人是否曾经受到涉案药品发生危害后果的投诉举报、收到要求召回药品的通知，是否因生产销售假药受到过行政处罚等；（6）提供相关帮助行为获得的报酬是否合理；（7）此前是否实施过同类违法犯罪行为。

## 四、证人证言

在行政机关需要或者条件允许的情况下，可向当事人以外的了解案件有关情况的人取得用来证明案件待证事实的陈述，从而帮助行政机关进一步了解案件事实经过、违法行为实施人、相关责任员及其他内容。

固定证人证言要求：（1）写明证人的姓名、年龄、性别、职业、住址等基本情况；（2）有证人的签名，不能签名的，应当以捺手印或盖章等方式证明；（3）注明出具日期；（4）附有居民身份证复印件等证明证人身份的文件。

**五、证明违法行为人是否依法履行生产经营过程控制法定义务的证据**

包括：（1）涉案产品生产企业是否严格执行产品生产质量管理的规定；（2）涉案产品经营企业是否严格执行产品经营质量管理的规定；（3）涉案产品使用单位是否严格执行产品管理和使用的相关规定。

**六、涉案物品和工具**

包括：（1）涉案产品；（2）涉案产品的原料、辅料；（3）用于违法生产经营的产品技术资料、包装材料、标签和说明书；（4）用于违法生产经营的工具、设备等物品【注：应当附有查封扣押、先行登记保存、检验（检测、检疫、鉴定）情况。包括《先行登记保存证据通知书》《实施行政强制措施决定书》《场所/设施/财物清单》《抽样记录》《检测/检验/检疫/鉴定委托书》《检测/检验/检疫/鉴定期间告知书》《检测/检验/检疫/鉴定结果告知书》】。

**七、购销合同、票据和相关记录**

1. 产品生产环节：与产品原料、辅料、包装材料、标签和说明书、成品相关的购销合同、进货（查验）记录、入库记录、使用记录、生产记录、销售记录、统计报表、会计账册、收支凭证、票据等证明案件事实与危害程度的书面材料。

2. 产品销售环节：与销售产品相关的购销合同、供应商证照资质、产品资质、进货（查验）记录、销售记录、销售价签、销售发票、会计账册、收支凭证等书面材料。

3. 产品使用环节：与使用产品有关的购进记录、储存记录、出库记录、门诊记录、处方笺、销售票据等证明案件事实与危害程度的书面材料。

## 八、产品检验报告

包括：（1）产品原料、辅料检验报告。（2）产品出厂检验报告。（3）检验报告。必须由按照国家认证认可的规定取得资质认定的检验机构出具（符合资格的检验机构可在《中国国家认证认可监督管理委员会》网站上查询）。

以上三种，并非可全部获取的证据。

## 九、鉴定意见或专家论证意见

应当由具有司法鉴定资格的机构出具鉴定意见。无法出具鉴定意见的，以专家论证意见为准。

## 十、执法照片及视听资料

1. 执法照片，主要包括违法行为发生地照片、现场检查情形的照片、产品照片、法定代表人和主要负责人照片。执法照片应当注明拍摄的具体时间、地点，并由执法人员和当事人签字确认。

2. 视听资料，是指以录音、录像所反映的声音、形象、所提供的资料来证明案件真实情况的证据。主要包括：（1）当事人监控录像显示关于生产、销售涉案产品的视听资料；（2）执法记录仪、录像设备、录音设备记录的有关违法行为的视听资料；（3）有关违法行为的通话录音。

制作和调取视听资料的规则：（1）在进行录音录像时，一般应当公开进行。若因查处违法行为，需要进行秘密录音录像的，应当不违反法律规定，且不得侵害当事人的合法权益；（2）提取有关资料的原始载体。提取原始载体确有困难的，可以提取复制件；

（3）注明制作方法、制作时间、制作人和证明对象等；（4）声音资料应当附有该声音内容的文字记录。

**十一、电子证据**

包括违法相对人电脑或其他信息化载体（如手持销售终端等）中有关涉案产品原料购进、生产、销售行为的电子数据和记录；有关电子台账，生产、加工与销售记录和监控录像显示关于生产、销售涉案产品违法行为的电脑存储文件等。

**十二、其他证据**

包括：（1）提供生产、经营场所、设备或者运输、储存、保管、邮寄、网络销售渠道等便利条件的合同或协议；（2）对人体健康造成严重危害、其他严重情节的情况报告或其他书面材料；（3）当事人未达到非法经营罪的数额标准，但是两年内因同种非法经营行为受到 2 次以上行政处罚，又进行同种非法经营行为的，需要附有行政处罚决定书。

# 三、公安机关证据收集

**【证据清单】**

**（一）证明犯罪嫌疑人身份、人数等主体方面的证据**

非法经营案件的犯罪主体为一般主体。自然人实施犯罪行为需要追究刑事责任的必须已满 16 周岁，并具有刑事责任能力。单位也可以成为此类案件的犯罪主体。

证明自然人主体资格的证据材料，包括犯罪嫌疑人的身份信息材料、前科材料、刑事责任能力材料等。

证明单位犯罪主体的证据材料，包括证明单位的名称、住所地、性质、法定代表人、单位负责人、业务范围、成立时间和单位法定代表人、单位负责人或直接责任人员等的身份证明材料。

（二）证明犯罪嫌疑人主观方面的证据

非法经营罪的责任形式为故意，即行为人明知从事非法经营活动的行为会发生扰乱市场秩序的结果，并且希望或者放任这种结果的发生。

1. 证明犯罪嫌疑人主观明知的证据

包括：（1）收集证明犯罪嫌疑人从事非法经营活动动机、目的及预谋情况的证据；（2）收集证明犯罪嫌疑人无合法手续、未经过批准、违反规定销售或者证明犯罪嫌疑人伪造、变造、非法获取药品生产许可证、药品质量认证书等证明文件的相关证据；（3）收集证明犯罪嫌疑人故意逃避检查或属于受过行政或刑事处罚后再次生产、销售的证据；（4）收集证明犯罪嫌疑人隐匿、销毁涉案赃物、财务账册等相关证据。

2. 证明单位犯罪主观故意的证据

收集证明从事非法经营活动的行为是由单位集体决定，或由单位负责人或被授权的其他人决定、同意，所获取的非法利益或违法所得大部分归单位所有的证据。

3. 证明为从事非法经营活动提供条件的共同犯罪嫌疑人主观故意的证据

收集能够证明犯罪嫌疑人知道或者应当知道他人实施了非法经营的犯罪行为，仍然为其提供了资金、贷款、账号、证明，或者提供生产、经营场所、设备等便利条件，或者提供生产技术、原料、辅料，或者提供广告宣传等帮助的证据。

（三）证明犯罪嫌疑人实施危害行为的证据

收集能够证明从事非法经营活动，扰乱市场秩序，情节严重的证据。

包括：（1）以提供给他人生产、销售食品为目的，生产、销售国家禁止用于食品生产、销售的非食品原料；（2）生产、销售国家禁止生产、销售、使用的农药、兽药，饲料、饲料添加剂，或者饲料原料、饲料添加剂原料；（3）私设生猪屠宰厂（场），从事生猪屠宰、销售等经营活动；（4）未取得或者使用伪造、变造的药品经营许可证，非法经营药品数额在 10 万元以上或者违法所得数额在 5 万元以上；（5）以提供给他人生产、销售药品为目的，生产、销售不符合药用要求的非药品原料、辅料，非法经营药品数额在 10 万元以上或者违法所得数额在 5 万元以上；（6）行为人出于医疗目的，非法贩卖国家规定管制的能够使人形成瘾癖的麻醉药品或者精神药品；（7）未取得药品生产、经营许可证件和批准文号，非法生产、销售盐酸克仑特罗等禁止在饲料和动物饮用水中使用的药品；（8）在生产、销售的饲料中添加盐酸克仑特罗等禁止在饲料和动物饮用水中使用的药品，或者销售明知是添加有该类药品的饲料；（9）违反国家规定采挖、销售、收购麻黄草，或者非法买卖麻黄碱类复方制剂，或者运输、携带、寄递麻黄碱类复方制剂进出境。

## 【适用法律规定】

### 一、《刑法》条文

**第二百二十五条【非法经营罪】** 违反国家规定，有下列非法经营行为之一，扰乱市场秩序，情节严重的，处五年以下有期徒刑或者拘役，并处或者单处违法所得一倍以上五倍以下罚金；情节特别严重的，处五年以上有期徒刑，并处违法所得一倍以上五倍以下罚金或者没收财产：

（一）未经许可经营法律、行政法规规定的专营、专卖物品或者其他限制买卖的物品的；

（二）买卖进出口许可证、进出口原产地证明以及其他法律、行政法规规定的经营许可证或者批准文件的；

（三）未经国家有关主管部门批准非法经营证券、期货、保险业务的，或者非法从事资金支付结算业务的；

（四）其他严重扰乱市场秩序的非法经营行为。

**二、司法解释**

**1. 2010 年 5 月 7 日《最高人民检察院、公安部关于公安机关管辖的刑事案件立案追诉标准的规定（二）》**

第七十九条　违反国家规定，进行非法经营活动，扰乱市场秩序，涉嫌下列情形之一的，应予立案追诉：

（八）从事其他非法经营活动，具有下列情形之一的：

1. 个人非法经营数额在五万元以上，或者违法所得数额在一万元以上的；

2. 单位非法经营数额在五十万元以上，或者违法所得数额在十万元以上的；

3. 虽未达到上述数额标准，但两年内因同种非法经营行为受过 2 次以上行政处罚，又进行同种非法经营行为的；

4. 其他情节严重的情形。

**2. 2014 年 12 月 1 日《最高人民法院、最高人民检察院关于办理危害药品安全刑事案件适用法律若干问题的解释》**

第七条　违反国家药品管理法律法规，未取得或者使用伪造、变造的药品经营许可证，非法经营药品，情节严重的，依照刑法第二百二十五条的规定以非法经营罪定罪处罚。

以提供给他人生产、销售药品为目的，违反国家规定，生产、销售不符合药用要求的非药品原料、辅料，情节严重的，依照刑法第二百二十五条的规定以非法经营罪定罪处罚。

实施前两款行为，非法经营数额在十万元以上，或者违法所得数额在五万元以上的，应当认定为刑法第二百二十五条规定的"情节严重"；非法经营数额在五十万元以上，或者违法所得数额在二十五万元以上的，应当认定为刑法第二百二十五条规定的"情节特别严重"。

实施本条第二款行为，同时又构成生产、销售伪劣产品罪、以危险方法危害公共安全罪等犯罪的，依照处罚较重的规定定罪处罚。

**3. 2002 年 8 月 23 日《最高人民法院、最高人民检察院关于办理非法生产、销售、使用禁止在饲料和动物饮用水中使用的药品等刑事案件具体应用法律若干问题的解释》**

**第一条** 未取得药品生产、经营许可证件和批准文号，非法生产、销售盐酸克仑特罗等禁止在饲料和动物饮用水中使用的药品，扰乱药品市场秩序，情节严重的，依照刑法第二百二十五条第（一）项的规定，以非法经营罪追究刑事责任。

**第二条** 在生产、销售的饲料中添加盐酸克仑特罗等禁止在饲料和动物饮用水中使用的药品，或者销售明知是添加有该类药品的饲料，情节严重的，依照刑法第二百二十五条第（四）项的规定，以非法经营罪追究刑事责任。

**第三条** 使用盐酸克仑特罗等禁止在饲料和动物饮用水中使用的药品或者含有该类药品的饲料养殖供人食用的动物，或者销售明知是使用该类药品或者含有该类药品的饲料养殖的供人食用的动物的，依照刑法第一百四十四条的规定，以生产、销售有毒、有害食品罪追究刑事责任。

**第四条** 明知是使用盐酸克仑特罗等禁止在饲料和动物饮用水中使用的药品或者含有该类药品的饲料养殖的供人食用的动物，而提供屠宰等加工服务，或者销售其制品的，依照刑法第一百四十四条的规定，以生产、销售有毒、有害食品罪追究刑事责任。

第五条 实施本解释规定的行为，同时触犯刑法规定的两种以上犯罪的，依照处罚较重的规定追究刑事责任。

第六条 禁止在饲料和动物饮用水中使用的药品，依照国家有关部门公告的禁止在饲料和动物饮用水中使用的药物品种目录确定。

**4. 2013 年 5 月 4 日《最高人民法院、最高人民检察院关于办理危害食品安全刑事案件适用法律若干问题的解释》**

第十一条 以提供给他人生产、销售食品为目的，违反国家规定，生产、销售国家禁止用于食品生产、销售的非食品原料，情节严重的，依照刑法第二百二十五条的规定以非法经营罪定罪处罚。

违反国家规定，生产、销售国家禁止生产、销售、使用的农药、兽药，饲料、饲料添加剂，或者饲料原料、饲料添加剂原料，情节严重的，依照前款的规定定罪处罚。

实施前两款行为，同时又构成生产、销售伪劣产品罪，生产、销售伪劣农药、兽药罪等其他犯罪的，依照处罚较重的规定定罪处罚。

第十二条 违反国家规定，私设生猪屠宰厂（场），从事生猪屠宰、销售等经营活动，情节严重的，依照刑法第二百二十五条的规定以非法经营罪定罪处罚。

实施前款行为，同时又构成生产、销售不符合安全标准的食品罪，生产、销售有毒、有害食品罪等其他犯罪的，依照处罚较重的规定定罪处罚。

第十三条 生产、销售不符合食品安全标准的食品，有毒、有害食品，符合刑法第一百四十三条、第一百四十四条规定的，以生产、销售不符合安全标准的食品罪或者生产、销售有毒、有害食品罪定罪处罚。同时构成其他犯罪的，依照处罚较重的规定定罪处罚。

生产、销售不符合食品安全标准的食品，无证据证明足以造成严重食物中毒事故或者其他严重食源性疾病，不构成生产、销售不符合安全标准的食品罪，但是构成生产、销售伪劣产品罪等其他犯罪的，依照该其他犯罪定罪处罚。

**三、其他规范性文件**

**1. 2015 年 5 月 18 日《最高人民法院关于印发〈全国法院毒品犯罪审判工作座谈会纪要〉的通知》**

（七）非法贩卖麻醉药品、精神药品行为的定性问题

行为人向走私、贩卖毒品的犯罪分子或者吸食、注射毒品的人员贩卖国家规定管制的能够使人形成瘾癖的麻醉药品或者精神药品的，以贩卖毒品罪定罪处罚。

行为人出于医疗目的，违反有关药品管理的国家规定，非法贩卖上述麻醉药品或者精神药品，扰乱市场秩序，情节严重的，以非法经营罪定罪处罚。

**2. 2012 年 6 月 18 日《最高人民法院、最高人民检察院、公安部关于办理走私、非法买卖麻黄碱类复方制剂等刑事案件适用法律若干问题的意见》**

一、关于走私、非法买卖麻黄碱类复方制剂等行为的定性

以加工、提炼制毒物品制造毒品为目的，购买麻黄碱类复方制剂，或者运输、携带、寄递麻黄碱类复方制剂进出境的，依照刑法第三百四十七条的规定，以制造毒品罪定罪处罚。

以加工、提炼制毒物品为目的，购买麻黄碱类复方制剂，或者运输、携带、寄递麻黄碱类复方制剂进出境的，依照刑法第三百五十条第一款、第三款的规定，分别以非法买卖制毒物品罪、走私制

毒物品罪定罪处罚。

将麻黄碱类复方制剂拆除包装、改变形态后进行走私或者非法买卖，或者明知是已拆除包装、改变形态的麻黄碱类复方制剂而进行走私或者非法买卖的，依照刑法第三百五十条第一款、第三款的规定，分别以走私制毒物品罪、非法买卖制毒物品罪定罪处罚。

非法买卖麻黄碱类复方制剂或者运输、携带、寄递麻黄碱类复方制剂进出境，没有证据证明系用于制造毒品或者走私、非法买卖制毒物品，或者未达到走私制毒物品罪、非法买卖制毒物品罪的定罪数量标准，构成非法经营罪、走私普通货物、物品罪等其他犯罪的，依法定罪处罚。

实施第一款、第二款规定的行为，同时构成其他犯罪的，依照处罚较重的规定定罪处罚。

五、关于犯罪嫌疑人、被告人主观目的与明知的认定

对于本意见规定的犯罪嫌疑人、被告人的主观目的与明知，应当根据物证、书证、证人证言以及犯罪嫌疑人、被告人供述和辩解等在案证据，结合犯罪嫌疑人、被告人的行为表现，重点考虑以下因素综合予以认定：

1. 购买、销售麻黄碱类复方制剂的价格是否明显高于市场交易价格；

2. 是否采用虚假信息、隐蔽手段运输、寄递、存储麻黄碱类复方制剂；

3. 是否采用伪报、伪装、藏匿或者绕行进出境等手段逃避海关、边防等检查；

4. 提供相关帮助行为获得的报酬是否合理；

5. 此前是否实施过同类违法犯罪行为；

6. 其他相关因素。

**3. 2013 年 6 月 26 日《最高人民法院、最高人民检察院、公安部、农业部、国家食品药品监督管理总局关于进一步加强麻黄草管理严厉打击非法买卖麻黄草等违法犯罪活动的通知》**

三、依法查处非法采挖、买卖麻黄草等犯罪行为

各地人民法院、人民检察院、公安机关要依法查处非法采挖、买卖麻黄草等犯罪行为，区别情形予以处罚：

（一）以制造毒品为目的，采挖、收购麻黄草的，依照刑法第三百四十七条的规定，以制造毒品罪定罪处罚。

（二）以提取麻黄碱类制毒物品后进行走私或者非法贩卖为目的，采挖、收购麻黄草，涉案麻黄草所含的麻黄碱类制毒物品达到相应定罪数量标准的，依照刑法第三百五十条第一款、第三款的规定，分别以走私制毒物品罪、非法买卖制毒物品罪定罪处罚。

（三）明知他人制造毒品或者走私、非法买卖制毒物品，向其提供麻黄草或者提供运输、储存麻黄草等帮助的，分别以制造毒品罪、走私制毒物品罪、非法买卖制毒物品罪的共犯论处。

（四）违反国家规定采挖、销售、收购麻黄草，没有证据证明以制造毒品或者走私、非法买卖制毒物品为目的，依照刑法第二百二十五条的规定构成犯罪的，以非法经营罪定罪处罚。

（五）实施以上行为，以制造毒品罪、走私制毒物品罪、非法买卖制毒物品罪定罪处罚的，涉案制毒物品的数量按照三百千克麻黄草折合一千克麻黄碱计算；以制造毒品罪定罪处罚的，无论涉案麻黄草数量多少，均应追究刑事责任。

【参考案例】

# 张树非法经营案

## 一、基本案情

2018 年 5 月 11 日 11 时许，北京市海淀区烟草专卖局行政执法人员在海淀区建清园小区 2 号楼 1 单元 D02 号发现张树（化名）在未取得烟草专卖零售许可证的情况下经营卷烟，查获非法经营的无标志外国卷烟、销售出口倒流国产卷烟 6 个品种共 1087 条。经核实，涉案卷烟全部为真品卷烟，价值共计人民币 155408.39 元。

## 二、诉讼过程

2018 年 5 月 11 日，海淀区烟草专卖局向海淀区人民检察院移送本案线索。经审查，海淀区人民检察院发出《建议移送涉嫌犯罪案件函》，建议海淀区烟草专卖局将该案件线索移送北京市公安局海淀分局，同日，北京市公安局海淀分局对张树非法经营案立案侦查。2018 年 5 月 17 日，北京市公安局海淀分局提请批准逮捕张树；5 月 24 日，海淀区人民检察院以涉嫌非法经营罪依法批准逮捕；6 月 25 日，北京市公安局海淀分局对该案移送审查起诉；7 月 24 日，海淀区人民检察院依法提起公诉。2018 年 8 月 17 日，被告人张树被海淀区人民法院以非法经营罪判处有期徒刑 7 个月，并处罚金人民币 1 万元。

## 三、公安机关取证内容

根据《刑法》第 225 条以及相关司法解释的规定，要认定被告人张树构成非法经营罪，公安机关应当收集以下证据：

1. 证明犯罪主体身份的证据

非法经营案件的犯罪主体为一般主体。自然人实施犯罪行为需要追究刑事责任的必须已满 16 周岁，并具有刑事责任能力。因此，公安机关应当全面调取证明张树主体资格的证据材料，包括其身份信息材料、前科材料、刑事责任能力材料等。

2. 证明存在主观故意的证据

非法经营罪的责任形式为故意，即行为人明知从事非法经营活动的行为会发生扰乱市场秩序的结果，并且希望或者放任这种结果的发生。证据表现形式主要为被告人供述，公安机关在讯问时应当重点问明其从事非法经营活动的动机、目的及预谋情况、是否明知没有《烟草专卖零售许可证》不能经营烟草制品零售业务。此外，还可以通过证明张树无合法手续、未经过批准、违反规定销售烟草制品，以客观行为推定具有主观故意。

3. 证明实施危害行为的证据

本案中，张树非法经营的行为表现为在未取得烟草专卖零售许可证的情况下经营卷烟。要证明张树实施了非法经营的危害行为，公安机关就应当在"未经许可""法律、行政法规规定的专营、专卖物品"和"非法经营数额"这三方面进行重点取证。

首先，对于张树有无《烟草专卖零售许可证》的情况，在案有其供述，自认没有办理《烟草专卖零售许可证》是因为没有店面，也不零售，都是批发，把烟草进货过来就放在家里，家里不能办《烟草专卖零售许可证》。其次，对于涉案的烟草制品，在案有海淀区烟草专卖局检查（勘验）笔录、海淀区烟草专卖局立案报告表、海淀区烟草专卖局案件移送书、接收卷烟回执、案发地点照片、涉案卷烟照片、海淀区烟草专卖局证据先行登记保存批准书、证据先行登记保存通知书、海淀区烟草专卖局抽样取证物品清单、中国烟草总公司北京市公司北京市烟草质量监督检验站出具的检验报告、公安机关出具的委托书等材料，证实海淀区烟草专卖局对共计 6 个品种规格、1087 条卷烟作为证据予以先行登记保存，后公安机关委托海淀区烟草专卖局代为保管。最后，对于非法经营数额，北京市烟草专卖局出具了涉案烟草专卖品核价表，证实涉案烟草专卖品金额合计为人民币 155408.39 元。当然，还可以调取行为人的销售记录以证实非法经营数额、违法所得数额，只不过本案中公安机关经过侦查，对张树的住处及经营场所进行搜查，未发现销售记录，张树解释均是现金结账，故未有销售记录。此外，公安机关还调取了张树妻子、海淀区烟草专卖局稽查员的证言，以证实被告人张树无烟草专卖零售许可证销售卷烟的犯罪事实以及查获经过。

综合主体身份、主观故意、客观行为三方面的证据，可以认定张树实施了违反国家规定，故意从事非法经营活动，扰乱市场秩序，情节严重的行为，因此构成非法经营罪。

# 提供虚假证明文件罪

提供虚假证明文件罪，是指承担资产评估、验资、验证、会计、审计、法律服务等职责的中介组织及其人员故意提供虚假证明文件，情节严重的行为。

## 一、刑事立案标准

根据《刑法》第229条、《刑事诉讼法》第112条及《最高人民检察院、公安部关于公安机关管辖的刑事案件立案追诉标准的规定（二）》第81条，承担资产评估、验资、验证、会计、审计、法律服务等职责的中介组织人员故意提供虚假证明文件，涉嫌下列情形之一的，应予立案追诉：（1）给国家、公众或者其他投资者造成直接经济损失数额在50万元以上；（2）违法所得数额在10万元以上；（3）虚假证明文件虚构数额在100万元且占实际数额30%以上；（4）虽未达到上述数额标准，但具有下列情形之一：其一，在提供虚假证明文件过程中索取或者非法接受他人财物，其二，两年内因提供虚假证明文件，受过行政处罚两次以上，又提供虚假证明文件；（5）其他情节严重的情形。

在办理药品、医疗器械行政处罚案件时，依据《最高人民法院、最高人民检察院关于办理药品、医疗器械注册申请材料造假刑事案件适用法律若干问题的解释》第1条，发现药物非临床研究机构、药物临床试验机构、合同研究组织的工作人员，故意提供虚假的药物非临床研究报告、药物临床试验报告及相关材料，具有下列情形之一的，应当认定为刑法第 229 条规定的"情节严重"，行政机关应向公安机关移送案件：（1）在药物非临床研究或者药物临床试验过程中故意使用虚假试验用药品的；（2）瞒报与药物临床试验用药品相关的严重不良事件的；（3）故意损毁原始药物非临床研究数据或者药物临床试验数据的；（4）编造受试动物信息、受试者信息、主要试验过程记录、研究数据、检测数据等药物非临床研究数据或者药物临床试验数据，影响药品安全性、有效性评价结果的；（5）曾因在申请药品、医疗器械注册过程中提供虚假证明材料受过刑事处罚或者两年内受过行政处罚，又提供虚假证明材料的；（6）其他情节严重的情形。

## 二、行政执法机关证据、材料收集、移送

**【证据材料类型清单】**

**（一）主体身份证据**

1. 证明目的

证明行政违法相对人主体的身份、资质、人数等。

行政违法相对人包括：（1）药物、医疗器械非临床研究机构，药物临床试验机构，合同研究组织的工作人员；（2）药品、医疗器械注册申请单位中指使药物非临床研究机构、药物临床试验机构、合同研究组织的工作人员提供虚假药物非临床研究报告、药物临床试验报告及相关材料的工作人员；（3）药品注册申请单位的工作人员和药物非临床研究机构、药物临床试验机构、合同研究组织中共同实施提供虚假证明文件行为的工作人员。

2. 证据类型

包括：（1）身份资质证据，包括营业执照或者其他主体资格证

明文件（事业单位法人登记证等）、药品生产许可证、药品 GMP 证书、医疗器械生产许可证、医疗机构执业许可证等复印件；药品生产企业、医疗器械生产企业、医疗机构及其法定代表人、负责人、直接负责的主管人员和其他直接责任人员身份证复印件等；（2）现场检查笔录；（3）询问调查笔录；（4）视听资料；（5）其他证据。

**（二）违法行为证据**

1. 证明目的

证明违法相对人实施故意提供虚假证明文件的行为。主要包括：（1）在药物非临床研究或者药物临床试验过程中故意使用虚假试验用药品；（2）瞒报与药物临床试验用药品相关的严重不良事件；（3）故意损毁原始药物非临床研究数据或者药物临床试验数据；（4）编造受试动物信息、受试者信息、主要试验过程记录、研究数据、检测数据等药物非临床研究数据或者药物临床试验数据，影响药品安全性、有效性评价结果。

2. 证据类型

包括：（1）涉案材料，包括虚假的药物非临床研究报告、药物临床试验报告及相关材料；虚假的医疗器械临床试验报告及相关材料；因上述虚假材料获得药品或医疗器械批准证明文件；（2）临床试验协议、票据和相关记录及复印件；（3）现场检查笔录；（4）询问调查笔录；（5）视听资料；（6）电子数据；（7）当事人陈述；（8）证人证言；（9）国家药品监督管理部门设置或者指定的药品、医疗器械审评等机构出具的意见【注：《最高人民法院、最高人民检察院关于办理药品、医疗器械注册申请材料造假刑事案件适用法律若干问题的解释》第 8 条对是否属于虚假的药物非临床研究报告、药物或者医疗器械临床试验报告及相关材料，是否影响药品或者医疗器械安全性、有效性评价结果，以及是否属于严重不良事件等专门性问题难以确定的，可以根据国家药品监督管理部门设置或者指定的药品、医疗器械审评等机构出具的意见，结合其他证据作出认定】；（10）鉴定意见或专家论证意见书；（11）其他证据。

### （三）主观故意证据

**1. 证明目的**

证明行政违法相对人具有违法故意。违法故意主要通过询问主观心理状态和调查未履行药品医疗器械注册中药物非临床研究、药物临床试验和医疗器械临床试验法定义务进行证明。

**2. 证据类型**

包括：（1）询问调查笔录；（2）证人证言；（3）其他证据。

### （四）危害后果证据

**1. 证明目的**

证明行政违法相对人违法行为客观危害的程度。包括：（1）实施违法行为的持续时间、具体地点；（2）给国家、公众或者其他投资者造成直接经济损失数额在50万元以上；（3）违法所得数额在10万元以上；（4）其他造成严重后果的情形。

**2. 证据类型**

包括：（1）现场检查笔录；（2）询问调查笔录；（3）现场检查照片及其他视听资料；（4）临床试验研究合同或协议等；（5）查封扣押文书或先行登记保存文书；（6）新闻媒体、社会公众披露或其他部门移送的关于经济损失或后果的并经确认属实的相关信息；（7）鉴定意见或专家论证意见；（8）其他证据。

## 【操作指引】

本规范列明了在违法事实清楚、证据确实充分的情况下执法人员应当和能够调取的全部证据。在实际工作中由于各种客观情况，本规范列明的证据并非可以全部取得。《刑事诉讼法》第 109 条规定："公安机关或者人民检察院发现犯罪事实或者犯罪嫌疑人，应当按照管辖范围，立案侦查。"行政机关只要能够认定或者间接认定违法相对人有违法行为，证明有犯罪事实需要追究刑事责任的，即可向公安机关移送涉嫌犯罪案件。

**一、主体资格证据**

包括：（1）营业执照或者其他主体资格证明文件（事业单位法人登记证等）；（2）药品生产许可证、药品 GMP 证书、医疗器械生产许可证、医疗机构执业许可证、药品批准证明文件等复印件；（3）药品生产企业、医疗器械生产企业、药物、医疗器械非临床研究机构、药物临床试验机构、合同研究组织的法定代表人、负责人、直接负责的主管人员和其他直接责任人员身份证复印件等；（4）无法取得违法行为人的身份证复印件的，调取驾驶执照、户口本、护照、社保卡等其他能够间接证明违法行为人身份的凭证复印件；（5）对无法提供任何身份证明的违法相对人，现场应进行头像拍照和摄像（若不具备条件，要拍摄出能清晰反映当事人面部及形体特征的照片），并在现场检查笔录和询问调查笔录中注明情况，对性别、年龄进行初步记录。

**二、现场检查笔录**

现场检查笔录应当载明以下事项：

1. 现场检查的时间、地点，执法人员姓名，执法证号等。

2. 违法相对人的主体资质情况。包括持有证照情况、经营范围、取得药品批准文号情况、法定代表人和陪同检查人员身份信息情况，以及现场发现主要从事违法活动的人员数量及身份信息情况。如违法相对人设立了组织机构或进行了职责分工，还应记录主管人员或直接负责人的职责分工和个人信息情况。

3. 现场检查时发现的涉及违法相对人从事提供虚假证明文件的情况。包括：（1）药物医疗器械非临床研究机构、药物临床试验机构、合同研究组织试验场所的现场情况，现场的相关涉案物品、票据（包括相关的各种合同、试验研究协议、试验记录资料等），电脑中的相关资料；（2）能够证明虚假数据的相关情况，包括涂改、伪造的数据的记录和原始数据等。

4. 现场检查时发现的违法行为和客观危害程度。包括：（1）实施违法行为的持续时间、具体地点；（2）涉案试验数据所针对的药品或医疗器械的名称、种类、骗取的批准文号等信息；（3）涉案试验的违法所得；（4）给国家、公众或者其他投资者造成直接经济损失数额或合并其他造成严重后果的情形。

5. 查封扣押物品情况和先行登记保存物品情况。

**三、询问调查笔录及当事人陈述**

1. 调查询问的时间、地点，执法人员姓名，执法证号，被调查人的基本情况和企业授权被调查人接受调查的情况。

2. 当事人的主体资质情况，包括取得营业执照和药品生产许可证、药品 GMP 证书、医疗器械生产许可证、医疗机构执业许可证的情况，生产经营的具体范围，是否取得药品批准文号，药品执行标准等。

3. 询问调查实施提供虚假证明文件的基本情况。包括：（1）试验数据涉及的药品或医疗器械名称、申请注册主体和注册进度等；（2）试验委托协议内容、款项等；（3）具体试验过程；（4）提供虚假证明文件的情况。

4. 当事人对于违法行为的主观心理状态（是否明知）的情况。包括：（1）当事人是否知道涉案文件属于虚假证明文件的情况，是否知晓对于"提供虚假证明文件"的禁止性规定；（2）有关机构、组织是否具备相应条件或者能力；（3）支付的价款明显异于正常费用；（4）试验人员是否遵守试验规范和技术操作规范。

### 四、证人证言

在行政机关需要或者条件允许的情况下，可向当事人以外的了解案件有关情况的人取得用来证明案件待证事实的陈述，从而帮助行政机关进一步了解案件事实经过、违法行为实施人、相关责任人员及其他内容。

固定证人证言要求：（1）写明证人的姓名、年龄、性别、职业、住址等基本情况；（2）有证人的签名，不能签名的，应当以捺手印或盖章等方式证明；（3）注明出具日期；（4）附有居民身份证复印件等证明证人身份的文件。

### 五、证明违法行为人是否依法履行产品注册试验的法定义务的证据

包括：（1）药物临床试验机构是否严格执行药物临床试验管理规范的规定；（2）药物非临床试验机构是否严格执行药物非临床试验管理规范的规定；（3）医疗器械临床试验机构是否严格执行医疗器械临床试验管理规范的规定。

### 六、涉案物品和工具

包括：（1）虚假的药物非临床研究报告、药物临床试验报告及相关材料；（2）虚假的医疗器械临床试验报告及相关材料；（3）获取药品批准证明文件或医疗器械批准证明文件；（4）用于试验的技术资料、产品样品等材料；（5）用于试验的工具、设备等物品【注：应当附有查封扣押、先行登记保存、检验（检测、检疫、鉴定）情况。包括《先行登记保存证据通知书》《实施行政强制措施决定书》《场所/设施/财物清单》《抽样记录》《检测/检验/检疫/鉴定委托书》《检测/检验/检疫/鉴定期间告知书》《检测/检验/检

疫/鉴定结果告知书》】。

### 七、购销合同、票据和相关记录

包括：（1）临床试验协议；（2）票据和相关记录及复印件。

### 八、产品检验报告

包括：（1）药品检验报告；（2）医疗器械检验报告。

### 九、鉴定意见或专家论证意见

包括：（1）国家药品监督管理部门设置或者指定的药品、医疗器械审评等机构出具的意见；（2）应当由具有司法鉴定资格的机构出具鉴定意见。无法出具鉴定意见的，以专家论证意见为准。

### 十、执法照片及视听资料

1. 执法照片，主要包括违法行为发生地照片、现场检查情形的照片、产品照片、法定代表人和主要负责人照片。执法照片应当注明拍摄的具体时间、地点，并由执法人员和当事人签字确认。

2. 视听资料，是指以录音、录像所反映的声音、形象、所提供的资料来证明案件真实情况的证据。主要包括：（1）当事人监控录像显示关于制作虚假证明文件的视听资料；（2）执法记录仪、录像设备、录音设备记录的有关违法行为的视听资料；（3）有关违法行为的通话录音。

制作和调取视听资料的规则：（1）在进行录音录像时，一般应当公开进行。若因查处违法行为，需要进行秘密录音录像的，应当不违反法律规定，且不得侵害当事人的合法权益；（2）提取有关资料的原始载体。提取原始载体确有困难的，可以提取复制件；（3）注明制作方法、制作时间、制作人和证明对象等；（4）声音资料应当附有该声音内容的文字记录。

### 十一、电子证据

包括违法相对人电脑或其他信息化载体（如手持销售终端等）

中有关产品注册和试验数据行为的电子数据和记录；有关电子台账、有关记录和监控录像显示有关违法行为的电脑存储文件等。

**十二、其他证据**

两年内因提供虚假证明文件或者提供证明文件严重失实，受过行政处罚两次以上，又提供虚假证明文件，如有需附行政处罚决定书。

# 三、公安机关证据收集

## 【证据清单】

### （一）证明犯罪嫌疑人身份、人数等主体方面的证据

提供虚假证明文件案件的犯罪主体为特殊主体。自然人实施犯罪行为需要追究刑事责任的必须是承担资产评估、验资、验证、会计、审计、法律服务等职责的中介组织人员，并具有刑事责任能力。单位也可以成为此类案件的犯罪主体。

证明自然人主体资格的证据材料，包括犯罪嫌疑人的身份信息材料、前科材料、刑事责任能力材料、具备资产评估、验资、验证、会计、审计、法律服务等职责的材料等。

证明单位犯罪主体的证据材料，包括证明单位的名称、住所地、性质、法定代表人、单位负责人、业务范围、成立时间和单位法定代表人、单位负责人或直接责任人员等的身份证明、具备资产评估、验资、验证、会计、审计、法律服务等职责的证据材料。

### （二）证明犯罪嫌疑人主观方面的证据

提供虚假证明文件的案件在主观方面属于故意，即犯罪嫌疑人明知提供的证明文件为虚假而仍然提供。

1. 证明犯罪嫌疑人主观明知的证据

包括：（1）收集证明犯罪嫌疑人违反规定，签署虚假评估报告的证据；（2）收集证明承担资产评估、验资、验证、会计、审计、法律服务等职责的中介组织或其人员，为信用卡申请人提供虚假的财产状况、收入、职务等资信证明材料的证据；（3）收集证明地质工程勘测院和其他履行勘测职责的单位及其工作人员在履行勘察、勘查、测绘职责过程中，故意提供虚假工程地质勘察报告等证明文件的相关证据。

2. 证明单位犯罪主观故意的证据

收集证明提供虚假证明文件的行为是由单位集体决定，或由单位负责人或被授权的其他人决定、同意的证据。

**（三）证明犯罪嫌疑人实施危害行为的证据**

收集证明承担资产评估、验资、验证、会计、审计、法律服务等职责的中介组织的人员实施故意提供虚假证明文件行为的证据。

药物非临床研究机构、药物临床试验机构、合同研究组织的工作人员，故意提供虚假的药物非临床研究报告、药物临床试验报告及相关材料，具有下列情形之一的，以提供虚假证明文件罪论处：（1）在药物非临床研究或者药物临床试验过程中故意使用虚假试验用药品；（2）瞒报与药物临床试验用药品相关的严重不良事件；（3）故意损毁原始药物非临床研究数据或者药物临床试验数据；（4）编造受试动物信息、受试者信息、主要试验过程记录、研究数据、检测数据等药物非临床研究数据或者药物临床试验数据，影响药品安全性、有效性评价结果。

**（四）证明造成危害结果的证据**

包括：（1）给国家、公众或者其他投资者造成直接经济损失数额在 50 万元以上；（2）违法所得数额在 10 万元以上；（3）虚假证明文件虚构数额在 100 万元且占实际数额 30% 以上；（4）虽未达到上述数额标准，但在提供虚假证明文件过程中索取或者非法接受他人财物；（5）虽未达到上述数额标准，但两年内因提供虚假证明文件，受过行政处罚两次以上，又提供虚假证明文件；（6）其他情节严重的情形。

**【适用法律规定】**

**一、《刑法》条文**

**第二百二十九条 【提供虚假证明文件罪】** 承担资产评估、验资、验证、会计、审计、法律服务等职责的中介组织的人员故意提供虚假证明文件，情节严重的，处五年以下有期徒刑或者拘役，并处罚金。

前款规定的人员，索取他人财物或者非法收受他人财物，犯前款罪的，处五年以上十年以下有期徒刑，并处罚金。

**【出具证明文件重大失实罪】** 第一款规定的人员，严重不负责任，出具的证明文件有重大失实，造成严重后果的，处三年以下有期徒刑或者拘役，并处或者单处罚金。

**二、司法解释**

**1. 2010 年 5 月 7 日《最高人民检察院、公安部关于公安机关管辖的刑事案件立案追诉标准的规定（二）》**

**第八十一条** 承担资产评估、验资、验证、会计、审计、法律服务等职责的中介组织的人员故意提供虚假证明文件，涉嫌下列情形之一的，应予立案追诉：

（一）给国家、公众或者其他投资者造成直接经济损失数额在 50 万元以上的；

（二）违法所得数额在 10 万元以上的；

（三）虚假证明文件虚构数额在 100 万元且占实际数额 30% 以上的；

（四）虽未达到上述数额标准，但具有下列情形之一的：

1. 在提供虚假证明文件过程中索取或者非法接受他人财物的；

2. 两年内因提供虚假证明文件，受过行政处罚 2 次以上，又提供虚假证明文件的。

（五）其他情节严重的情形。

**2. 2017 年 9 月 1 日《最高人民法院、最高人民检察院关于办理药品、医疗器械注册申请材料造假刑事案件适用法律若干问题的解释》**

**第一条**　药物非临床研究机构、药物临床试验机构、合同研究组织的工作人员，故意提供虚假的药物非临床研究报告、药物临床试验报告及相关材料的，应当认定为刑法第二百二十九条规定的"故意提供虚假证明文件"。

实施前款规定的行为，具有下列情形之一的，应当认定为刑法第二百二十九条规定的"情节严重"，以提供虚假证明文件罪处 5 年以下有期徒刑或者拘役，并处罚金：

（一）在药物非临床研究或者药物临床试验过程中故意使用虚假试验用药品的；

（二）瞒报与药物临床试验用药品相关的严重不良事件的；

（三）故意损毁原始药物非临床研究数据或者药物临床试验数据的；

（四）编造受试动物信息、受试者信息、主要试验过程记录、研究数据、检测数据等药物非临床研究数据或者药物临床试验数据，影响药品安全性、有效性评价结果的；

（五）曾因在申请药品、医疗器械注册过程中提供虚假证明材料受过刑事处罚或者 2 年内受过行政处罚，又提供虚假证明材料的；

（六）其他情节严重的情形。

**第四条** 药品注册申请单位的工作人员指使药物非临床研究机构、药物临床试验机构、合同研究组织的工作人员提供本解释第一条第二款规定的虚假药物非临床研究报告、药物临床试验报告及相关材料的，以提供虚假证明文件罪的共同犯罪论处。

具有下列情形之一的，可以认定为前款规定的"指使"，但有相反证据的除外：

（一）明知有关机构、组织不具备相应条件或者能力，仍委托其进行药物非临床研究、药物临床试验的；

（二）支付的价款明显异于正常费用的。

药品注册申请单位的工作人员和药物非临床研究机构、药物临床试验机构、合同研究组织的工作人员共同实施第一款规定的行为，骗取药品批准证明文件生产、销售药品，同时构成提供虚假证明文件罪和生产、销售假药罪的，依照处罚较重的规定定罪处罚。

**第五条** 在医疗器械注册申请中，故意提供、使用虚假的医疗器械临床试验报告及相关材料的，参照适用本解释第一条至第四条规定。

**第六条** 单位犯本解释第一条至第五条规定之罪的，对单位判处罚金，并依照本解释规定的相应自然人犯罪的定罪量刑标准对直接负责的主管人员和其他直接责任人员定罪处罚。

**第八条** 对是否属于虚假的药物非临床研究报告、药物或者医疗器械临床试验报告及相关材料，是否影响药品或者医疗器械安全性、有效性评价结果，以及是否属于严重不良事件等专门性问题难以确定的，可以根据国家药品监督管理部门设置或者指定的药品、医疗器械审评等机构出具的意见，结合其他证据作出认定。

第九条　本解释所称"合同研究组织"，是指受药品或者医疗器械注册申请单位、药物非临床研究机构、药物或者医疗器械临床试验机构的委托，从事试验方案设计、数据统计、分析测试、监查稽查等与非临床研究或者临床试验相关活动的单位。

# 出具证明文件重大失实罪

出具证明文件重大失实罪，是指承担资产评估、验资、验证、会计、审计、法律服务等职责的中介组织及其人员，由于严重不负责任，出具的证明文件有重大失实，造成严重后果的行为。

## 一、刑事立案标准

根据《刑法》第 229 条、《刑事诉讼法》第 112 条及《最高人民检察院、公安部关于公安机关管辖的刑事案件立案追诉标准的规定（二）》第 82 条，承担资产评估、验资、验证、会计、审计、法律服务等职责的中介组织的人员严重不负责任，出具的证明文件有重大失实，涉嫌下列情形之一的，应予立案追诉：（1）给国家、公众或者其他投资者造成直接经济损失数额在 100 万元以上；（2）其他造成严重后果的情形。

在办理药品、医疗器械行政处罚案件时，发现药物非临床研究机构、药物临床试验机构、合同研究组织的工作人员，严重不负责任，出具的证明文件（药物非临床研究报告、药物临床试验报告及相关材料）有重大失实，具有上述两种情形之一的，可以认定为《刑法》第 229 条规定的"造成严重后果"，行政机关应向公安机关移送案件。

行政机关只要取得"造成直接经济损失数额在 100 万元以上"的有关经济合同、违约金、损害赔偿金的支出记录等经济损失的直接证据，即应当移送公安机关。

## 二、行政执法机关证据、材料收集、移送

### 【证据材料类型清单】

#### （一）主体身份证据

1. 证明目的

证明行政违法相对人主体的身份、资质、人数等。包括药物、医疗器械非临床研究机构、药物临床试验机构、合同研究组织的工作人员。

2. 证据类型

包括：（1）身份资质证据，包括营业执照或者其他主体资格证明文件（事业单位法人登记证等）、药品生产许可证、药品 GMP 证书、医疗器械生产许可证、医疗机构执业许可证等复印件；药品生产企业、医疗器械生产企业、医疗机构及其法定代表人、负责人、直接负责的主管人员和其他直接责任人员身份证复印件等。（2）现场检查笔录。（3）询问调查笔录。（4）视听资料。（5）其他证据。

#### （二）违法行为证据

1. 证明目的

证明违法相对人实施严重不负责任、出具的证明文件有重大失实的行为。

2. 证据类型

包括：（1）涉案材料，包括重大失实的药物非临床研究报告、药物临床试验报告及相关材料；重大失实的医疗器械临床试验报告及相关材料；因上述重大失实材料获得药品或医疗器械批准证明文件。（2）临床试验协议、票据和相关记录及复印件。（3）现场检查笔录。（4）询问调查笔录。（5）视听资料。（6）电子数据。（7）当

事人陈述。（8）证人证言。（9）国家药品监督管理部门设置或者指定的药品、医疗器械审评等机构出具的意见【注：根据《最高人民法院、最高人民检察院关于办理药品、医疗器械注册申请材料造假刑事案件适用法律若干问题的解释》第 8 条对是否属于虚假的药物非临床研究报告、药物或者医疗器械临床试验报告及相关材料，是否影响药品或者医疗器械安全性、有效性评价结果，以及是否属于严重不良事件等专门性问题难以确定的，可以根据国家药品监督管理部门设置或者指定的药品、医疗器械审评等机构出具的意见，结合其他证据作出认定】。（10）鉴定意见或专家论证意见书。（11）其他证据。

**（三）主观过失证据**

1. 证明目的

证明行政违法相对人具有严重不负责任的过失心态。主观过失的心态主要通过询问过失主观心理状态和调查严重不负责任、未履行药品医疗器械注册中药物非临床研究、药物临床试验和医疗器械临床试验法定义务进行证明。

2. 证据类型

包括：（1）询问调查笔录；（2）证人证言；（3）其他证据。

**（四）危害后果证据**

1. 证明目的

证明行政违法相对人违法行为客观危害的程度。包括：（1）实施违法行为的持续时间、具体地点；（2）给国家、公众或者其他投资者造成直接经济损失数额在 100 万元以上；（3）其他造成严重后果的情形。

2. 证据类型

包括：（1）现场检查笔录；（2）询问调查笔录；（3）现场检

查照片及其他视听资料；（4）临床试验研究合同或协议等；（5）查封扣押文书或先行登记保存文书；（6）新闻媒体、社会公众披露或其他部门移送的关于经济损失或后果的并经确认属实的相关信息；（7）鉴定意见或专家论证意见；（8）其他证据。

**【操作指引】**

本规范列明了在违法事实清楚、证据确实充分的情况下执法人员应当和能够调取的全部证据。在实际工作中由于各种客观情况，本规范列明的证据并非可以全部取得。《刑事诉讼法》第 109 条规定："公安机关或者人民检察院发现犯罪事实或者犯罪嫌疑人，应当按照管辖范围，立案侦查。"行政机关只要能够认定或者间接认定违法相对人有违法行为，证明有犯罪事实需要追究刑事责任的，即可向公安机关移送涉嫌犯罪案件。

**一、主体资格证据**

包括：（1）营业执照或者其他主体资格证明文件（事业单位法人登记证等）；（2）药品生产许可证、药品 GMP 证书、医疗器械生产许可证、医疗机构执业许可证、药品批准证明文件等复印件；（3）药品生产企业、医疗器械生产企业、药物、医疗器械非临床研究机构、药物临床试验机构、合同研究组织的法定代表人、负责人、直接负责的主管人员和其他直接责任人员身份证复印件等；（4）无法取得违法行为人的身份证复印件的，调取驾驶执照、户口本、护照、社保卡等其他能够间接证明违法行为人身份的凭证复印件；（5）对无法提供任何身份证明的违法相对人，现场应进行头像拍照和摄像（若不具备条件，要拍摄出能清晰反映当事人面部及形体特征的照片），并在现场检查笔录和询问调查笔录中注明情况，对性别、年龄进行初步记录。

## 二、现场检查笔录

现场检查笔录应当载明以下事项：

1. 现场检查的时间、地点，执法人员姓名，执法证号等。

2. 违法相对人的主体资质情况。包括持有证照情况、经营范围、取得药品批准文号情况、法定代表人和陪同检查人员身份信息情况，以及现场发现主要从事违法活动的人员数量及身份信息情况。如违法相对人设立了组织机构或进行了职责分工，还应记录主管人员或直接负责人的职责分工和个人信息情况。

3. 现场检查时发现的涉及违法相对人从事提供重大失实证明文件的情况。包括：（1）药物医疗器械非临床研究机构、药物临床试验机构、合同研究组织试验场所的现场情况，现场的相关涉案物品、票据（包括相关的各种合同、试验研究协议、试验记录资料等），电脑中的相关资料；（2）能够证明重大失实数据的相关情况，包括原始数据等。

4. 现场检查时发现的违法行为和客观危害程度。包括：（1）实施违法行为的持续时间、具体地点；（2）涉案试验数据所针对的药品或医疗器械的名称、种类、骗取的批准文号等信息；（3）涉案试验的违法所得；（4）给国家、公众或者其他投资者造成直接经济损失数额或合并其他造成严重后果的情形。

5. 查封扣押物品情况和先行登记保存物品情况。

## 三、询问调查笔录及当事人陈述

1. 调查询问的时间、地点，执法人员姓名，执法证号，被调查人的基本情况和企业授权被调查人接受调查的情况。

2. 当事人的主体资质情况，包括取得营业执照和药品生产许可证、药品 GMP 证书、医疗器械生产许可证、医疗机构执业许可证的情况，生产经营的具体范围，是否取得药品批准文号，药品执行标准等。

3. 询问调查实施提供证明文件严重失实的基本情况。包括：（1）试验数据涉及的药品或医疗器械名称、申请注册主体和注册进度等；（2）试验委托协议内容、款项等；（3）具体试验过程；（4）提供重大失实证明文件的情况。

4. 当事人对于违法行为具有严重不负责任的过失心态的情况。包括：（1）当事人是否知道涉案文件属于严重失实证明文件的情况，是否知晓对于"提供证明文件严重失实"的禁止性规定；（2）有关机构、组织是否具备相应条件或者能力；（3）支付的价款明显异于正常费用；（4）试验人员是否遵守试验规范和技术操作规范；（5）有关机构或人员是否具有应当预见而由于疏忽大意没有预见，或者已经预见而轻信能够避免的主观心态。

**四、证人证言**

在行政机关需要或者条件允许的情况下，可向当事人以外的了解案件有关情况的人取得用来证明案件待证事实的陈述，从而帮助行政机关进一步了解案件事实经过、违法行为实施人、相关责任人员及其他内容。

固定证人证言要求：（1）写明证人的姓名、年龄、性别、职业、住址等基本情况；（2）有证人的签名，不能签名的，应当以捺手印或盖章等方式证明；（3）注明出具日期；（4）附有居民身份证复印件等证明证人身份的文件。

**五、证明违法行为人是否依法履行产品注册试验的法定义务的证据**

包括：（1）药物临床试验机构是否严格执行药物临床试验管理规范的规定；（2）药物非临床试验机构是否严格执行药物非临床试验管理规范的规定；（3）医疗器械临床试验机构是否严格执行医疗器械临床试验管理规范的规定。

## 六、涉案物品和工具

包括：（1）严重失实的药物非临床研究报告、药物临床试验报告及相关材料；（2）严重失实的医疗器械临床试验报告及相关材料；（3）获取药品批准证明文件或医疗器械批准证明文件；（4）用于试验的技术资料、产品样品等材料；（5）用于试验的工具、设备等物品【注：应当附有查封扣押、先行登记保存、检验（检测、检疫、鉴定）情况。包括《先行登记保存证据通知书》《实施行政强制措施决定书》《场所/设施/财物清单》《抽样记录》《检测/检验/检疫/鉴定委托书》《检测/检验/检疫/鉴定期间告知书》《检测/检验/检疫/鉴定结果告知书》】。

## 七、购销合同、票据和相关记录

包括：（1）临床试验协议；（2）票据和相关记录及复印件。

## 八、产品检验报告

包括：（1）药品检验报告；（2）医疗器械检验报告。

## 九、鉴定意见或专家论证意见

包括：.（1）国家药品监督管理部门设置或者指定的药品、医疗器械审评等机构出具的意见；（2）应当由具有司法鉴定资格的机构出具鉴定意见。无法出具鉴定意见的，以专家论证意见为准。

## 十、执法照片及视听资料

1. 执法照片，主要包括违法行为发生地照片、现场检查情形的照片、产品照片、法定代表人和主要负责人照片。执法照片应当注明拍摄的具体时间、地点，并由执法人员和当事人签字确认。

2. 视听资料，是指以录音、录像所反映的声音、形象、所提供的资料来证明案件真实情况的证据。主要包括：（1）当事人监控录像显示关于制作虚假证明文件的视听资料；（2）执法记录仪、录像设备、录音设备记录的有关违法行为的视听资料；（3）有关违法行为的通话录音。

制作和调取视听资料的规则：（1）在进行录音录像时，一般应当公开进行。若因查处违法行为，需要进行秘密录音录像的，应当不违反法律规定，且不得侵害当事人的合法权益；（2）提取有关资料的原始载体。提取原始载体确有困难的，可以提取复制件；（3）注明制作方法、制作时间、制作人和证明对象等；（4）声音资料应当附有该声音内容的文字记录。

## 十一、电子证据

包括违法相对人电脑或其他信息化载体（如手持销售终端等）中有关产品注册和试验数据行为的电子数据和记录；有关电子台账、有关记录和监控录像显示有关违法行为的电脑存储文件等。

## 十二、其他证据

两年内因提供虚假证明文件或者提供证明文件严重失实，受过行政处罚两次以上，又提供证明文件严重失实，如有，需附行政处罚决定书。

# 三、公安机关证据收集

**【证据清单】**

**（一）证明犯罪嫌疑人身份、人数等主体方面的证据**

出具证明文件重大失实案件的犯罪主体为特殊主体。自然人实施犯罪行为需要追究刑事责任的，必须是承担资产评估、验资、验证、会计、审计、法律服务等职责的中介组织人员，并具有刑事责任能力。单位也可以成为此类犯罪案件的犯罪主体。

证明自然人主体资格的证据材料包括犯罪嫌疑人的身份信息材料、前科材料、刑事责任能力材料、具备资产评估、验资、验证、会计、审计、法律服务等职责的材料等。

证明单位犯罪主体的证据材料包括证明单位的名称、住所地、性质、法定代表人、单位负责人、业务范围、成立时间和单位法定代表人、单位负责人或直接责任人员等的身份证明、具备资产评估、验资、验证、会计、审计、法律服务等职责的证据材料。

最高人民检察院关于公证员出具公证书有重大失实行为如何适用法律问题的批复指出，《公证法》施行以后，公证员在履行公证职责过程中，严重不负责任，出具的公证书有重大失实，造成严重后果的，依照《刑法》第 229 条第 3 款的规定，以出具证明文件重大失实罪追究刑事责任。

**（二）证明犯罪嫌疑人主观方面的证据**

出具证明文件重大失实的案件在主观方面属于过失，即犯罪嫌疑人严重不负责任。

证明犯罪嫌疑人主观过失的证据包括证明犯罪嫌疑人严重不负责任，未经查实即出具证明文件的证据。

证明单位犯罪主观过失的证据包括证明出具证明文件重大失实的行为是由单位集体决定的证据。

**（三）证明犯罪嫌疑人实施危害行为的证据**

承担资产评估、验资、验证、会计、审计、法律服务等职责的中介组织的人员严重不负责任，出具的证明文件有重大失实，具有下列情形之一的，应予立案追诉：（1）给国家、公众或者其他投资者造成直接经济损失数额在 100 万元以上；（2）其他造成严重后果的情形。

**【适用法律规定】**

一、《刑法》条文

**第二百二十九条【提供虚假证明文件罪】** 承担资产评估、验资、验证、会计、审计、法律服务等职责的中介组织的人员故意提供虚假证明文件，情节严重的，处五年以下有期徒刑或者拘役，并处罚金。

前款规定的人员，索取他人财物或者非法收受他人财物，犯前款罪的，处五年以上十年以下有期徒刑，并处罚金。

**【出具证明文件重大失实罪】** 第一款规定的人员，严重不负责任，出具的证明文件有重大失实，造成严重后果的，处三年以下有期徒刑或者拘役，并处或者单处罚金。

二、司法解释

**1. 2010 年 5 月 7 日《最高人民检察院、公安部关于公安机关管辖的刑事案件立案追诉标准的规定（二）》**

第八十二条 承担资产评估、验资、验证、会计、审计、法律服务等职责的中介组织的人员严重不负责任，出具的证明文件有重大失实，涉嫌下列情形之一的，应予立案追诉：

（一）给国家、公众或者其他投资者造成直接经济损失数额在100 万元以上的；

（二）其他造成严重后果的情形。

**2. 2017 年 9 月 1 日《最高人民法院、最高人民检察院关于办理药品、医疗器械注册申请材料造假刑事案件适用法律若干问题的解释》**

第九条 本解释所称"合同研究组织"，是指受药品或者医疗器械注册申请单位、药物非临床研究机构、药物或者医疗器械临床试验机构的委托，从事试验方案设计、数据统计、分析测试、监查稽查等与非临床研究或者临床试验相关活动的单位。

### 三、其他规范性文件

**2009 年 1 月 15 日《最高人民检察院关于公证员出具公证书有重大失实行为如何适用法律问题的批复》**

《中华人民共和国公证法》施行以后，公证员在履行公证职责过程中，严重不负责任，出具的公证书有重大失实，造成严重后果的，依照刑法第二百二十九条第三款的规定，以出具证明文件重大失实罪追究刑事责任。

# 非法制作、供应血液制品罪

《刑法》第334条规定了非法采集、供应血液、制作、供应血液制品罪和采集、供应血液、制作、供应血液制品事故罪。食品药品监管部门有所涉及的为非法制作、供应血液制品罪和制作、供应血液制品事故罪。非法制作、供应血液制品罪，是指非法制作、供应血液制品，不符合国家规定的标准，足以危害人体健康的行为。

## 一、刑事立案标准

根据《刑法》第334条、《刑事诉讼法》第112条及《最高人民检察院、公安部关于公安机关管辖的刑事案件立案追诉标准的规定（一）》第54条，非法制作、供应血液制品，涉嫌下列情形之一的，应予立案追诉：（1）制作、供应的血液制品含有艾滋病病毒、乙型肝炎病毒、丙型肝炎病毒、梅毒螺旋体等病原微生物，或者将含有上述病原微生物的血液用于制作血液制品；（2）使用不符合国家规定的药品、诊断试剂、卫生器材，或者重复使用一次性采血器材采集血液，造成传染病传播危险；（3）其他不符合国家有关制作、供应血液制品的规定，足以危害人体健康或者对人体健康造成严重危害的情形。

未经国家主管部门批准或者超过批准的业务范围，制作、供应血液制品的，属于"非法制作、供应血液制品"。"血液制品"，是指各种人血浆蛋白制品。

在办理非法制作、供应血液制品行政处罚案件时，未经国家主管部门批准或者超过批准的业务范围，制作、供应各种人血浆蛋白制品，具有上述情形之一的，行政机关应向公安机关移送案件。

## 二、行政执法机关证据、材料收集、移送

### 【证据材料类型清单】

### （一）主体身份证据

1. 证明目的

证明行政违法相对人主体的身份、资质、人数等。

2. 证据类型

包括：（1）身份资质证据，包括营业执照或者其他主体资格证明文件（事业单位法人登记证等）、药品生产许可证、药品 GMP 证书、药品经营许可证、药品 GSP 证书、医疗机构执业许可证等复印件；血液制品（即各种人血浆蛋白制品）的药品批准文件、药品质量标准等材料；药品生产企业、药品经营企业、医疗机构及其法定代表人、负责人、直接负责的主管人员和其他直接责任人员身份证复印件等。（2）现场检查笔录。（3）询问调查笔录。（4）视听资料。（5）其他证据。

### （二）违法行为证据

1. 证明目的

证明行政违法相对人实施制作、供应血液制品（即各种人血浆蛋白制品）不符合国家规定的标准、足以危害人体健康的行为。主要包括：（1）制作、供应的血液制品含有艾滋病病毒、乙型肝炎病毒、丙型肝炎病毒、梅毒螺旋体等病原微生物，或者将含有上述病原微生物的血液用于制作血液制品；（2）使用不符合国家规定的药品、诊断试剂、卫生器材，或者重复使用一次性采血器材采集血

液，造成传染病传播危险；（3）其他不符合国家有关制作、供应血液制品的规定，足以危害人体健康或者对人体健康造成严重危害的情形；（4）未经国家主管部门批准或者超过批准的业务范围，制作、供应血液制品。

2. 证据类型

包括：（1）涉案物品，包括涉案血液制品；涉案血液制品的血液；涉案血液制品的包装材料、标签和说明书；用于违法生产经营假药的工具、设备等物品，包括不符合国家规定的药品、诊断试剂、卫生器材等。（2）购销合同、随货同行单、票据和相关记录及复印件。（3）现场检查笔录。（4）询问调查笔录。（5）视听资料。（6）电子数据。（7）当事人陈述。（8）证人证言。（9）检验报告，系由省级以上食品药品监督管理部门设置或者确定的药品检验机构的检验报告。（10）地市级以上药品监督管理部门出具的认定意见等相关材料。（11）鉴定意见或专家论证意见书。（12）其他证据。

**（三）主观故意证据**

1. 证明目的

证明行政违法相对人具有违法故意。违法故意可以通过询问主观心理状态和调查未履行血液制品质量安全法定义务进行证明。

2. 证据类型

包括：（1）询问调查笔录；（2）证人证言；（3）其他证据。

**（四）危害后果证据**

1. 证明目的

证明行政违法相对人违法行为客观危害的程度，即制作、供应的血液制品足以危害人体健康或者对人体健康造成严重危害的情形。包括：（1）实施违法行为持续时间、具体地点；（2）涉案血液制品的种类、数量、销售范围、购进单价、销售单价、销售金额、货值金额、违法所得；（3）适用人群是否属于老人、孕产妇、婴幼儿、儿童和其他特定人群；（4）涉案血液制品的基本情况说明，包括含有病原微生物情况、对人体可能造成的危害等；（5）出现致人伤害、死亡等后果的，证明危害后果状况。

2. 证据类型

包括：（1）现场检查笔录；（2）询问调查笔录；（3）现场检查照片及其他视听资料；（4）购进合同、销售、场地租赁合同等；（5）购、销相关票据或者生产、加工、使用、销售记录；（6）省级以上食品药品监督管理部门设置或者确定的药品检验机构出具的检验报告；（7）查封扣押文书或先行登记保存文书；（8）新闻媒体、社会公众披露或其他部门移送的关于药品危害事件或后果的并经确认属实的相关信息；（9）鉴定意见或者专家论证意见；（10）地市级以上药品监督管理部门出具的认定意见等相关材料；（11）其他证据。

## 【操作指引】

本规范列明了在违法事实清楚、证据确实充分的情况下执法人员应当和能够调取的全部证据。在实际工作中由于各种客观情况，本规范列明的证据并非可以全部取得。《刑事诉讼法》第 109 条规定："公安机关或者人民检察院发现犯罪事实或者犯罪嫌疑人，应当按照管辖范围，立案侦查。"行政机关只要能够认定或者间接认定违法相对人有违法行为，证明有犯罪事实需要追究刑事责任的，即可向公安机关移送涉嫌犯罪案件。

### 一、主体资格证据

包括：（1）营业执照或者其他主体资格证明文件（事业单位法人登记证等）；（2）药品生产许可证、药品 GMP 证书、药品经营许可证、药品 GSP 证书、医疗机构执业许可证、血液制品药品批准证明文件等复印件；（3）药品生产企业、药品经营企业、医疗机构的法定代表人、负责人、直接负责的主管人员和其他直接责任人员身份证复印件等；（4）无法取得违法行为人的身份证复印件的，调取驾驶执照、户口本、护照、社保卡等其他能够间接证明违法行为人身份的凭证复印件；（5）对无法提供任何身份证明的违法相对人，现场应进行头像拍照和摄像（若不具备条件，要拍摄出能清晰反映当事人面部及形体特征的照片），并在现场检查笔录和询问调查笔录中注明情况，对性别、年龄进行初步记录。

**二、现场检查笔录**

现场检查笔录应当载明以下事项：

1. 现场检查的时间、地点，执法人员姓名，执法证号等。

2. 违法相对人的主体资质情况。包括持有证照证情况、经营范围、取得药品批准文号情况、法定代表人和陪同检查人员身份信息情况，以及现场发现主要从事违法活动的人员数量及身份信息情况。如违法相对人设立了组织机构或进行了职责分工，还应记录药品质量控制部门主管人员或直接负责人的职责分工和个人信息情况。

3. 现场检查时发现的涉及违法相对人从事违法生产销售活动的情况。包括：（1）生产车间、原料库房、成品库房情况，销售现场情况，现场的相关涉案物品、票据（包括相关的各种合同、进销存票据、生产记录、销售记录、账目记录、收支发票、销售范围资料等），电脑中的相关资料；（2）能够证明涉案血液制品原料、辅料、药品包装标签、说明书、血液制品成品来源的材料（包括生产商或供货商资质、出厂检验报告、产品合格证明、购销合同等）；（3）制作血液制品使用不符合国家规定的药品、诊断试剂、卫生器材，或者重复使用一次性采血器材采集血液，应描述血液制品原料、辅料、药品包装、标签和说明书的存放位置、数量及储存和使用情况；（4）为制作血液制品提供资金、贷款、账号、发票、证明、许可证件的情况；提供生产、经营场所、设备或者运输、储存、保管、邮寄、网络销售渠道等便利条件的情况；提供广告宣传等帮助行为的情况。

4. 现场检查时发现的违法行为和客观危害程度。包括：（1）实施违法行为的持续时间、具体地点；（2）涉案血液制品的名称、种类、标明的批准文号、生产批号、有效期等信息；（3）涉案血液制品的数量、单价、货值金额、销售金额、违法所得；（4）涉案血液制品销售范围、适用人群、功能主治；（5）涉案血液制品原料、辅料的种类、含量。

5. 查封扣押物品情况和先行登记保存物品情况。

**三、询问调查笔录及当事人陈述**

1. 调查询问的时间、地点，执法人员姓名，执法证号，被调查人的基本情况和企业授权被调查人接受调查的情况。

2. 当事人的主体资质情况，包括取得营业执照和药品生产许可证、药品 GMP 证书、药品经营许可证、药品 GSP 证书、医疗机构执业许可证的情况，生产经营的具体范围，是否取得药品批准文号，药品执行标准等。

3. 询问调查实施非法制作、供应血液制品行为的基本情况。包括下类四类。

血液制品的基本情况：（1）血液制品原料、辅料的物理和化学特性，包括名称、颜色、气味、形态等；（2）血液制品的包装容器、标签标识、储存方式情况；（3）血液制品的名称、标明的批准文号、适用人群、功能主治、使用方法、生产批号、有效期等。

血液制品的原料血液、辅料的购进情况：（1）涉案血液制品的原料血液、辅料的购进数量、价格、购进渠道；（2）是否进行进货查验并进行相关记录；（3）是否取得生产商资质、出厂检验报告、产品合格证明、购销合同、支付价款和取得发票情况。

血液制品的制作情况：（1）生产涉案血液制品的名称、种类及数量、库存数量、生产时间、生产批次等；（2）生产涉案血液制品的具体工艺流程、技术标准；（3）血液制品原料血液、辅料和包装材料、标签的使用数量、库存数量、储存位置、经手人（包括接收人、领用人、使用人）情况。

血液制品的供应情况：（1）涉案血液制品的名称、种类及销售、库存数量，销售行为持续时间，销售去向，货值金额及销售金额；（2）涉案血液制品的来源情况（自行生产或委托生产，从生产商、中间商或个人处购进）。

4. 违法行为客观危害性程度的基本情况。包括：（1）实施违法行为的持续时间、销售区域；（2）涉案血液制品种类、销售范围、适用人群；（3）涉案血液制品的数量、货值金额、销售金额、违法所得。

5. 当事人对于违法行为的主观心理状态（是否明知）的情况。包括：（1）当事人是否知道涉案产品属于血液制品的情况，是否知晓对于"非法制作、供应血液制品"的禁止性规定；（2）当事人是否以明显低于市场价格购进血液制品原料血液、辅料或以明显低于市场价格销售血液制品；（3）当事人是否对其生产销售的血液制品进行检验，是否有不合格检验报告和对不合格检验报告的处置情况；（4）当事人是否曾经受到涉案血液制品发生危害后果的投诉举报、收到要求召回血液制品的通知，是否因非法制作、提供血液制品受到过行政处罚等；（5）生产销售人员在执法人员检查时，是否有逃跑、抗拒检查等行为，是否在现场查获生产销售的血液制品；

（6）是否在偏远、隐蔽场所制造，或者采取对制造设备进行伪装等方式制作血液制品。

**四、证人证言**

在行政机关需要或者条件允许的情况下，可向当事人以外的了解案件有关情况的人取得用来证明案件待证事实的陈述，从而帮助行政机关进一步了解案件事实经过、违法行为实施人、相关责任人员及其他内容。

固定证人证言要求：（1）写明证人的姓名、年龄、性别、职业、住址等基本情况；（2）有证人的签名，不能签名的，应当以捺手印或盖章等方式证明；（3）注明出具日期；（4）附有居民身份证复印件等证明证人身份的文件。

**五、证明违法行为人是否依法履行生产经营过程控制法定义务的证据**

包括：（1）血液制品生产企业是否严格执行药品生产质量管理规范的规定；（2）血液制品经营企业是否严格执行药品经营质量管理规范的规定；（3）医疗机构是否严格执行血液制品管理和使用的相关规定。

**六、涉案物品和工具**

包括：（1）涉案血液制品；（2）涉案血液制品的原料血液、辅料；（3）用于违法生产经营的药品技术资料、包装材料、标签和药品说明书；（4）用于违法生产经营的工具、设备等物品，包括使用不符合国家规定的药品、诊断试剂、卫生器材等【**注**：应当附有查封扣押、先行登记保存、检验（检测、检疫、鉴定）情况。包括《先行登记保存证据通知书》《实施行政强制措施决定书》《场所/设施/财物清单》《抽样记录》《检测/检验/检疫/鉴定委托书》《检测/检验/检疫/鉴定期间告知书》《检测/检验/检疫/鉴定结果告知书》】。

### 七、购销合同、票据和相关记录

1. 血液制品制作（生产）环节：与血液制品原料、辅料、包装材料、标签、说明书和药品成品相关的购销合同、进货（查验）记录、入库记录、使用记录、生产记录、销售记录、统计报表、会计账册、收支凭证、票据等证明案件事实与危害程度的书面材料。

2. 血液制品供应（销售）环节：与供应（销售）血液制品相关的购销合同、供应商证照资质、产品资质、进货（查验）记录、销售记录、销售价签、销售发票、会计账册、收支凭证等书面材料。

3. 血液制品使用环节：与使用血液制品有关的购进记录、储存记录、出库记录、门诊记录、处方笺、销售票据等证明案件事实与危害程度的书面材料。

### 八、产品检验报告

包括：（1）血液制品药品原料、辅料检验报告；（2）血液制品出厂检验报告；（3）省级以上药品监督管理部门设置或者确定的药品检验机构出具的血液制品检验报告；（4）地市级以上药品监督管理部门出具的认定意见等相关材料【注：以上四种，并非可全部获取的证据】。

### 九、鉴定意见或专家论证意见

应当由具有司法鉴定资格的机构出具鉴定意见。无法出具鉴定意见的，以专家论证意见为准。

### 十、执法照片及视听资料

1. 执法照片，主要包括违法行为发生地照片、现场检查情形的照片、产品照片、法定代表人和主要负责人照片。执法照片应当注明拍摄的具体时间、地点，并由执法人员和当事人签字确认。

2. 视听资料，是指以录音、录像所反映的声音、形象、所提供的资料来证明案件真实情况的证据。

主要包括：（1）当事人监控录像显示关于制作、供应血液制品的视听资料；（2）执法记录仪、录像设备、录音设备记录的有关违法行为的视听资料；（3）有关违法行为的通话录音。

制作和调取视听资料的规则：（1）在进行录音录像时，一般应当公开进行。若因查处违法行为，需要进行秘密录音录像的，应当不违反法律规定，且不得侵害当事人的合法权益；（2）提取有关资料的原始载体。提取原始载体确有困难的，可以提取复制件；（3）注明制作方法、制作时间、制作人和证明对象等；（4）声音资料应当附有该声音内容的文字记录。

## 十一、电子证据

包括违法相对人电脑或其他信息化载体（如手持销售终端等）中有关血液制品原料、辅料购进、生产、销售行为的电子数据和记录；有关电子台账，生产、加工与销售记录和监控录像显示关于非法制作、供应血液制品违法行为的电脑存储文件等。

## 十二、其他证据

包括：（1）提供生产、经营场所、设备或者运输、储存、保管、邮寄、网络销售渠道等便利条件的合同或协议；（2）对人体健康造成严重危害、其他严重情节的情况报告或其他书面材料。（3）当事人是否因非法制作、供应血液制品或制作、供应血液制品造成危害他人身体健康后果的违法行为在两年内受到食品药品监管部门行政处罚的情况，如有，需附行政处罚决定书。

# 三、公安机关证据收集

## 【证据清单】

### （一）证明犯罪嫌疑人身份、人数等主体方面的证据

非法制作、供应血液制品案件的犯罪主体为一般主体。自然人

实施犯罪行为需要追究刑事责任的必须已满16周岁，并具有刑事责任能力。根据刑法规定，单位不能成为此类案件的犯罪主体。如果是单位实施此类犯罪的，仅追究相关自然人的刑事责任。

证明自然人主体资格的证据材料，包括犯罪嫌疑人的身份信息材料、前科材料、刑事责任能力材料等。

证明单位主体的证据材料，包括证明单位的名称、住所地、性质、法定代表人、单位负责人、业务范围、成立时间和单位法定代表人、单位负责人或直接责任人员等的身份证明材料。

**（二）证明犯罪嫌疑人主观方面的证据**

非法、制作血液制品罪的责任形式为故意，即行为人明知制作、供应的血液制品不符合国家规定的标准，仍然予以制作、供应。不要求行为人出于特定目的。

1. 证明犯罪嫌疑人主观明知的证据

包括：（1）收集证明犯罪嫌疑人非法制作、供应血液制品动机、目的及预谋情况的证据。（2）收集证明血液制品销售价格明显低于市场价格且无合理原因的证据。（3）收集证明犯罪嫌疑人无合法手续、未经过批准、违反规定制作、供应或者证明犯罪嫌疑人伪造、变造、非法获取批准文号等证明文件的相关证据。（4）收集证明犯罪嫌疑人故意逃避检查或属于受过行政或刑事处罚后再次制作、供应血液制品的证据。（5）收集证明犯罪嫌疑人隐匿、销毁涉案血液制品、财务账册等相关证据。

2. 证明为非法制作、供应血液制品提供条件的共同犯罪嫌疑人主观故意的证据

收集能够证明犯罪嫌疑人知道或者应当知道他人实施了非法制作、供应血液制品的犯罪行为，仍然为其提供了资金、贷款、账号、发票、证明、许可证，或者提供生产、经营场所、设备或运

输、储存、保管、邮寄、网络销售渠道等便利条件，或者提供生产技术、原料、辅料、包装材料、标签、说明书，或者提供广告宣传等帮助的证据。

**（三）证明犯罪嫌疑人实施危害行为的证据**

收集能够证明实施未经国家主管部门批准或者超过批准的业务范围，制作、供应各种人血浆蛋白制品，不符合国家规定标准，足以危害人体健康行为的证据。

1. 制作、供应的血液制品含有艾滋病病毒、乙型肝炎病毒、丙型肝炎病毒、梅毒螺旋体等病原微生物，或者将含有上述病原微生物的血液用于制作血液制品；

2. 使用不符合国家规定的药品、诊断试剂、卫生器材，或者重复使用一次性采血器材采集血液，造成传染病传播危险；

3. 其他不符合国家有关制作、供应血液制品的规定标准，足以危害人体健康的情形或者对人体健康造成严重危害的情形。

**【适用法律规定】**

**一、《刑法》条文**

**第三百三十四条【非法采集、供应血液、制作、供应血液制品罪】** 非法采集、供应血液或者制作、供应血液制品，不符合国家规定的标准，足以危害人体健康的，处五年以下有期徒刑或者拘役，并处罚金；对人体健康造成严重危害的，处五年以上十年以下有期徒刑，并处罚金；造成特别严重后果的，处十年以上有期徒刑或者无期徒刑，并处罚金或者没收财产。

**【采集、供应血液、制作、供应血液制品事故罪】** 经国家主管部门批准采集、供应血液或者制作、供应血液制品的部门，不依照规定进行检测或者违背其他操作规定，造成危害他人身体健康后果的，对单位判处罚金，并对其直接负责的主管人员和其他直接责任人员，处五年以下有期徒刑或者拘役。

二、司法解释

1. 2008 年 6 月 25 日《最高人民检察院、公安部关于公安机关管辖的刑事案件立案追诉标准的规定（一）》

第五十四条　非法采集、供应血液或者制作、供应血液制品，涉嫌下列情形之一的，应予立案追诉：

（一）采集、供应的血液含有艾滋病病毒、乙型肝炎病毒、丙型肝炎病毒、梅毒螺旋体等病原微生物的；

（二）制作、供应的血液制品含有艾滋病病毒、乙型肝炎病毒、丙型肝炎病毒、梅毒螺旋体等病原微生物，或者将含有上述病原微生物的血液用于制作血液制品的；

（三）使用不符合国家规定的药品、诊断试剂、卫生器材，或者重复使用一次性采血器材采集血液，造成传染病传播危险的；

（四）违反规定对献血者、供血浆者超量、频繁采集血液、血浆，足以危害人体健康的；

（五）其他不符合国家有关采集、供应血液或者制作、供应血液制品的规定，足以危害人体健康或者对人体健康造成严重危害的情形。

未经国家主管部门批准或者超过批准的业务范围，采集、供应血液或者制作、供应血液制品的，属于本条规定的"非法采集、供应血液、制作、供应血液制品"。

本条和本规定第五十二条、第五十三条、第五十五条规定的"血液"，是指全血、成分血和特殊血液成分。

本条和本规定第五十五条规定的"血液制品"，是指各种人血浆蛋白制品。

**2. 2008 年 9 月 23 日《最高人民法院、最高人民检察院关于办理非法采供血液等刑事案件具体应用法律若干问题的解释》**

**第一条** 对未经国家主管部门批准或者超过批准的业务范围，采集、供应血液或者制作、供应血液制品的，应认定为刑法第三百三十四条第一款规定的"非法采集、供应血液或者制作、供应血液制品"。

**第二条** 对非法采集、供应血液或者制作、供应血液制品，具有下列情形之一的，应认定为刑法第三百三十四条第一款规定的"不符合国家规定的标准，足以危害人体健康"，处 5 年以下有期徒刑或者拘役，并处罚金：

（一）采集、供应的血液含有艾滋病病毒、乙型肝炎病毒、丙型肝炎病毒、梅毒螺旋体等病原微生物的；

（二）制作、供应的血液制品含有艾滋病病毒、乙型肝炎病毒、丙型肝炎病毒、梅毒螺旋体等病原微生物，或者将含有上述病原微生物的血液用于制作血液制品的；

（三）使用不符合国家规定的药品、诊断试剂、卫生器材，或者重复使用一次性采血器材采集血液，造成传染病传播危险的；

（四）违反规定对献血者、供血浆者超量、频繁采集血液、血浆，足以危害人体健康的；

（五）其他不符合国家有关采集、供应血液或者制作、供应血液制品的规定标准，足以危害人体健康的。

**第三条** 对非法采集、供应血液或者制作、供应血液制品，具有下列情形之一的，应认定为刑法第三百三十四条第一款规定的"对人体健康造成严重危害"，处五年以上十年以下有期徒刑，并处罚金：

（一）造成献血者、供血浆者、受血者感染乙型肝炎病毒、丙型肝炎病毒、梅毒螺旋体或者其他经血液传播的病原微生物的；

（二）造成献血者、供血浆者、受血者重度贫血、造血功能障碍或者其他器官组织损伤导致功能障碍等身体严重危害的；

（三）对人体健康造成其他严重危害的。

**第四条**　对非法采集、供应血液或者制作、供应血液制品，具有下列情形之一的，应认定为刑法第三百三十四条第一款规定的"造成特别严重后果"，处十年以上有期徒刑或者无期徒刑，并处罚金或者没收财产：

（一）因血液传播疾病导致人员死亡或者感染艾滋病病毒的；

（二）造成五人以上感染乙型肝炎病毒、丙型肝炎病毒、梅毒螺旋体或者其他经血液传播的病原微生物的；

（三）造成五人以上重度贫血、造血功能障碍或者其他器官组织损伤导致功能障碍等身体严重危害的；

（四）造成其他特别严重后果的。

**第八条**　本解释所称"血液"，是指全血、成分血和特殊血液成分。

本解释所称"血液制品"，是指各种人血浆蛋白制品。

本解释所称"采供血机构"，包括血液中心、中心血站、中心血库、脐带血造血干细胞库和国家卫生行政主管部门根据医学发展需要批准、设置的其他类型血库、单采血浆站。

# 制作、供应血液制品事故罪

《刑法》第 334 条规定了非法采集、供应血液、制作、供应血液制品罪和采集、供应血液、制作、供应血液制品事故罪。食品药品监管部门有所涉及的为非法制作、供应血液制品罪和制作、供应血液制品事故罪。制作、供应血液制品事故罪，是指经国家主管部门批准制作、供应血液制品的部门，不依照规定进行检测或者违背其他操作规定，造成危害他人身体健康后果的行为。

## 一、刑事立案标准

根据《刑法》第 334 条、《刑事诉讼法》第 112 条及《最高人民检察院、公安部关于公安机关管辖的刑事案件立案追诉标准的规定（一）》第 54、55 条，经国家主管部门批准制作、供应血液制品的部门，不依照规定进行检测或者违背其他操作规定，涉嫌下列情形之一的，应予立案追诉：（1）造成献血者、供血浆者、受血者感染艾滋病病毒、乙型肝炎病毒、丙型肝炎病毒、梅毒螺旋体或者其他经血液传播的病原微生物；（2）造成献血者、供血浆者、受血者重度贫血、造血功能障碍或者其他器官组织损伤导致功能障碍等身体严重危害；（3）其他造成危害他人身体健康后果的情形。

经国家主管部门批准的采供血机构和血液制品生产经营单位，属于"经国家主管部门批准制作、供应血液制品的部门"。"采供血机构"包括血液中心、中心血站、脐带血造血干细胞库和国家卫生行政主管部门根据医学发展需要批准、设置的其他类型血库、单采血浆站。"血液制品",是指各种人血浆蛋白制品。

在办理血液制品行政处罚案件时,经国家主管部门批准制作、供应血液制品的部门,不依照规定进行检测或者违背其他操作规定,涉嫌上述三种情形之一的,行政机关应向公安机关移送案件。

具有下列情形之一的,属于"不依照规定进行检测或者违背其他操作规定":(1)血站未用两个企业生产的试剂对艾滋病病毒抗体、乙型肝炎病毒表面抗原、丙型肝炎病毒抗体、梅毒抗体进行两次检测;(2)单采血浆站不依照规定对艾滋病病毒抗体、乙型肝炎病毒表面抗原、丙型肝炎病毒抗体、梅毒抗体进行检测;(3)血液制品生产企业在投料生产前未用主管部门批准和检定合格的试剂进行复检;(4)血站、单采血浆站和血液制品生产企业使用的诊断试剂没有生产单位名称、生产批准文号或者经检定不合格;(5)采供血机构在采集检验样本、采集血液和成分血分离时,使用没有生产单位名称、生产批准文号或者超过有效期的一次性注射器等采血器材;(6)不依照国家规定的标准和要求包装、储存、运输血液、原料血浆;(7)对国家规定检测项目结果呈阳性的血液未及时按照规定予以清除;(8)不具备相应资格的医务人员进行采血、检验操作;(9)对献血者、供血浆者超量、频繁采集血液、血浆;(10)采供血机构采集血液、血浆前,未对献血者或者供血浆者进行身份识别,采集冒名顶替者、健康检查不合格者血液、血浆的;(11)血站擅自采集原料血浆,单采血浆站擅自采集临床用血或者向医疗机构供应原料血浆的;(12)重复使用一次性采血器材;(13)其他不依照规定进行检测或者违背操作规定。

# 二、行政执法机关证据、材料收集、移送

## 【证据材料类型清单】

### （一）主体身份证据

1. 证明目的

证明行政违法相对人主体为经国家主管部门批准的血液制品生产经营单位的身份、资质等。

2. 证据类型

包括：（1）身份资质证据，包括营业执照或者其他主体资格证明文件（事业单位法人登记证等）、药品生产许可证、药品 GMP 证书、药品经营许可证、药品 GSP 证书、医疗机构执业许可证等复印件；血液制品（即各种人血浆蛋白制品）的药品批准文件、药品质量标准等材料；药品生产企业、药品经营企业、医疗机构及其法定代表人、负责人、直接负责的主管人员和其他直接责任人员身份证复印件等。（2）现场检查笔录。（3）询问调查笔录。（4）视听资料。（5）其他证据。

### （二）违法行为证据

1. 证明目的

证明制作、供应血液制品（即各种人血浆蛋白制品）的部门不依照规定进行检测或者违背其他操作规定，造成危害他人身体健康后果的行为。

不依照规定进行检测或者违背其他操作规定主要包括：（1）血液制品生产企业在投料生产前未用主管部门批准和检定合格的试剂进行复检；（2）血液制品生产企业使用的诊断试剂没有生产单位名称、生产批准文号或者经检定不合格。

造成危害他人身体健康后果包括：（1）造成受血者感染艾滋病

病毒、乙型肝炎病毒、丙型肝炎病毒、梅毒螺旋体或者其他经血液传播的病原微生物；（2）造成受血者重度贫血、造血功能障碍或者其他器官组织损伤导致功能障碍等身体严重危害。

2. 证据类型

包括：（1）涉案物品，包括涉案血液制品；涉案血液制品的血液；涉案血液制品的包装材料、标签和说明书；用于违法生产经营假药的工具、设备等物品，包括不符合国家规定的药品、诊断试剂、卫生器材等。（2）购销合同、随货同行单、票据和相关记录及复印件。（3）现场检查笔录。（4）询问调查笔录。（5）视听资料。（6）电子数据。（7）当事人陈述。（8）证人证言。（9）检验报告，系由省级以上食品药品监督管理部门设置或者确定的药品检验机构的检验报告。（10）地市级以上药品监督管理部门出具的认定意见等相关材料。（11）鉴定意见或专家论证意见书。（12）其他证据。

**（三）主观方面证据**

1. 证明目的

证明行政违法相对人具有违法故意。违法故意可以通过询问主观心理状态和调查未履行血液制品质量安全法定义务进行证明。

2. 证据类型

包括：（1）询问调查笔录；（2）证人证言；（3）其他证据。

**（四）危害后果证据**

1. 证明目的

证明行政违法相对人违法行为客观危害的程度，即制作、供应的血液制品造成危害他人身体健康后果的情形。包括：（1）实施违法行为持续时间、具体地点；（2）涉案血液制品的种类、数量、销售范围、购进单价、销售单价、销售金额、货值金额、违法所得；（3）适用人群是否属于老人、孕产妇、婴幼儿、儿童和其他特定人群；（4）涉案血液制品的基本情况说明，包括含有病原微生物情况、对人体可能造成的危害等；（5）造成受血者感染艾滋病病毒、乙型肝炎病毒、丙型肝炎病毒、梅毒螺旋体或者其他经血液传播的病原微生物，或者造成受血者重度贫血、造血功能障碍或者其他器官组织损伤导致功能障碍等身体严重危害，或者造成其他危害他人身体健康后果。

2. 证据类型

包括：（1）现场检查笔录；（2）询问调查笔录；（3）现场检查照片及其他视听资料；（4）购进合同、销售、场地租赁合同等；（5）购、销相关票据或者生产、使用、销售记录；（6）省级以上食品药品监督管理部门设置或者确定的药品检验机构出具的检验报告；（7）查封扣押文书或先行登记保存文书；（8）新闻媒体、社会公众披露或其他部门移送的关于药品危害事件或后果的并经确认属实的相关信息；（9）鉴定意见或者专家论证意见；（10）地市级以上药品监督管理部门出具的认定意见等相关材料；（11）其他证据。

【操作指引】

本规范列明了在违法事实清楚、证据确实充分的情况下执法人员应当和能够调取的全部证据。在实际工作中由于各种客观情况，本规范列明的证据并非可以全部取得。《刑事诉讼法》第109条规定："公安机关或者人民检察院发现犯罪事实或者犯罪嫌疑人，应当按照管辖范围，立案侦查。"行政机关只要能够认定或者间接认定违法相对人有违法行为，证明有犯罪事实需要追究刑事责任的，即可向公安机关移送涉嫌犯罪案件。

## 一、主体资格证据

包括：（1）营业执照或者其他主体资格证明文件（事业单位法人登记证等）；（2）药品生产许可证、药品 GMP 证书、药品经营许可证、药品 GSP 证书、医疗机构执业许可证、血液制品药品批准证明文件等复印件；（3）药品生产企业、药品经营企业、医疗机构的法定代表人、负责人、直接负责的主管人员和其他直接责任人员身份证复印件等；（4）无法取得违法行为人的身份证复印件的，调取驾驶执照、户口本、护照、社保卡等其他能够间接证明违法行为人身份的凭证复印件；（5）对无法提供任何身份证明的违法相对人，现场应进行头像拍照和摄像（若不具备条件，要拍摄出能清晰反映当事人面部及形体特征的照片），并在现场检查笔录和询问调查笔录中注明情况，对性别、年龄进行初步记录。

## 二、现场检查笔录

现场检查笔录应当载明以下事项：

1. 现场检查的时间、地点，执法人员姓名，执法证号等。

2. 违法相对人的主体资质情况。包括持有证照情况、经营范围、取得药品批准文号情况、法定代表人和陪同检查人员身份信息情况，以及现场发现主要从事违法活动的人员数量及身份信息情况。如违法相对人设立了组织机构或进行了职责分工，还应记录药品质量控制部门主管人员或直接负责人的职责分工和个人信息情况。

3. 现场检查时发现的涉及违法相对人从事违法生产销售活动的情况。包括：（1）生产车间、原料库房、成品库房情况，销售现场情况，现场的相关涉案物品、票据（包括相关的各种合同、进销存票据、生产记录、销售记录、账目记录、收支发票、销售范围资料等），电脑中的相关资料；（2）能够证明涉案血液制品原料血浆、辅料、药品包装标签、说明书、血液制品成品来源的材料（包括生产商或供货商资质、出厂检验报告、产品合格证明、购销合同等）；(3) 制作血液制品使用不符合国家规定的药品、诊断试剂、卫生器材，或者重复使用一次性采血器材采集血液，应描述血液制品原料、辅料、药品包装、标签和说明书的存放位置、数量及储存和使用情况；(4) 不依照规定进行检测或者违背其他操作规定的情况：血液制品生产企业在投料生产前未用主管部门批准和检定合格的试剂进行复检的；血液制品生产企业使用的诊断试剂没有生产单位名称、生产批准文号或者经检定不合格的；其他不依照规定进行检测或者违背操作规定的。

4. 现场检查时发现的违法行为和客观危害程度。包括：(1) 实施违法行为的持续时间、具体地点；(2) 涉案血液制品的名称、种类、标明的批准文号、生产批号、有效期等信息；(3) 涉案血液制品的数量、单价、货值金额、销售金额、违法所得；(4) 涉案血液制品销售范围、适用人群、功能主治；(5) 涉案血液制品原料血浆、辅料的种类、含量。

5. 查封扣押物品情况和先行登记保存物品情况。

**三、询问调查笔录及当事人陈述**

1. 调查询问的时间、地点，执法人员姓名，执法证号，被调查人的基本情况和企业授权被调查人接受调查的情况。

2. 当事人的主体资质情况，包括取得营业执照和药品生产许可证、药品 GMP 证书、药品经营许可证、药品 GSP 证书、医疗机构执业许可证的情况，生产经营的具体范围，是否取得药品批准文号，药品执行标准等。

3. 询问调查实施非法制作、供应血液制品行为的基本情况。包括以下五类。

血液制品的基本情况：（1）血液制品原料、辅料的物理和化学特性，包括名称、颜色、气味、形态等；（2）血液制品的包装容器、标签标识、储存方式情况；（3）血液制品的名称、标明的批准文号、适用人群、功能主治、使用方法、生产批号、有效期等。

血液制品的原料血液、辅料的购进情况：（1）涉案血液制品的原料血液、辅料的购进数量、价格、购进渠道；（2）是否进行进货查验并进行相关记录；（3）是否取得生产商资质、出厂检验报告、产品合格证明、购销合同、支付价款和取得发票情况。

血液制品的制作情况：（1）生产涉案血液制品的名称、种类及数量、库存数量、生产时间、生产批次等；（2）生产涉案血液制品的具体工艺流程、技术标准；（3）血液制品原料血液、辅料和包装材料、标签的使用数量、库存数量、储存位置、经手人（包括接收人、领用人、使用人）情况。

血液制品的供应情况：（1）涉案血液制品的名称、种类及销售、库存数量，销售行为持续时间，销售去向，货值金额及销售金额；（2）涉案血液制品的来源情况（自行生产或委托生产，从生产商、中间商或个人处购进）。

不依照规定进行检测或者违背其他操作规定的情况：（1）血液制品生产企业在投料生产前未用主管部门批准和检定合格的试剂进行复检；（2）血液制品生产企业使用的诊断试剂没有生产单位名称、生产批准文号或者经检定不合格。

4. 违法行为客观危害性程度的基本情况。包括：（1）实施违法行为的持续时间、销售区域；（2）涉案血液制品种类、销售范围、适用人群；（3）涉案血液制品的数量、货值金额、销售金额、违法所得。

5. 当事人对于违法行为的主观心理状态（是否明知）的情况。

包括：（1）当事人是否知道涉案产品属于血液制品的情况，是否知晓对于"非法制作、供应血液制品"的禁止性规定；（2）当事人是否以明显低于市场价格购进血液制品原料血浆、辅料或以明显低于市场价格销售血液制品；（3）当事人是否依照规定进行检测或者违背其他操作规定，是否对其生产销售的血液制品进行检验，是否有不合格检验报告和对不合格检验报告的处置情况；（4）当事人是否曾经受到涉案血液制品发生危害后果的投诉举报、收到要求召回血液制品通知，是否因非法制作、提供血液制品受到过行政处罚等；（5）生产销售人员在执法人员检查时，是否有逃跑、抗拒检查等行为，是否在现场查获生产销售的血液制品；（6）是否在偏远、隐蔽场所制造，或者采取对制造设备进行伪装等方式制作血液制品。

## 四、证人证言

在行政机关需要或者条件允许的情况下，可向当事人以外的了解案件有关情况的人取得用来证明案件待证事实的陈述，从而帮助行政机关进一步了解案件事实经过、违法行为实施人、相关责任人员及其他内容。

固定证人证言要求：（1）写明证人的姓名、年龄、性别、职业、住址等基本情况；（2）有证人的签名，不能签名的，应当以捺手印或盖章等方式证明；（3）注明出具日期；（4）附有居民身份证复印件等证明证人身份的文件。

## 五、证明违法行为人是否依法履行生产经营过程控制法定义务的证据

包括：（1）血液制品生产企业是否严格执行药品生产质量管理规范的规定；（2）血液制品经营企业是否严格执行药品经营质量管理规范的规定；（3）医疗机构是否严格执行血液制品管理和使用的相关规定。

### 六、涉案物品和工具

包括：（1）涉案血液制品；（2）涉案假药的原料血浆、辅料；（3）用于违法生产经营的药品技术资料、包装材料、标签和药品说明书；（4）用于违法生产经营的工具、设备等物品，包括使用不符合国家规定的药品、诊断试剂、卫生器材等【注：应当附有查封扣押、先行登记保存、检验（检测、检疫、鉴定）情况。包括《先行登记保存证据通知书》《实施行政强制措施决定书》《场所/设施/财物清单》《抽样记录》《检测/检验/检疫/鉴定委托书》《检测/检验/检疫/鉴定期间告知书》《检测/检验/检疫/鉴定结果告知书》】。

### 七、购销合同、票据和相关记录

1. 血液制品制作（生产）环节：与血液制品原料、辅料、包装材料、标签和说明书、药品成品相关的购销合同、进货（查验）记录、入库记录、使用记录、生产记录、销售记录、统计报表、会计账册、收支凭证、票据等证明案件事实与危害程度的书面材料。

2. 血液制品供应（销售）环节：与供应（销售）血液制品相关的购销合同、供应商证照资质、产品资质、进货（查验）记录、销售记录、销售价签、销售发票、会计账册、收支凭证等书面材料。

3. 血液制品使用环节：与使用血液制品有关的购进记录、储存记录、出库记录、门诊记录、处方笺、销售票据等证明案件事实与危害程度的书面材料。

### 八、产品检验报告

包括：（1）血液制品药品原料血浆、辅料检验报告；（2）血液制品出厂检验报告；（3）省级以上药品监督管理部门设置或者确定的药品检验机构出具的血液制品检验报告；（4）地市级以上药品监督管理部门出具的认定意见等相关材料【注：以上四种，并非可全部获取的证据】。

## 九、鉴定意见或专家论证意见

具有司法鉴定资格的机构出具的鉴定意见。无法出具鉴定意见的，以专家论证意见为准。

## 十、执法照片及视听资料

1. 执法照片，主要包括违法行为发生地照片、现场检查情形的照片、产品照片、法定代表人和主要负责人照片。执法照片应当注明拍摄的具体时间、地点，并由执法人员和当事人签字确认。

2. 视听资料，是指以录音、录像所反映的声音、形象、所提供的资料来证明案件真实情况的证据。主要包括：（1）当事人监控录像显示关于制作、供应血液制品的视听资料；（2）执法记录仪、录像设备、录音设备记录的有关违法行为的视听资料；（3）有关违法行为的通话录音。

制作和调取视听资料的规则：（1）在进行录音录像时，一般应当公开进行。若因查处违法行为，需要进行秘密录音录像的，应当不违反法律规定，且不得侵害当事人的合法权益；（2）提取有关资料的原始载体，提取原始载体确有困难的，可以提取复制件；（3）注明制作方法、制作时间、制作人和证明对象等；（4）声音资料应当附有该声音内容的文字记录。

## 十一、电子证据

包括违法相对人电脑或其他信息化载体（如手持销售终端等）中有关血液制品原料、辅料购进、生产、销售行为的电子数据和记录；有关电子台账，生产、加工与销售记录和监控录像显示关于制作、供应血液制品违法行为的电脑存储文件等。

## 十二、其他证据

包括：（1）提供生产、经营场所、设备或者运输、储存、保管、邮寄、网络销售渠道等便利条件的合同或协议；（2）对人体健康造成严重危害、其他严重情节的情况报告或其他书面材料；（3）当事人是否因非法制作、供应血液制品或制作、供应血液制品造成危害他人身体健康后果的违法行为在两年内受到食品药品监管部门行政处罚的情况，如有需附行政处罚决定书。

# 三、公安机关证据收集

## 【证据清单】

### （一）证明犯罪主体方面的证据

制作、供应血液制品事故案件的犯罪主体为单位，并且限于经国家主管部门批准的采供血机构和血液制品生产经营单位。

证明单位犯罪主体的证据材料，包括证明单位的名称、住所地、性质、法定代表人、单位负责人、业务范围、成立时间和单位法定代表人、单位负责人或直接责任人员等的身份证明材料。

### （二）证明犯罪主观方面的证据

制作、供应血液制品事故罪的责任形式为过失，包括疏忽大意的过失与过于自信的过失。疏忽大意的过失常常具体表现为，在制作、供应血液制品事故的发生中，根据相关部门的职责要求，对自己的行为可能造成危害他人身体健康的结果，具有预见可能性，但没有预见。过于自信的过失一般表现为，虽然预见到自己的行为可能给他人身体健康造成危害结果，但是轻信借助自己的技术、经验或有利的客观条件能够避免，因而导致了判断上和行为上的失误，导致发生危害结果。

判断经国家主管部门批准制作、供应血液制品的部门是否具有过失，一般通过其是否依照规定进行检测或者违背其他操作规定进行认定。如果相关部门没有依照规定进行检测或者违背了其他操作规定，推定其具有过失。因此，公安机关应主要收集犯罪单位不依照规定进行检测、违背其他操作规定的证据。

**（三）证明实施危害行为的证据**

收集能够证明犯罪单位不依照规定进行检测或者违背其他操作规定的证据。

包括：（1）血站未用两个企业生产的试剂对艾滋病病毒抗体、乙型肝炎病毒表面抗原、丙型肝炎病毒抗体、梅毒抗体进行两次检测；（2）单采血浆站不依照规定对艾滋病病毒抗体、乙型肝炎病毒表面抗原、丙型肝炎病毒抗体、梅毒抗体进行检测；（3）血液制品生产企业在投料生产前未用主管部门批准和检定合格的试剂进行复检；（4）血站、单采血浆站和血液制品生产企业使用的诊断试剂没有生产单位名称、生产批准文号或者经检定不合格；（5）采供血机构在采集检验标本、采集血液和成分血分离时，使用没有生产单位名称、生产批准文号或者超过有效期的一次性注射器等采血器材；（6）不依照国家规定的标准和要求包装、储存、运输血液、原料血浆；（7）对国家规定检测项目结果呈阳性的血液未及时按照规定予以清除；（8）不具备相应资格的医务人员进行采血、检验操作的；（9）对献血者、供血浆者超量、频繁采集血液、血浆；（10）采供血机构采集血液、血浆前，未对献血者或供血浆者进行身份识别，采集冒名顶替者、健康检查不合格者血液、血浆；（11）血站擅自采集原料血浆，单采血浆站擅自采集临床用血或者向医疗机构供应原料血浆；（12）重复使用一次性采血器材。

**（四）证明造成危害结果的证据**

收集证明犯罪单位造成危害他人身体健康后果的证据。

包括：（1）献血者、供血浆者、受血者感染艾滋病病毒、乙型肝炎病毒、丙型肝炎病毒、梅毒螺旋体或者其他经血液传播的病原微生物；（2）献血者、供血浆者、受血者重度贫血、造血功能障碍或者其他器官组织损伤导致功能障碍等身体严重危害。

**【适用法律规定】**

一、《刑法》条文

**第三百三十四条【非法采集、供应血液、制作、供应血液制品罪】** 非法采集、供应血液或者制作、供应血液制品，不符合国家规定的标准，足以危害人体健康的，处五年以下有期徒刑或者拘役，并处罚金；对人体健康造成严重危害的，处五年以上十年以下有期徒刑，并处罚金；造成特别严重后果的，处十年以上有期徒刑或者无期徒刑，并处罚金或者没收财产。

**【采集、供应血液、制作、供应血液制品事故罪】** 经国家主管部门批准采集、供应血液或者制作、供应血液制品的部门，不依照规定进行检测或者违背其他操作规定，造成危害他人身体健康后果的，对单位判处罚金，并对其直接负责的主管人员和其他直接责任人员，处五年以下有期徒刑或者拘役。

二、司法解释

**1. 2008 年 6 月 25 日《最高人民检察院、公安部关于公安机关管辖的刑事案件立案追诉标准的规定（一）》**

**第五十四条** 本条和本规定第五十二条、第五十三条、第五十五条规定的"血液"，是指全血、成分血和特殊血液成分。

本条和本规定第五十五条规定的"血液制品"，是指各种人血浆蛋白制品。

**第五十五条** 经国家主管部门批准采集、供应血液或者制作、供应血液制品的部门，不依照规定进行检测或者违背其他操作规定，涉嫌下列情形之一的，应予立案追诉：

（一）造成献血者、供血浆者、受血者感染艾滋病病毒、乙型肝炎病毒、丙型肝炎病毒、梅毒螺旋体或者其他经血液传播的病原微生物的；

（二）造成献血者、供血浆者、受血者重度贫血、造血功能障碍或者其他器官组织损伤导致功能障碍等身体严重危害的；

（三）其他造成危害他人身体健康后果的情形。

经国家主管部门批准的采供血机构和血液制品生产经营单位，属于本条规定的"经国家主管部门批准采集、供应血液或者制作、供应血液制品的部门"。采供血机构包括血液中心、中心血站、脐带血造血干细胞库和国家卫生行政主管部门根据医学发展需要批准、设置的其他类型血库、单采血浆站。

具有下列情形之一的，属于本条规定的"不依照规定进行检测或者违背其他操作规定"：

（一）血站未用两个企业生产的试剂对艾滋病病毒抗体、乙型肝炎病毒表面抗原、丙型肝炎病毒抗体、梅毒抗体进行两次检测的；

（二）单采血浆站不依照规定对艾滋病病毒抗体、乙型肝炎病毒表面抗原、丙型肝炎病毒抗体、梅毒抗体进行检测的；

（三）血液制品生产企业在投料生产前未用主管部门批准和检定合格的试剂进行复检的；

（四）血站、单采血浆站和血液制品生产企业使用的诊断试剂没有生产单位名称、生产批准文号或者经检定不合格的；

（五）采供血机构在采集检验样本、采集血液和成分血分离时，使用没有生产单位名称、生产批准文号或者超过有效期的一次性注射器等采血器材的；

（六）不依照国家规定的标准和要求包装、储存、运输血液、原料血浆的；

（七）对国家规定检测项目结果呈阳性的血液未及时按照规定予以清除的；

（八）不具备相应资格的医务人员进行采血、检验操作的；

（九）对献血者、供血浆者超量、频繁采集血液、血浆的；

（十）采供血机构采集血液、血浆前，未对献血者或者供血浆者进行身份识别，采集冒名顶替者、健康检查不合格者血液、血浆的；

（十一）血站擅自采集原料血浆，单采血浆站擅自采集临床用血或者向医疗机构供应原料血浆的；

（十二）重复使用一次性采血器材的；

（十三）其他不依照规定进行检测或者违背操作规定的。

**2. 2008 年 9 月 23 日《最高人民法院、最高人民检察院关于办理非法采供血液等刑事案件具体应用法律若干问题的解释》**

第五条　对经国家主管部门批准采集、供应血液或者制作、供应血液制品的部门，具有下列情形之一的，应认定为刑法第三百三十四条第二款规定的"不依照规定进行检测或者违背其他操作规定"：

（一）血站未用两个企业生产的试剂对艾滋病病毒抗体、乙型肝炎病毒表面抗原、丙型肝炎病毒抗体、梅毒抗体进行两次检测的；

（二）单采血浆站不依照规定对艾滋病病毒抗体、乙型肝炎病毒表面抗原、丙型肝炎病毒抗体、梅毒抗体进行检测的；

（三）血液制品生产企业在投料生产前未用主管部门批准和检定合格的试剂进行复检的；

（四）血站、单采血浆站和血液制品生产企业使用的诊断试剂没有生产单位名称、生产批准文号或者经检定不合格的；

（五）采供血机构在采集检验标本、采集血液和成分血分离时，使用没有生产单位名称、生产批准文号或者超过有效期的一次性注射器等采血器材的；

（六）不依照国家规定的标准和要求包装、储存、运输血液、原料血浆的；

（七）对国家规定检测项目结果呈阳性的血液未及时按照规定予以清除的；

（八）不具备相应资格的医务人员进行采血、检验操作的；

（九）对献血者、供血浆者超量、频繁采集血液、血浆的；

（十）采供血机构采集血液、血浆前，未对献血者或供血浆者进行身份识别，采集冒名顶替者、健康检查不合格者血液、血浆的；

（十一）血站擅自采集原料血浆，单采血浆站擅自采集临床用血或者向医疗机构供应原料血浆的；

（十二）重复使用一次性采血器材的；

（十三）其他不依照规定进行检测或者违背操作规定的。

第六条　对经国家主管部门批准采集、供应血液或者制作、供应血液制品的部门，不依照规定进行检测或者违背其他操作规定，具有下列情形之一的，应认定为刑法第三百三十四条第二款规定的"造成危害他人身体健康后果"，对单位判处罚金，并对其直接负责的主管人员和其他直接责任人员，处五年以下有期徒刑或者拘役：

（一）造成献血者、供血浆者、受血者感染艾滋病病毒、乙型肝炎病毒、丙型肝炎病毒、梅毒螺旋体或者其他经血液传播的病原微生物的；

（二）造成献血者、供血浆者、受血者重度贫血、造血功能障碍或者其他器官组织损伤导致功能障碍等身体严重危害的；

（三）造成其他危害他人身体健康后果的。

第七条　经国家主管部门批准的采供血机构和血液制品生产经营单位，应认定为刑法第三百三十四条第二款规定的"经国家主管部门批准采集、供应血液或者制作、供应血液制品的部门"。

第八条　本解释所称"血液"，是指全血、成分血和特殊血液成分。

本解释所称"血液制品"，是指各种人血浆蛋白制品。

本解释所称"采供血机构"，包括血液中心、中心血站、中心血库、脐带血造血干细胞库和国家卫生行政主管部门根据医学发展需要批准、设置的其他类型血库、单采血浆站。

# 污染环境罪

污染环境罪，是指单位或者个人违反国家有关法律法规，排放、倾倒或者处置有放射性的废物、含传染病病原体的废物、有毒物质或者其他有害物质，严重污染环境的行为。

## 一、刑事立案标准

根据《刑法》第 338 条、《刑事诉讼法》第 112 条及《最高人民检察院、公安部关于公安机关管辖的刑事案件立案追诉标准的规定（一）的补充规定》第 10 条，违反国家规定，排放、倾倒或者处置有放射性的废物、含传染病病原体的废物、有毒物质或者其他有害物质，严重污染环境的，应当立案。

在办理污染环境行政处罚案件时，具有下列情形之一的，行政机关应向公安机关移送案件：（1）在饮用水水源一级保护区、自然保护区核心区排放、倾倒、处置有放射性的废物、含传染病病原体的废物、有毒物质的；（2）非法排放、倾倒、处置危险废物三吨以上的；（3）排放、倾倒、处置含铅、汞、镉、铬、砷、铊、锑的污染物，超过国家或者地方污染物排放标准三倍以上的；（4）排放、倾倒、处置含镍、铜、锌、银、钒、锰、钴的污染物，超过国家或者地方污染物排放标准十倍以上的；（5）通过暗管、渗井、渗坑、裂隙、溶洞、灌注等逃避监管的方式排放、倾倒、处置有放射性的废物、含传染病病原体的废物、有毒物质的；（6）两年内曾因违反国家规定，排放、倾倒、处置有放射性的废物、含传染病病原体的废物、有毒物质受过两次以上行政处罚，又实施前列行为的；（7）重点排污单位篡改、伪造自动监测数据或者干扰自动监测设施，排放化学需氧量、氨氮、二氧化硫、氮氧化物等污染物的；（8）违法减少防治污染设施运行支出一百万元以上的；（9）违法所得或者致使公私财产损失三十万元以上的；（10）造成生态环境严重损害的；（11）致使乡镇以上集中式饮用水水源取水中断十二小时以上的；（12）致使基本农田、防护林地、特种用途林地五亩以上，其他农用地十亩以上，其他土地二十亩以上基本功能丧失或者遭受永久性破坏的；（13）致使森林或者其他林木死亡五十立方米以上，或者幼树死亡二千五百株以上的；（14）致使疏散、转移群众五千人以上的；（15）致使三十人以上中毒的；（16）致使三人以上轻伤、轻度残疾或者器官组织损伤导致一般功能障碍的；（17）致使一人以上重伤、中度残疾或者器官组织损伤导致严重功能障碍的；（18）其他应移送的情形。

"有毒物质"，包括列入国家危险废物名录或者根据国家规定的危险废物鉴别标准和鉴别方法认定的具有危险特性的废物，《关于持久性有机污染物的斯德哥尔摩公约》附件所列物质，含重金属的污染物，以及其他具有毒性可能污染环境的物质。

"非法处置危险废物"，包括无危险废物经营许可证，以营利为目的，从危险废物中提取物质作为原材料或者燃料，并具有超标排放污染物、非法倾倒污染物或者其他违法造成环境污染情形的行为。

"重点排污单位"，是指设区的市级以上人民政府环境保护主管部门依法确定的应当安装、使用污染物排放自动监测设备的重点监控企业及其他单位。

"公私财产损失"，包括直接造成财产损毁、减少的实际价值，为防止污染扩大、消除污染而采取必要合理措施所产生的费用，以及处置突发环境事件的应急监测费用。

"生态环境损害"，包括生态环境修复费用，生态环境修复期间服务功能的损失和生态环境功能永久性损害造成的损失，以及其他必要合理费用。

"无危险废物经营许可证"，是指未取得危险废物经营许可证，或者超出危险废物经营许可证的经营范围。

## 二、行政执法机关证据、材料收集、移送

**【证据材料类型清单】**

**（一）主体身份证据**

1. 证明目的

证明行政违法相对人主体的身份、资质、人数等。

2. 证据类型

包括：（1）身份资质证据，包括营业执照、其他主体资格证明文件（机关或者事业单位法人登记证、社会团体登记证等）、辐射安全许可证（如涉及辐射安全）、危险废物经营许可证（如涉及危险废物）等复印件；企事业单位和其他生产经营者及其法定代表人、负责人、直接负责的主管人员和其他直接责任人员身份证复印件等。（2）现场检查笔录。（3）询问调查笔录。（4）视听资料。（5）其他证据。

**（二）违法行为证据**

1. 证明目的

证明行政违法相对人实施污染环境的行为。在生产经营过程中，违反大气、水、固体废物、辐射、噪声等法律规定，超标排放

污染物；在特定区域排放、倾倒、处置有放射性的废物、含传染病病原体的废物、有毒物质；非法排放、倾倒、处置危险废物三吨以上；排放、倾倒、处置特定污染物超过特定倍数；以逃避监管的方式排放、倾倒、处置有放射性的废物、含传染病病原体的废物、有毒物质；重点排污单位篡改、伪造自动监测数据或者干扰自动监测设施排放特定污染物；两年内曾因违反国家规定，排放、倾倒、处置有放射性的废物、含传染病病原体的废物、有毒物质受过两次以上行政处罚，又实施前列行为；因环境污染造成人身财产损失巨大，甚至人员伤亡或环境安全事故等。

2. 证据类型

包括：（1）涉案物品，包括以固态形式出现的含放射性的废物、含传染病病原体的废物、危险废物等物品；（2）如涉及危险废物或放射性物质，则提供企业的危险废物转移联单、出入库证明和辐射安全管理记录原件及复印件；（3）现场检查笔录；（4）询问调查笔录；（5）视听资料；（6）电子数据；（7）当事人陈述；（8）证人证言；（9）监测报告，包括环境监测站出具的监测报告和国务院环境保护部门指定机构出具的检验报告；（10）认定有毒有害物质、危险废物等涉及专业环保问题的鉴定意见；（11）其他证据。

**（三）主观故意证据**

1. 证明目的

证明行政违法相对人具有违法故意。违法故意可以通过主观心理状态的询问和未履行环境保护法定义务的调查进行证明；行政违法相对人否认具有违法故意的，也可以通过污染环境的违法行为表现、持续时间等客观情况推定其具有主观故意。

2. 证据类型

包括：（1）询问调查笔录；（2）证人证言；（3）其他证据。

### （四）危害后果证据

**1. 证明目的**

证明行政违法相对人违法行为客观危害性的程度，即足以造成排放、倾倒或者处置有放射性的废物、含传染病病原体的废物、有毒物质或者其他有害物质，严重污染环境的危害后果。包括：（1）实施违法行为时间、时长、地点；（2）涉案物品的种类、数量、超标倍数；（3）排放地点是否属于饮用水水源保护区、自然保护区核心区等特定区域；（4）排放污染物是否属于特定污染物；（5）有放射性的废物、含传染病病原体的废物、有毒物质或者其他有害物质的基本情况说明，包括物理和化学特性、对人体可能造成的危害等；（6）出现人身财产损失以及环境安全事故等后果的，证明危害后果状况的证据。

**2. 证据类型**

包括：（1）现场检查笔录；（2）询问调查笔录；（3）现场检查照片及其他视听资料；（4）由环境监测站出具的监测报告或按照国家认证认可的规定取得资质认定的检验机构出具的检验报告；（5）查封扣押文书或先行登记保存文书；（6）新闻媒体、社会公众披露或其他部门移送的关于环境安全事故或者其他严重人身财产损失并经确认属实的相关信息；（7）司法鉴定机构出具的鉴定意见、环保部门指定机构出具的报告或者专家论证意见；（8）其他证据。

## 【操作指引】

本规范列明了在违法事实清楚、证据确实充分的情况下执法人员应当和能够调取的全部证据。在实际工作中由于各种客观情况，本规范列明的证据并非可以全部取得。《刑事诉讼法》第109条规定："公安机关或者人民检察院发现犯罪事实或者犯罪嫌疑人，应当按照管辖范围，立案侦查。"如果环境保护行政主管部门能够认定违法相对人有犯罪行为，或者能够证明有犯罪事实的，即可向公安机关移送涉嫌犯罪案件。

## 一、主体资格证据

包括：（1）营业执照或者其他主体资格证明文件（机关或者事业单位法人登记证、社会团体登记证等）；（2）环境影响评价文件、辐射安全许可证（如涉及辐射安全）、危险废物经营许可证（如涉及危险废物）等复印件；（3）企事业单位法定代表人、负责人、直接负责的主管人员和其他直接责任人员身份证复印件；（4）无法取得违法行为人身份证复印件的，调取驾驶执照、户口本、护照、社保卡等其他能够间接证明违法行为人身份的凭证复印件；（5）对无法提供任何身份证明的违法相对人，现场应进行头像拍照和摄像（若不具备条件，要拍摄出能清晰反映当事人面部及形体特征的照片），在现场检查笔录和询问调查笔录中注明情况，对性别、年龄、进行初步记录。

## 二、现场检查笔录

现场检查笔录应当载明以下事项：

1. 现场检查的时间、地点，执法人员姓名，执法证号等。

2. 违法相对人的主体资质情况。包括持有证照情况、法定代表人和陪同检查人员身份信息情况，以及现场发现主要从事违法活动的人员数量及身份信息情况。如违法相对人设立了组织机构或进行了职责分工，还应记录环境保护主管人员或直接负责人的职责分工和人员信息情况。

3. 现场检查时发现的涉及违法相对人从事违法生产经营活动的情况，包括：（1）企业基本的生产工艺、现场检查时的生产经营情况、污染防治设施安装及运行情况、相关出入库记录、维修记录和电脑中的相关资料；（2）现场对污染物防治设施及其污染物进行检测的取样记录；（3）如有涉案物品，应描述该物品的存放位置、数量及储存、转移和处置情况。

4. 现场检查时发现的违法行为客观危害程度，包括：（1）实施违法行为的持续时间、具体地点；（2）涉案物品的名称、种类、数量；（3）涉案物品的货值金额、违法所得；（4）涉案单位是否为重点排污单位；（5）环境污染是否造成严重人身财产损失或者环境安全事故。

5. 查封扣押物品情况或先行登记保存情况。

**三、询问调查笔录及当事人陈述**

1. 调查询问的时间、地点，执法人员姓名，执法证号，被调查人的基本情况和企业授权被调查人接受调查的情况。

2. 当事人的主体资质情况，包括取得营业执照、辐射安全许可证（如涉及辐射安全）和危险废物经营许可证（如涉及危险废物）的时间，生产经营的具体范围，法定代表人，具体负责人等。

3. 询问调查实施污染环境行为的基本情况。包括时间、地点、企业生产工艺、污染物种类及数量、超标情况、违法行为发生的原因及事后补救措施等。

4. 违法行为客观危害程度的基本情况，即违法行为已经造成严重污染环境的情况。主要包括：（1）实施违法行为的持续时间、具体地点；（2）涉案污染物的名称、种类、数量、超标倍数；（3）涉案物品的货值金额、违法所得；（4）涉案单位是否为重点排污单位；（5）环境污染是否造成人身财产损失或者环境安全事故。

5. 当事人对于违法行为的主观心理状态（是否明知）的情况。包括：（1）当事人是否知晓对于"污染环境罪"的禁止性规定及其法律后果；（2）当事人是否对本单位污染物排放进行过自检自测，是否有不合格检验报告和对不合格检验报告的处置情况；（3）当事人是否收到违法行为发生危害后果的投诉举报、是否受到过行政处罚等；（4）涉案单位人员在执法人员检查时，是否有逃跑、抗拒检查等行为，是否在现场查获污染环境的涉案物品；（5）是否在偏远、隐蔽场所排放，或者采取私设暗管、篡改监测数据等方式进行污染物排放的行为。

## 四、证人证言

在环境保护行政主管部门需要或者条件允许的情况下，可向当事人以外了解案件有关情况的人取得用来证明案件待证事实的陈述，从而帮助环境保护行政主管部门进一步了解案件事实经过、违法行为实施人、相关责任人员及其他内容。

固定证人证言要求：（1）写明证人的姓名、年龄、性别、职业、住址等基本情况；（2）有证人的签名，不能签名的，应当以捺手印或盖章等方式证明；（3）注明出具日期；（4）附有居民身份证复印件等证明证人身份的文件。

## 五、涉案物品和工具

主要指用于违法生产经营的工具、设备、原料等物品【注：应当附有查封扣押、先行登记保存、检验（检测、检疫、鉴定）情况。包括《先行登记保存证据通知书》《实施行政强制措施决定书》《场所/设施/财物清单》《抽样记录》《检测/检验/检疫/鉴定委托书》《检测/检验/检疫/鉴定期间告知书》《检测/检验/检疫/鉴定结果告知书》】。

## 六、相关记录

主要指未按规定对相关设备进行检查和修复，并保存记录。如涉及没收违法所得或处货值金额的罚款，则需提供产品出入库记录、购进记录、销售记录、购进价格、销售价格等书面材料。

## 七、检验报告

包括：（1）证明涉案单位污染物超过排放标准的检验报告；（2）证明违法行为造成人员伤亡的检验报告；（3）证明违法行为造成公私财产损失的检验报告【**注**：以上三种，并非可全部获取的证据】。

## 八、鉴定意见、报告或专家论证意见

鉴定意见指认定有毒有害物质、危险废物等涉及专业环保问题的意见。对案件所涉的环境污染专门性问题难以确定的，依据司法鉴定机构出具的鉴定意见，或者国务院环境保护主管部门、公安部门指定机构出具的报告，结合其他证据作出认定。无法出具鉴定意见、报告的，由环保部门委托相关领域专家进行论证，出具论证意见【**注**：《最高人民法院、最高人民检察院关于办理环境污染刑事案件适用法律若干问题的解释》第14条："对案件所涉的环境污染专门性问题难以确定的，依据司法鉴定机构出具的鉴定意见，或者国务院环境保护主管部门、公安部门指定的机构出具的报告，结合其他证据作出认定"】。

## 九、执法照片和视听资料

1. 执法照片，主要包括违法行为发生地照片、现场检查情形的照片、污染物防治设施照片、法定代表人和主要负责人照片。执法照片应当注明拍摄的具体时间、地点，并由执法人员和当事人签字确认。

2. 视听资料，是指以录音、录像所反映的声音、形象、所提供的资料来证明案件真实情况的证据。主要包括：（1）当事人监控录像显示关于污染环境违法行为的视听资料；（2）执法记录仪、录像设备、录音设备记录的有关违法行为的视听资料；（3）有关违法行为的通话录音。

制作和调取视听资料的规则：（1）在进行录音录像时，一般应当公开进行。若因查处违法行为，需要进行秘密录音录像的，应当不违反法律规定，且不得侵害当事人的合法权益。（2）提取有关资料的原始载体。提取原始载体确有困难的，可以提取复制件。（3）注明制作方法、制作时间、制作人和证明对象等。（4）声音资料应当附有该声音内容的文字记录。

**十、电子证据**

包括违法相对人电脑或其他信息化载体中有关污染环境行为的电子数据和记录、电脑存储文件等。

**十一、其他证据**

包括：（1）证明违法行为足以造成危害后果即严重环境安全事故或者人身财产损失的鉴定意见或专家论证意见；（2）出现环境安全事故或者人身财产损失等后果的，证明危害后果状况的情况报告或者其他书面材料；（3）新闻媒体、社会公众披露或其他部门移送的关于严重环境安全事故或者人身财产损失并经确认属实的相关信息；（4）涉案污染物和危险废物的基本情况说明，包括物理和化学特性、对人体可能造成的危害等；（5）当事人因污染环境的行为在两年内受到行政处罚的情况，如有，需附行政处罚决定书。

## 三、公安机关证据收集

**【证据清单】**

**（一）证明犯罪嫌疑人身份、人数等主体方面的证据**

污染环境案件的犯罪主体为一般主体。自然人实施犯罪行为需要追究刑事责任的必须已满16周岁，并具有刑事责任能力。单位也可以成为此类犯罪案件的犯罪主体。

证明自然人主体资格的证据材料，包括犯罪嫌疑人的身份信息材料、前科材料、刑事责任能力材料等。

证明单位犯罪主体的证据材料，包括证明单位的名称、住所地、性质、法定代表人、单位负责人、业务范围、成立时间和单位法定代表人、单位负责人或直接责任人员等的身份证明材料，以及其是否为重点排污单位。

**（二）证明犯罪嫌疑人主观方面的证据**

污染环境案件在主观方面属于故意，即犯罪嫌疑人明知其违反国家规定排放、倾倒或者处置有放射性废物、含传染病病原体废物、有毒物质或者其他有害物质的行为，会发生严重污染环境的后果，仍然希望或放任这种危害结果的发生。

1. 证明犯罪嫌疑人主观明知的证据

包括：（1）收集证明犯罪嫌疑人污染环境动机、目的及预谋情况的证据；（2）收集证明犯罪嫌疑人无合法手续、未经过批准、违反国家规定排放、倾倒或者处置有放射性废物、含传染病病原体废物、有毒物质或者其他有害物质的相关证据；（3）收集证明犯罪嫌疑人故意逃避检查或属于受过行政或刑事处罚后再次污染环境的证据；（4）收集证明犯罪嫌疑人隐匿、销毁涉案排放、倾倒或者处置设施设备、文件材料等相关证据。

2. 证明单位犯罪主观故意的证据

收集证明污染环境的行为是由单位集体决定，或由单位负责人或被授权的其他人决定、同意，所获取的非法利益或违法所得大部分归单位所有的证据。

3. 证明为污染环境提供条件的共同犯罪嫌疑人主观故意的证据

收集能够证明犯罪嫌疑人知道或者应当知道他人实施了严重污染环境的行为，仍然为其提供排放、倾倒、处置等便利条件或帮助；或者收集能够证明犯罪嫌疑人明知他人无危险废物经营许可证，仍然向其提供或者委托其收集、贮存、利用、处置危险废物，严重污染环境的证据。

### （三）证明犯罪嫌疑人实施危害行为的证据

收集能够证明犯罪嫌疑人实施违反国家规定，严重污染环境行为的证据。

包括：（1）在饮用水水源一级保护区、自然保护区核心区排放、倾倒、处置有放射性的废物、含传染病病原体的废物、有毒物质；（2）非法排放、倾倒、处置3吨以上危险废物；（3）排放、倾倒、处置含铅、汞、镉、铬、砷、铊、锑的污染物，超过国家或者地方污染物排放标准3倍以上；（4）排放、倾倒、处置含镍、铜、锌、银、钒、锰、钴的污染物，超过国家或者地方污染物排放标准10倍以上；（5）通过暗管、渗井、渗坑、裂隙、溶洞、灌注等逃避监管的方式排放、倾倒、处置有放射性的废物、含传染病病原体的废物、有毒物质；（6）重点排污单位篡改、伪造自动监测数据或者干扰自动监测设施，排放化学需氧量、氨氮、二氧化硫、氮氧化物等污染物；（7）违法减少防治污染设施运行支出100万元以上；（8）排放、倾倒或者处置有放射性的废物、含传染病病原体的废物、有毒物质或者其他有害物质，违法所得或者致使公私财产损失30万元以上；（9）排放、倾倒或者处置有放射性的废物、含传染病病原体的废物、有毒物质或者其他有害物质，造成生态环境严重损害；（10）排放、倾倒或者处置有放射性的废物、含传染病病原体的废物、有毒物质或者其他有害物质，致使乡镇以上集中式饮用水水源取水中断12小时以上；（11）排放、倾倒或者处置有放射性的废物、含传染病病原体的废物、有毒物质或者其他有害物质，致使基本农田、防护林地、特种用途林地5亩以上，其他农用地10亩以上，其他土地20亩以上基本功能丧失或者遭受永久性破坏；（12）排放、倾倒或者处置有放射性的废物、含传染病病原体的废物、有毒物质或者其他有害物质，致使森林或者其他林木死亡 50 立方米以上，或者幼树死亡 2500 株以上；（13）排放、倾倒或者处置有放射性的废物、含传染病病原体的废物、有毒物质或者其他有害物质，致使疏散、转移群众 5000 人以上；（14）排放、倾倒或者处置有放射性的废物、含传染病病原体的废物、有毒物质或者其他有害物质，致使 30 人以上中毒；（15）排放、倾倒或者处置有放射性的废物、含传染病病原体的废物、有毒物质或者其他有害物质，致使 3 人以上轻伤、轻度残疾或者器官组织损伤导致一般功能障碍；（16）排放、倾倒或者处置有放射性的废物、含传染病病原体的废物、有毒物质或者其他有害物质，致使 1 人以上重伤、中度残疾或者器官组织损伤导致严重功能障碍。

**（四）证明犯罪对象是有放射性废物、含传染病病原体的废物、有毒物质或者其他有害物质的证据**

收集的证据能够证明犯罪主体排放、倾倒或者处置的是会严重污染环境的下列物质之一：（1）有放射性的废物；（2）含传染病病原体的废物；（3）含铅、汞、镉、铬、砷、铊、锑的污染物；（4）含镍、铜、锌、银、钒、锰、钴的污染物；（5）化学需氧量、氨氮、二氧化硫、氮氧化物等污染物；（6）其他有毒物质，包括列入国家危险废物名录或者根据国家规定的危险废物鉴别标准和鉴别方法认定的具有危险特性的废物，《关于持久性有机污染物的斯德哥尔摩公约》附件所列物质，含重金属的污染物，以及其他具有毒性可能污染环境的物质。

对案件所涉犯罪主体排放、倾倒、处置的有害物质界定等环境污染专门性问题难以确定的，依据司法鉴定机构出具的鉴定意见，或者国务院环境保护主管部门、公安部门指定的机构出具的报告，结合其他证据作出认定。

【适用法律规定】

一、《刑法》条文

**第三百三十八条【污染环境罪】**  违反国家规定，排放、倾倒或者处置有放射性的废物、含传染病病原体的废物、有毒物质或者其他有害物质，严重污染环境的，处三年以下有期徒刑或者拘役，并处或者单处罚金；后果特别严重的，处三年以上七年以下有期徒刑，并处罚金。

**第三百四十六条【单位犯破坏环境资源保护罪的处罚规定】**
单位犯本节第三百三十八至第三百四十五条规定之罪的，对单位判处罚金，并对其直接负责的主管人员和其他直接责任人员，依照本节各该条的规定处罚。

二、司法解释

**1. 2017 年 4 月 27 日《最高人民检察院、公安部关于公安机关管辖的刑事案件立案追诉标准的规定（一）的补充规定》**

十、将《立案追诉标准（一）》第六十条修改为：〔污染环境案（刑法第 338 条）〕违反国家规定，排放、倾倒或者处置有放射性的废物、含传染病病原体的废物、有毒物质或者其他有害物质，涉嫌下列情形之一的，应予立案追诉：

（一）在饮用水水源一级保护区、自然保护区核心区排放、倾倒、处置有放射性的废物、含传染病病原体的废物、有毒物质的；

（二）非法排放、倾倒、处置危险废物三吨以上的；

（三）排放、倾倒、处置含铅、汞、镉、铬、砷、铊、锑的污染物，超过国家或者地方污染物排放标准三倍以上的；

（四）排放、倾倒、处置含镍、铜、锌、银、钒、锰、钴的污染物，超过国家或者地方污染物排放标准十倍以上的；

（五）通过暗管、渗井、渗坑、裂隙、溶洞、灌注等逃避监管的方式排放、倾倒、处置有放射性的废物、含传染病病原体的废物、有毒物质的；

（六）两年内曾因违反国家规定，排放、倾倒、处置有放射性的废物、含传染病病原体的废物、有毒物质受过两次以上行政处罚，又实施前列行为的；

（七）重点排污单位篡改、伪造自动监测数据或者干扰自动监测设施，排放化学需氧量、氨氮、二氧化硫、氮氧化物等污染物的；

（八）违法减少防治污染设施运行支出一百万元以上的；

（九）违法所得或者致使公私财产损失三十万元以上的；

（十）造成生态环境严重损害的；

（十一）致使乡镇以上集中式饮用水水源取水中断十二小时以上的；

（十二）致使基本农田、防护林地、特种用途林地五亩以上，其他农用地十亩以上，其他土地二十亩以上基本功能丧失或者遭受永久性破坏的；

（十三）致使森林或者其他林木死亡五十立方米以上，或者幼树死亡二千五百株以上的；

（十四）致使疏散、转移群众五千人以上的；

（十五）致使三十人以上中毒的；

（十六）致使三人以上轻伤、轻度残疾或者器官组织损伤导致一般功能障碍的；

（十七）致使一人以上重伤、中度残疾或者器官组织损伤导致严重功能障碍的；

（十八）其他严重污染环境的情形。

本条规定的"有毒物质"，包括列入国家危险废物名录或者根据国家规定的危险废物鉴别标准和鉴别方法认定的具有危险特性的废物，《关于持久性有机污染物的斯德哥尔摩公约》附件所列物质，含重金属的污染物，以及其他具有毒性可能污染环境的物质。

本条规定的"非法处置危险废物"，包括无危险废物经营许可证，以营利为目的，从危险废物中提取物质作为原材料或者燃料，并具有超标排放污染物、非法倾倒污染物或者其他违法造成环境污染情形的行为。

本条规定的"重点排污单位"，是指设区的市级以上人民政府环境保护主管部门依法确定的应当安装、使用污染物排放自动监测设备的重点监控企业及其他单位。

本条规定的"公私财产损失"，包括直接造成财产损毁、减少的实际价值，为防止污染扩大、消除污染而采取必要合理措施所产生的费用，以及处置突发环境事件的应急监测费用。

本条规定的"生态环境损害"，包括生态环境修复费用，生态环境修复期间服务功能的损失和生态环境功能永久性损害造成的损失，以及其他必要合理费用。

本条规定的"无危险废物经营许可证"，是指未取得危险废物经营许可证，或者超出危险废物经营许可证的经营范围。

**2. 2017 年 1 月 1 日《最高人民法院、最高人民检察院关于办理环境污染刑事案件适用法律若干问题的解释》**

**第一条** 实施刑法第三百三十八条规定的行为，具有下列情形之一的，应当认定为"严重污染环境"：

（一）在饮用水水源一级保护区、自然保护区核心区排放、倾倒、处置有放射性的废物、含传染病病原体的废物、有毒物质的；

（二）非法排放、倾倒、处置危险废物三吨以上的；

（三）排放、倾倒、处置含铅、汞、镉、铬、砷、铊、锑的污染物，超过国家或者地方污染物排放标准三倍以上的；

（四）排放、倾倒、处置含镍、铜、锌、银、钒、锰、钴的污染物，超过国家或者地方污染物排放标准十倍以上的；

（五）通过暗管、渗井、渗坑、裂隙、溶洞、灌注等逃避监管的方式排放、倾倒、处置有放射性的废物、含传染病病原体的废物、有毒物质的；

（六）二年内曾因违反国家规定，排放、倾倒、处置有放射性的废物、含传染病病原体的废物、有毒物质受过两次以上行政处罚，又实施前列行为的；

（七）重点排污单位篡改、伪造自动监测数据或者干扰自动监测设施，排放化学需氧量、氨氮、二氧化硫、氮氧化物等污染物的；

（八）违法减少防治污染设施运行支出一百万元以上的；

（九）违法所得或者致使公私财产损失三十万元以上的；

（十）造成生态环境严重损害的；

（十一）致使乡镇以上集中式饮用水水源取水中断十二小时以上的；

（十二）致使基本农田、防护林地、特种用途林地五亩以上，其他农用地十亩以上，其他土地二十亩以上基本功能丧失或者遭受永久性破坏的；

（十三）致使森林或者其他林木死亡五十立方米以上，或者幼树死亡二千五百株以上的；

（十四）致使疏散、转移群众五千人以上的；

（十五）致使三十人以上中毒的；

（十六）致使三人以上轻伤、轻度残疾或者器官组织损伤导致一般功能障碍的；

（十七）致使一人以上重伤、中度残疾或者器官组织损伤导致严重功能障碍的；

（十八）其他严重污染环境的情形。

**第二条** 实施刑法第三百三十九条、第四百零八条规定的行为，致使公私财产损失三十万元以上，或者具有本解释第一条第十项至第十七项规定情形之一的，应当认定为"致使公私财产遭受重大损失或者严重危害人体健康"或者"致使公私财产遭受重大损失或者造成人身伤亡的严重后果"。

**第三条** 实施刑法第三百三十八条、第三百三十九条规定的行为，具有下列情形之一的，应当认定为"后果特别严重"：

（一）致使县级以上城区集中式饮用水水源取水中断十二小时以上的；

（二）非法排放、倾倒、处置危险废物一百吨以上的；

（三）致使基本农田、防护林地、特种用途林地十五亩以上，其他农用地三十亩以上，其他土地六十亩以上基本功能丧失或者遭受永久性破坏的；

（四）致使森林或者其他林木死亡一百五十立方米以上，或者幼树死亡七千五百株以上的；

（五）致使公私财产损失一百万元以上的；

（六）造成生态环境特别严重损害的；

（七）致使疏散、转移群众一万五千人以上的；

（八）致使一百人以上中毒的；

（九）致使十人以上轻伤、轻度残疾或者器官组织损伤导致一般功能障碍的；

（十）致使三人以上重伤、中度残疾或者器官组织损伤导致严

重功能障碍的;

（十一）致使一人以上重伤、中度残疾或者器官组织损伤导致严重功能障碍，并致使五人以上轻伤、轻度残疾或者器官组织损伤导致一般功能障碍的;

（十二）致使一人以上死亡或者重度残疾的;

（十三）其他后果特别严重的情形。

**第四条** 实施刑法第三百三十八条、第三百三十九条规定的犯罪行为，具有下列情形之一的，应当从重处罚:

（一）阻挠环境监督检查或者突发环境事件调查，尚不构成妨害公务等犯罪的;

（二）在医院、学校、居民区等人口集中地区及其附近，违反国家规定排放、倾倒、处置有放射性的废物、含传染病病原体的废物、有毒物质或者其他有害物质的;

（三）在重污染天气预警期间、突发环境事件处置期间或者被责令限期整改期间，违反国家规定排放、倾倒、处置有放射性的废物、含传染病病原体的废物、有毒物质或者其他有害物质的;

（四）具有危险废物经营许可证的企业违反国家规定排放、倾倒、处置有放射性的废物、含传染病病原体的废物、有毒物质或者其他有害物质的。

**第五条** 实施刑法第三百三十八条、第三百三十九条规定的行为，刚达到应当追究刑事责任的标准，但行为人及时采取措施，防止损失扩大、消除污染，全部赔偿损失，积极修复生态环境，且系初犯，确有悔罪表现的，可以认定为情节轻微，不起诉或者免予刑事处罚;确有必要判处刑罚的，应当从宽处罚。

**第六条** 无危险废物经营许可证从事收集、贮存、利用、处置危险废物经营活动，严重污染环境的，按照污染环境罪定罪处罚;

同时构成非法经营罪的，依照处罚较重的规定定罪处罚。

实施前款规定的行为，不具有超标排放污染物、非法倾倒污染物或者其他违法造成环境污染的情形的，可以认定为非法经营情节显著轻微危害不大，不认为是犯罪；构成生产、销售伪劣产品等其他犯罪的，以其他犯罪论处。

**第七条** 明知他人无危险废物经营许可证，向其提供或者委托其收集、贮存、利用、处置危险废物，严重污染环境的，以共同犯罪论处。

**第八条** 违反国家规定，排放、倾倒、处置含有毒害性、放射性、传染病病原体等物质的污染物，同时构成污染环境罪、非法处置进口的固体废物罪、投放危险物质罪等犯罪的，依照处罚较重的规定定罪处罚。

**第十条** 违反国家规定，针对环境质量监测系统实施下列行为，或者强令、指使、授意他人实施下列行为的，应当依照刑法第二百八十六条的规定，以破坏计算机信息系统罪论处：

（一）修改参数或者监测数据的；

（二）干扰采样，致使监测数据严重失真的；

（三）其他破坏环境质量监测系统的行为。

重点排污单位篡改、伪造自动监测数据或者干扰自动监测设施，排放化学需氧量、氨氮、二氧化硫、氮氧化物等污染物，同时构成污染环境罪和破坏计算机信息系统罪的，依照处罚较重的规定定罪处罚。

从事环境监测设施维护、运营的人员实施或者参与实施篡改、伪造自动监测数据、干扰自动监测设施、破坏环境质量监测系统等行为的，应当从重处罚。

**第十一条** 单位实施本解释规定的犯罪的，依照本解释规定的定罪量刑标准，对直接负责的主管人员和其他直接责任人员定罪处罚，并对单位判处罚金。

第十二条　环境保护主管部门及其所属监测机构在行政执法过程中收集的监测数据，在刑事诉讼中可以作为证据使用。

公安机关单独或者会同环境保护主管部门，提取污染物样品进行检测获取的数据，在刑事诉讼中可以作为证据使用。

第十三条　对国家危险废物名录所列的废物，可以依据涉案物质的来源、产生过程、被告人供述、证人证言以及经批准或者备案的环境影响评价文件等证据，结合环境保护主管部门、公安机关等出具的书面意见作出认定。

对于危险废物的数量，可以综合被告人供述，涉案企业的生产工艺、物耗、能耗情况，以及经批准或者备案的环境影响评价文件等证据作出认定。

第十四条　对案件所涉的环境污染专门性问题难以确定的，依据司法鉴定机构出具的鉴定意见，或者国务院环境保护主管部门、公安部门指定的机构出具的报告，结合其他证据作出认定。

第十五条　下列物质应当认定为刑法第三百三十八条规定的"有毒物质"：

（一）危险废物，是指列入国家危险废物名录，或者根据国家规定的危险废物鉴别标准和鉴别方法认定的，具有危险特性的废物；

（二）《关于持久性有机污染物的斯德哥尔摩公约》附件所列物质；

（三）含重金属的污染物；

（四）其他具有毒性，可能污染环境的物质。

第十六条　无危险废物经营许可证，以营利为目的，从危险废物中提取物质作为原材料或者燃料，并具有超标排放污染物、非法倾倒污染物或者其他违法造成环境污染的情形的行为，应当认定为"非法处置危险废物"。

**第十七条** 本解释所称"二年内"，以第一次违法行为受到行政处罚的生效之日与又实施相应行为之日的时间间隔计算确定。

本解释所称"重点排污单位"，是指设区的市级以上人民政府环境保护主管部门依法确定的应当安装、使用污染物排放自动监测设备的重点监控企业及其他单位。

本解释所称"违法所得"，是指实施刑法第三百三十八条、第三百三十九条规定的行为所得和可得的全部违法收入。

本解释所称"公私财产损失"，包括实施刑法第三百三十八条、第三百三十九条规定的行为直接造成财产损毁、减少的实际价值，为防止污染扩大、消除污染而采取必要合理措施所产生的费用，以及处置突发环境事件的应急监测费用。

本解释所称"生态环境损害"，包括生态环境修复费用，生态环境修复期间服务功能的损失和生态环境功能永久性损害造成的损失，以及其他必要合理费用。

本解释所称"无危险废物经营许可证"，是指未取得危险废物经营许可证，或者超出危险废物经营许可证的经营范围。

**3. 2003 年 5 月 15 日《最高人民法院、最高人民检察院关于办理妨害预防、控制突发传染病疫情等灾害的刑事案件具体应用法律若干问题的解释》**

**第十三条** 违反传染病防治法等国家有关规定，向土地、水体、大气排放、倾倒或者处置含传染病病原体的废物、有毒物质或者其他危险废物，造成突发传染病传播等重大环境污染事故，致使公私财产遭受重大损失或者人身伤亡的严重后果的，依照刑法第三百三十八条的规定，以污染环境罪定罪处罚。

## 【参考案例】

# 北京天龙鑫桥铝业有限公司污染环境案

## 一、基本案情

北京天龙鑫桥铝业有限公司于 2012 年成立，住所地位于房山区长阳镇公议庄村长韩路东侧 20 米，法定代表人为张生（化名），实际负责人为被告人熊树（化名）。2015 年 9 月 7 日，北京市房山区环境保护局工作人员到北京天龙鑫桥铝业有限公司检查时，发现该公司在生产铝制品过程中，将生产产生的废水通过私设暗管排放到院内东侧无任何防渗措施的渗坑内。渗坑长约 5 米、宽约 1 米，坑内积水约 30 公斤。经对该渗坑内废水进行取样检测，废水中六价铬排放浓度为 281mg/L，超过了《地表水环境质量标准》中 IV 类标准六价铬≤0.05mg/L 的限值。

## 二、诉讼过程

2016 年，房山区人民检察院发现北京天龙鑫桥铝业有限公司涉嫌污染环境犯罪线索，后多次走访环保局、案发现场，了解案件证据。经审查，2017 年 1 月 16 日，房山区人民检察院书面建议北京市房山区环境保护局将北京天龙鑫桥铝业有限公司涉嫌污染环境案移送公安机关立案侦查，当日，房山区环保局将该案移送至北京市公安局房山分局。2017 年 1 月 17 日，北京市公安局房山分局对该案立案侦查；9 月 11 日，房山区人民检察院将北京天龙鑫桥铝业有限公司及实际负责人熊树移送起诉。2017 年 11 月 10 日，北京天龙鑫桥铝业有限公司因犯污染环境罪，被法院判处罚金人民币 20 万元，被告人熊树因犯污染环境罪，被判处有期徒刑 1 年，并处罚金人民币 1 万元。

### 三、公安机关取证内容

根据《刑法》第 338 条以及相关司法解释的规定，要认定北京天龙鑫桥铝业有限公司构成污染环境罪，公安机关应当收集以下证据：

1. 证明单位犯罪主体方面的证据

本案中，污染环境犯罪主体为单位，即北京天龙鑫桥铝业有限公司，因此要调取其名称、住所地、性质、法定代表人、业务范围、成立时间等证明材料，以及其是否为重点排污单位。证据表现形式主要为企业法人营业执照、组织机构代码证复印件以及工商登记材料；公司住所地如果系出租，还要调取相关的租赁协议。

同时，要确定该公司直接负责主管人员，因为根据刑法规定，对污染环境犯罪采取双罚制，不仅要对单位判处罚金，还要对主管人员判处刑罚。在该案件中，经过侦查调取房东朱雄（化名）、法定代表人张生及其邻居张龙（化名）和刘新（化名）的证言，确认北京天龙鑫桥铝业有限公司法定代表人虽然为张生，但是实际负责人为熊树。因此，取证重点在于调取熊树的身份信息材料、前科材料以及刑事责任能力材料等。

2. 证明单位犯罪主观故意的证据

污染环境案件在主观方面属于故意，即行为人明知其违反国家规定排放、倾倒或者处置有放射性废物、含传染病病原体废物、有毒物质或者其他有害物质的行为，会发生严重污染环境的后果，仍然希望或放任这种危害结果的发生。对于单位犯罪，应当证明污染环境的行为是由单位集体决定，或由单位负责人或被授权的其他人决定、同意，所获取的非法利益或违法所得大部分归单位所有，证据表现形式主要为被告人熊树的供述以及单位其他人员的证言。此外，还可以通过证明行为人无合法手续、未经过批准、违反国家规定排放、倾倒或者处置有放射性废物、含传染病病原体废物、有毒物质或者其他有害物质，从而以客观行为推定具有主观故意。

本案中，房山区环保局 2012 年 2 月 9 日 14 时 10 分现场检查笔录显示，要求北京天龙鑫桥铝业有限公司污水由排水所定期运至长阳污水处理厂处理，熊树签字。因此，该公司生产产生的废水，必然不能随意排放，被告人熊树对此应当明知。

3. 证明单位实施危害行为的证据

北京天龙鑫桥铝业有限公司是一家生产铝制品的公司，其污染环境的犯罪手段是将生产产生的废水通过私设暗管排放到院内东侧无任何防渗措施的渗坑内。因此，公安机关在侦查过程中，应当做好渗坑面积、废水存量、是否含有重金属污染物以及污染物浓度的证据固定工作。

本案中，经过测量，北京市房山区环境保护局于 2015 年 9 月 7 日出具现场检查（勘验）笔录，证实北京天龙鑫桥铝业有限公司排放废水的渗坑长约 5 米、宽约 1 米，坑内积水约 30 公斤，并有照片为证。此外，经对该渗坑内废水进行取样检测，北京市房山区环境保护监测站于 2015 年 9 月 11 日出具检测报告，北京市环境保护局于 2015 年 12 月 2 日出具对检测报告认可意见的函，证实废水中六价铬排放浓度为 281mg/L，超过了《地表水环境质量标准》中 IV 类标准六价铬最大限值 0.05mg/L 的三倍以上，达到了严重污染环境的程度。

综合主体身份、主观故意、客观行为三方面的证据，可以认定北京天龙鑫桥铝业有限公司实施了违反国家规定排放有害物质、严重污染环境的行为，因此构成污染环境罪；熊树作为该公司实际负责人，也应当承担刑事责任。

## 四、经验分享

### (一) 加强学习, 明确法律适用标准

鉴于污染环境犯罪是《刑法修正案 (八)》实施后的新罪名, 为准确把握法律适用标准, 确保后续案件的顺利查办, 房山区检察院承办人一方面详尽梳理、学习相关法律法规, 全面审查在案证据, 多次与相关部门召开案件会商会议, 充分论证该类案件的定性、立案、入罪标准等法律问题, 分析了该类案件的证据标准、证据采信等问题; 另一方面积极与区环保局监察大队座谈, 就案件办理中的"污水采样程序、污水流向对污染标准确定的影响、渗坑以及暗管的认定"等一系列专业问题进行了解, 从而确保案件在事实认定和法律适用上的精准。

### (二) 细致审查, 引导行政机关取证

在充分审查案件材料、了解案情的基础上, 房山区检察院及时与房山区环保局沟通, 引导房山区环保局办案人员调查取证并加强跟踪监督, 为突破案件、建议移送公安机关立案把握好主动权。如本案属于单位犯罪, 但房山区环保局办案人员对单位犯罪不了解, 也没有单位犯罪的概念, 对此, 房山区检察院承办人一方面积极向房山区环保局办案人员释法, 并引导其调取单位资质等相关证据材料, 另一方面建议房山区环保局围绕实际负责人收集相关证据, 为准确认定刑罚对象奠定证据基础。

# 非法提供麻醉药品、 精神药品罪

非法提供麻醉药品、精神药品罪，是指依法从事生产、运输、管理、使用国家管制的麻醉药品、精神药品的人员与单位，违反国家规定，向吸食、注射毒品的人提供国家规定管制的能够使人形成瘾癖的麻醉药品或者精神药品的行为。

## 一、刑事立案标准

根据《刑法》第355条、《刑事诉讼法》第112条及《最高人民检察院、公安部关于公安机关管辖的刑事案件立案追诉标准的规定（三）》第12条、《最高人民法院关于审理毒品犯罪案件适用法律若干问题的解释》第13条，依法从事生产、运输、管理、使用国家管制的麻醉药品、精神药品的个人或者单位，违反国家规定，向吸食、注射毒品的人员提供国家规定管制的能够使人形成瘾癖的麻醉药品、精神药品，涉嫌下列情形之一的，应予立案追诉：（1）非法提供鸦片100克以上、海洛因或者甲基苯丙胺5克以上、可卡因5克以上、3，4-亚甲二氧基甲基苯丙胺（MDMA）等苯丙胺类毒品（甲基苯丙胺除外）或者吗啡10克以上、芬太尼12.5克以上、甲卡西酮20克以上、二氢埃托啡1毫克以上、哌替啶（杜冷丁）25克以上、氯胺酮50克以上。美沙酮100克以上、曲马多或者γ-羟丁酸200克以上、大麻油500克以上、大麻脂1000克以上、大麻叶以及大麻烟15千克以上、可待因或者丁丙诺啡500克以上、三唑仑或者安眠酮 5 千克以上、阿普唑仑或者恰特草 10 千克以上、咖啡因或者罂粟壳 20 千克以上、巴比妥或者苯巴比妥或者安钠咖或者尼美西泮 25 千克以上、氯氮卓或者艾司唑仑或者地西泮或者西泮 50 千克以上，以及其他麻醉药品和精神药品数量较大；（2）两年内曾因非法提供麻醉药品、精神药品受过行政处罚；（3）向多人或者多次非法提供麻醉药品、精神药品；（4）向吸食、注射毒品的未成年人非法提供麻醉药品、精神药品；（5）非法提供麻醉药品、精神药品造成严重后果。

依法从事生产、运输、管理、使用国家管制的麻醉药品、精神药品的人员或者单位，违反国家规定，向走私、贩卖毒品的犯罪分子或者以牟利为目的，向吸食、注射毒品的人提供国家规定管制的能够使人形成瘾癖的麻醉药品、精神药品的，以走私、贩卖毒品罪立案追诉。

在办理非法提供麻醉药品、精神药品行政处罚案件时，发现依法从事生产、运输、管理、使用国家管制的麻醉药品、精神药品的个人或者单位，违反国家规定，向吸食、注射毒品的人员提供国家规定管制的能够使人形成瘾癖的麻醉药品、精神药品，具有上述情形之一的，行政机关应移送公安机关。

## 二、行政执法机关证据、材料收集、移送

【证据材料类型清单】

（一）主体身份证据

1. 证明目的

证明行政违法相对人主体的身份、资质、人数等。

2. 证据类型

包括：（1）身份资质证据，包括营业执照或者其他主体资格证

明文件（事业单位法人登记证等）、药品生产许可证、药品经营许可证、医疗机构执业许可证等复印件；依法从事生产、运输、管理、使用国家管制的麻醉药品、精神药品的药品生产经营企业、医疗机构及其法定代表人、负责人、直接负责的主管人员和其他直接责任人员身份证复印件等；（2）国家管制的麻醉药品、精神药品的药品批准文件、药品说明书、药品质量标准等材料；（3）现场检查笔录；（4）询问调查笔录；（5）视听资料；（6）其他证据。

**（二）违法行为证据**

1. 证明目的

证明行政违法相对人实施违反国家规定向吸食、注射毒品的人提供国家规定管制的能够使人形成瘾癖的麻醉药品、精神药品的行为。

2. 证据类型

包括：（1）涉案物品，包括向吸食、注射毒品的人提供国家规定管制的能够使人形成瘾癖的麻醉药品、精神药品；涉案药品的包装材料、标签和说明书；用于提供涉案药品的工具、设备等物品。（2）提供涉案麻醉药品和精神药品的票据和相关记录及复印件。（3）现场检查笔录。（4）询问调查笔录。（5）视听资料。（6）电子数据。（7）当事人陈述。（8）证人证言。（9）检验报告，系由按照国家认证认可的规定取得资质认定的药品检验机构出具的检验报告。（10）鉴定意见或专家论证意见书。（11）其他证据。

**（三）主观故意证据**

1. 证明目的

证明行政违法相对人具有违法故意。违法故意可以通过主观心理状态和未履行涉案麻醉药品、精神药品管制的法定义务来认定。

2. 证据类型

包括：（1）询问调查笔录；（2）证人证言；（3）其他证据。

**（四）危害后果证据**

1. 证明目的

证明行政违法相对人违法行为客观危害性的程度，即证明对人体健康造成严重危害。包括：（1）实施违法行为的持续时间、具体地点；（2）涉案药品的种类、数量、销售范围、货值金额、购进单价、销售单价、销售金额、违法所得；（3）提供涉案药品的对象是否为吸食、注射毒品的未成年人；（4）涉案麻醉药品和精神药品的基本情况说明，如物理和化学特性、对人体可能造成的危害等；（5）出现致人伤害、死亡等后果的，证明危害后果状况。

2. 证据类型

包括：（1）现场检查笔录。（2）询问调查笔录。（3）现场检查照片及其他视听资料。（4）涉案药品的购进合同、销售合同、场地租赁合同等。（5）购、销相关票据或生产、销售、使用记录。（6）涉案药品的检验报告。（7）查封扣押文书或先行登记保存文书。（8）鉴定意见或专家论证意见。（9）其他证据。

**【操作指引】**

本规范列明了在违法事实清楚、证据确实充分的情况下执法人员应当和能够调取的全部证据。在实际工作中由于各种客观情况，本规范列明的证据并非可以全部取得。《刑事诉讼法》第109条规定："公安机关或者人民检察院发现犯罪事实或者犯罪嫌疑人，应当按照管辖范围，立案侦查。"行政机关只要能够认定或者间接认定违法相对人有违法行为，证明有犯罪事实需要追究刑事责任的，即可向公安机关移送涉嫌犯罪案件。

**一、主体资格证据**

包括：（1）营业执照或者其他主体资格证明文件（事业单位法人登记证等）。（2）药品生产许可证、药品 GMP 证书、药品经营许可证、药品 GSP 证书、医疗机构执业许可证、药品批准文件、药品说明书、药品质量标准等复印件。（3）药品生产经营企业、医疗机构的法定代表人、负责人、直接负责的主管人员和其他直接责任人员身份证复印件等。（4）无法取得违法行为人身份证复印件的，调取驾驶执照、户口本、护照、社保卡等其他能够间接证明违法行为人身份的凭证复印件。（5）对无法提供任何身份证明的违法相对人，现场应进行头像拍照和摄像（若不具备条件，要拍摄出能清晰反映当事人面部及形体特征的照片），并在现场检查笔录和询问调查笔录中注明情况，对性别、年龄、进行初步记录。

**二、现场检查笔录**

现场检查笔录应当载明以下事项：

1. 现场检查的时间、地点，执法人员姓名，执法证号等。

2. 违法相对人的主体资质情况。包括持有证照情况、法定代表人和陪同检查人员身份信息情况，以及现场发现主要从事违法活动的人员数量及身份信息情况。如违法相对人设立了组织机构或进行了职责分工，还应记录药品质量安全控制部门主管人员或直接负责人的职责分工和人员信息情况。

3. 现场检查时发现的涉及违法相对人违反国家规定向吸食、注射毒品的人提供国家规定管制的能够使人形成瘾癖的麻醉药品、精神药品的情况，包括以下三类。

涉案药品生产情况：（1）生产车间、原料库房、成品库房情况，销售现场情况，现场的相关涉案物品、票据（包括相关的各种合同、进销存票据、生产记录、销售记录、账目记录、收支发票、销售范围资料等），电脑中的相关资料；（2）能够证明涉案药品原料、药品辅料、药品包装标签、说明书、药品成品来源的材料（包括生产商或供货商资质、出厂检验报告、产品合格证明、购销合同等）。

涉案药品销售情况：现场的相关涉案物品、票据（包括相关的各种合同、进销存票据、生产记录、销售记录、账目记录、收支发票、销售范围资料等），电脑中的相关资料。

违法提供涉案药品情况：现场的相关涉案物品、票据（包括相关的各种合同、进销存票据、生产记录、销售记录、账目记录、收支发票、销售范围资料等），电脑中的相关资料。

4. 现场检查时发现的违法行为客观危害程度，包括：（1）实施违法行为持续时间、具体地点；（2）非法提供麻醉药品和精神药品的名称、数量、单价；（3）非法提供麻醉药品和精神药品的货值金额、销售金额、违法所得；（4）提供涉案药品的对象是否为吸食、注射毒品的未成年人和具体人员。

5. 查封扣押物品情况或者先行登记保存物品情况。

**三、询问调查笔录及当事人陈述**

1. 调查询问的时间、地点，执法人员姓名，执法证号，被调查人的基本情况和企业授权被调查人接受调查的情况。

2. 当事人的主体资质情况，包括取得营业执照和药品生产许可证、药品经营许可证、医疗机构执业许可证的时间，生产经营的具体范围，药品注册批准文件等。

3. 调查询问实施违反国家规定向吸食、注射毒品的人提供国家规定管制的能够使人形成瘾癖的麻醉药品、精神药品的情况，包括以下四类。

涉案麻醉药品、精神药品的基本情况：（1）涉案麻醉药品和精神药品的批准文号、适用人群、使用方法等；（2）涉案麻醉药品和精神药品的物理和化学特性，如名称、颜色、气味、形态等；（3）涉案麻醉药品和精神药品的包装容器、标签标识、说明书情况。

涉案麻醉药品、精神药品原料、辅料的购进情况：（1）涉案麻醉药品、精神药品原料、辅料的购进数量、价格、购进渠道；（2）是否进行进货查验并进行相关记录；（3）是否取得生产商资质、出厂检验报告、产品合格证明、购销合同、支付价款和取得发票情况。

涉案麻醉药品和精神药品生产情况：（1）生产涉案麻醉药品和精神药品的种类及数量、库存数量、生产时间、生产批次等；（2）生产涉案麻醉药品和精神药品的具体工艺流程和配料比例；（3）药品原料、辅料和包装材料、标签的使用数量、库存数量、储存位置、经手人（包括接收人、领用人、使用人）情况。

涉案麻醉药品和精神药品的销售情况：（1）涉案药品的种类及销售、库存数量，货值金额及销售金额；（2）涉案药品的来源情况（自行生产或委托生产，从生产商、中间商或个人处购进）；（3）涉案药品的销售行为持续时间、销售去向。

4. 调查询问违法行为客观危害程度的基本情况，包括：（1）实施违法行为的持续时间、销售去向；（2）涉案药品种类、销售范围、适用人群；（3）涉案药品的数量、货值金额、销售金额、违法所得；（4）造成严重后果或者其他情节严重的情况。

5. 调查询问当事人对于违法行为的主观心理状态（是否明知）的情况，包括：（1）当事人是否知道涉案产品属于国家规定管制的能够使人形成瘾癖的麻醉药品、精神药品的情况，是否知晓对于提供涉案药品的禁止性规定；（2）当事人是否以明显高于市场价格购进药品原料、辅料或以明显高于市场价格销售药品；（3）当事人是否曾经因非法提供麻醉药品、精神药品被行政处罚。

## 四、证人证言

在行政机关需要或者条件允许的情况下，可向当事人以外的了解案件有关情况的人取得用来证明案件待证事实的陈述，从而帮助行政机关进一步了解案件事实经过、违法行为实施人、相关责任人员及其他内容。

固定证人证言要求：（1）写明证人的姓名、年龄、性别、职业、住址等基本情况；（2）有证人的签名，不能签名的，应当以捺手印或盖章等方式证明；（3）注明出具日期；（4）附有居民身份证复印件等证明证人身份的文件。

## 五、证明违法行为人是否依法履行生产经营过程控制法定义务的证据

包括：（1）涉案药品生产企业是否严格执行药品生产质量管理规范的规定和麻醉药品、精神药品管制的规定；（2）涉案药品经营企业是否严格执行药品经营质量管理规范的规定和麻醉药品、精神药品管制的规定；（3）医疗机构是否严格执行药品管理和使用的相关规定和麻醉药品、精神药品管制的规定。

## 六、涉案物品和工具

包括：（1）涉案麻醉药品、精神药品；（2）涉案麻醉药品、精神药品的原料、辅料；（3）用于违法生产经营的麻醉药品、精神药品包装材料、标签和说明书；（4）用于违法生产经营的工具、设备等物品【注：应当附有查封扣押、先行登记保存、检验（检测、检疫、鉴定）情况。包括《先行登记保存证据通知书》《实施行政强制措施决定书》《场所/设施/财物清单》《抽样记录》《检测/检验/检疫/鉴定委托书》《检测/检验/检疫/鉴定期间告知书》《检测/检验/检疫/鉴定结果告知书》】。

### 七、购销合同、票据和相关记录

1. 药品生产环节：与生产麻醉药品、精神药品有关的药品原料、辅料、包装材料、标签和说明书、药品成品相关的购销合同、进货（查验）记录、入库记录、使用记录、生产记录、销售记录、统计报表、会计账册、收支凭证、票据等证明案件事实与危害程度的书面材料。

2. 药品销售环节：与销售麻醉药品、精神药品相关的购销合同、供应商证照资质、产品资质、进货（查验）记录、销售记录、销售价签、销售发票、会计账册、收支凭证等书面材料。

3. 药品使用环节：与使用麻醉药品、精神药品有关的购进记录、储存记录、出库记录、门诊记录、处方笺、销售票据等证明案件事实与危害程度的书面材料。

### 八、产品检验报告

包括：（1）药品原料、辅料检验报告；（2）药品出厂检验报告；（3）省级以上药品监督管理部门设置或者确定的药品检验机构出具的证明药品为麻醉药品或精神药品的检验报告【注：以上三种，并非可全部获取的证据】。

### 九、鉴定意见或专家论证意见

应当由具有司法鉴定资格的机构出具鉴定意见。无法出具鉴定意见的，以专家论证意见为准。

是否为麻醉药品或精神药品难以确定的，司法机关可以根据检验报告并结合专家意见等相关材料进行认定。必要时，人民法院可以依法通知有关专家出庭作出说明。

### 十、执法照片及视听资料

1. 执法照片，主要包括违法行为发生地照片、现场检查情形的照片、产品照片、法定代表人和主要负责人照片。执法照片应当注明拍摄的具体时间、地点，并由执法人员和当事人签字确认。

2. 视听资料，是指以录音、录像所反映的声音、形象、所提供的资料来证明案件真实情况的证据。主要包括：（1）当事人监控录像显示关于提供麻醉药品、精神药品的视听资料；（2）执法记录仪、录像设备、录音设备记录的有关违法行为的视听资料；（3）有关违法行为的通话录音。

制作和调取视听资料的规则：（1）在进行录音录像时，一般应当公开进行。若因查处违法行为，需要进行秘密录音录像的，应当不违反法律规定，且不得侵害当事人的合法权益；（2）提取有关资料的原始载体。提取原始载体确有困难的，可以提取复制件；（3）注明制作方法、制作时间、制作人和证明对象等；（4）声音资料应当附有该声音内容的文字记录。

## 十一、电子证据

包括违法相对人电脑或其他信息化载体（如手持销售终端等）中有关涉案麻醉药品、精神药品原料购进、生产、销售行为的电子数据和记录；有关电子台账，生产、加工与销售记录和监控录像显示关于提供涉案麻醉药品、精神药品违法行为的电脑存储文件等。

## 十二、其他证据

包括：（1）为违法行为提供生产、经营场所或者运输、贮存、保管、邮寄、网络销售渠道等便利条件的合同或协议；（2）对人体健康造成严重危害、其他严重情节的情况报告或其他书面材料；（3）当事人是否因非法提供麻醉药品、精神药品受过行政处罚，又非法提供麻醉药品、精神药品的，如有，需附行政处罚决定书；（4）造成严重后果或者其他情节严重的证据。

# 三、公安机关证据收集

## 【证据清单】

### （一）证明犯罪嫌疑人身份、人数等主体方面的证据

非法提供麻醉药品、精神药品案件的犯罪主体为特殊主体。"依法从事生产、运输、管理、使用国家管制的麻醉药品、精神药品的人员"，是指对国家管制的麻醉药品和精神药品有合法生产、运输、管理、使用权的人员。

自然人实施犯罪行为需要追究刑事责任的必须已满 16 周岁，并具有刑事责任能力。单位也可以成为此类案件的犯罪主体。

证明自然人主体资格的证据材料，包括犯罪嫌疑人的身份信息材料、对国家管制的麻醉药品和精神药品有合法生产、运输、管理、使用权的相关证明材料、前科材料、刑事责任能力材料等。

证明单位犯罪主体的证据材料，包括证明单位的名称、住所地、性质、法定代表人、单位负责人、业务范围（重点是对国家管制的麻醉药品和精神药品有合法生产、运输、管理、使用权的相关证明材料）、成立时间和单位法定代表人、单位负责人或直接责任人员等的身份证明材料。

### （二）证明犯罪嫌疑人主观方面的证据

非法提供麻醉药品、精神药品案件在主观方面属于故意，不要求具有牟利目的。即犯罪嫌疑人主观上不但明知所提供的是国家规定管制的能够使人形成瘾癖的麻醉药品、精神药品，而且明知接受的人是吸食、注射毒品的人，并且系出于非牟利目的提供。若犯罪嫌疑人以非法牟利的目的，向吸食、注射毒品的人提供国家规定管制的能够使人形成瘾癖的麻醉药品、精神药品，应当认定为贩卖毒品罪。

证明犯罪嫌疑人主观明知的证据包括：（1）收集证明犯罪嫌疑人明知所提供的是国家规定管制的能够使人形成瘾癖的麻醉药品、精神药品的证据；（2）收集证明犯罪嫌疑人明知接受的人是吸食、注射毒品的人的证据；（3）收集证明犯罪嫌疑人提供麻醉药品、精神药品动机、目的及预谋情况的证据；（4）收集证明提供的麻醉药品、精神药品价格明显高于市场价格且无合理原因的证据。

证明单位犯罪主观故意的证据包括收集证明非法提供麻醉药品、精神药品的行为是由单位集体决定，或由单位负责人或被授权的其他人决定、同意，所获取的非法利益或违法所得大部分归单位所有的证据。

**（三）证明犯罪嫌疑人实施危害行为的证据**

1. 证明提供麻醉药品、精神药品的行为违反相关管理规定的证据：国家当前有关麻醉药品、精神药品的管制法规，主要是《麻醉药品管理办法》《精神药品管理办法》《麻醉药品经营管理办法》《麻醉药品国内运输管理办法》等，需要有证据证明行为人的行为违反了以上管理法规的有关内容。

2. 证明提供行为与业务行为存在关联性的证据：非法提供麻醉药品、精神药品罪与其他毒品犯罪相比，一个重要的特征就是该罪行为人利用了一定职权所实施的行为，即行为人利用了其在一定时间一定范围内合法支配麻醉药品、精神药品的权力。需要有证据证明，行为人利用其依法从事生产、运输、管理、使用管制的麻醉药品、精神药品的权力向他人提供麻醉药品、精神药品。

**（四）证明犯罪对象是麻醉药品、精神药品的证据**

麻醉药品、精神药品的具体范围，应当根据国家的具体规定确定。一般来说，所谓麻醉药品，是指连续使用后易使人产生依赖性、形成瘾癖的药品，包括鸦片类、可卡因类、大麻类、合成麻醉剂类以及卫生部指定的其他易成瘾癖的药品、药用原植物及其制剂。精神药品是指直接作用于中枢神经系统、使之兴奋或抑制，连续使用能产生依赖性的药品，卫生部《关于精神药物进出口管理规定的补充通知》所列的精神药品共有 80 多种。

**【适用法律规定】**

**一、《刑法》条文**

**第三百五十五条【非法提供麻醉药品、精神药品罪】** 依法从事生产、运输、管理、使用国家管制的麻醉药品、精神药品的人员，违反国家规定，向吸食、注射毒品的人提供国家规定管制的能够使人形成瘾癖的麻醉药品、精神药品的，处三年以下有期徒刑或者拘役，并处罚金；情节严重的，处三年以上七年以下有期徒刑，并处罚金。向走私、贩卖毒品的犯罪分子或者以牟利为目的，向吸食、注射毒品的人提供国家规定管制的能够使人形成瘾癖的麻醉药品、精神药品的，依照本法第三百四十七条的规定定罪处罚。

单位犯前款罪的，对单位判处罚金，并对其直接负责的主管人员和其他直接责任人员，依照前款的规定处罚。

**二、司法解释**

**1. 2016 年 4 月 11 日《最高人民法院关于审理毒品犯罪案件适用法律若干问题的解释》**

**第二条** 走私、贩卖、运输、制造、非法持有下列毒品，应当认定为刑法第三百四十七条第三款、第三百四十八条规定的"其他毒品数量较大"：

（一）可卡因十克以上不满五十克；

（二）3，4－亚甲二氧基甲基苯丙胺（MDMA）等苯丙胺类毒品（甲基苯丙胺除外）、吗啡二十克以上不满一百克；

（三）芬太尼二十五克以上不满一百二十五克；

（四）甲卡西酮四十克以上不满二百克；

（五）二氢埃托啡二毫克以上不满十毫克；

（六）哌替啶（杜冷丁）五十克以上不满二百五十克；

（七）氯胺酮一百克以上不满五百克；

（八）美沙酮二百克以上不满一千克；

（九）曲马多、γ－羟丁酸四百克以上不满二千克；

（十）大麻油一千克以上不满五千克、大麻脂二千克以上不满十千克、大麻叶及大麻烟三十千克以上不满一百五十千克；

（十一）可待因、丁丙诺啡一千克以上不满五千克；

（十二）三唑仑、安眠酮十千克以上不满五十千克；

（十三）阿普唑仑、恰特草二十千克以上不满一百千克；

（十四）咖啡因、罂粟壳四十千克以上不满二百千克；

（十五）巴比妥、苯巴比妥、安钠咖、尼美西泮五十千克以上不满二百五十千克；

（十六）氯氮卓、艾司唑仑、地西泮、溴西泮一百千克以上不满五百千克；

（十七）上述毒品以外的其他毒品数量较大的。

**第十三条**　依法从事生产、运输、管理、使用国家管制的麻醉药品、精神药品的人员，违反国家规定，向吸食、注射毒品的人提供国家规定管制的能够使人形成瘾癖的麻醉药品、精神药品，具有下列情形之一的，应当依照刑法第三百五十五条第一款的规定，以非法提供麻醉药品、精神药品罪定罪处罚：

（一）非法提供麻醉药品、精神药品达到刑法第三百四十七条第三款或者本解释第二条规定的"数量较大"标准最低值的百分之五十，不满"数量较大"标准的；

（二）两年内曾因非法提供麻醉药品、精神药品受过行政处罚的；

（三）向多人或者多次非法提供麻醉药品、精神药品的；

（四）向吸食、注射毒品的未成年人非法提供麻醉药品、精神药品的；

（五）非法提供麻醉药品、精神药品造成严重后果的；

（六）其他应当追究刑事责任的情形。

具有下列情形之一的，应当认定为刑法第三百五十五条第一款规定的"情节严重"：

（一）非法提供麻醉药品、精神药品达到刑法第三百四十七条第三款或者本解释第二条规定的"数量较大"标准的；

（二）非法提供麻醉药品、精神药品达到前款第一项规定的数量标准，且具有前款第三项至第五项规定的情形之一的；

（三）其他情节严重的情形。

**2. 2012 年 5 月 16 日《最高人民检察院、公安部关于公安机关管辖的刑事案件立案追诉标准的规定（三）》**

**第十二条〔非法提供麻醉药品、精神药品罪（刑法第三百五十五条）〕** 依法从事生产、运输、管理、使用国家管制的麻醉药品、精神药品的个人或者单位，违反国家规定，向吸食、注射毒品的人员提供国家规定管制的能够使人形成瘾癖的麻醉药品、精神药品，涉嫌下列情形之一的，应予立案追诉：

（一）非法提供鸦片二十克以上、吗啡二克以上、哌替啶（杜冷丁）五克以上（针剂 100mg/支规格的五十支以上，50mg/支规格的一百支以上；片剂 25mg/片规格的二百片以上，50mg/片规格的一百片以上）、盐酸二氢埃托啡零点二毫克以上（针剂或者片剂20mg/支、片规格的十支、片以上）、氯胺酮、美沙酮二十克以上、三唑仑、安眠酮一千克以上、咖啡因五千克以上、氯氮卓、艾司唑仑、地西泮、溴西泮十千克以上，以及其他麻醉药品和精神药品数量较大的；

（二）虽未达到上述数量标准，但非法提供麻醉药品、精神药品两次以上，数量累计达到前项规定的数量标准百分之八十以上的；

（三）因非法提供麻醉药品、精神药品被行政处罚，又非法提供麻醉药品、精神药品的；

（四）向吸食、注射毒品的未成年人提供麻醉药品、精神药品的；

（五）造成严重后果或者其他情节严重的。依法从事生产、运输、管理、使用国家管制的麻醉药品、精神药品的人员或者单位，违反国家规定，向走私、贩卖毒品的犯罪分子提供国家规定管制的能够使人形成瘾癖的麻醉药品、精神药品的，或者以牟利为目的，向吸食、注射毒品的人提供国家规定管制的能够使人形成瘾癖的麻醉药品、精神药品的，以走私、贩卖毒品罪立案追诉。

### 三、其他规范性文件

**1. 2002 年 10 月 24 日《最高人民检察院法律政策研究室关于安定注射液是否属于刑法第三百五十五条规定的精神药品问题的答复》**

根据《精神药品管理办法》等国家有关规定，"能够使人形成瘾癖"的精神药品，是指使用后能使人的中枢神经系统兴奋或者抑制，连续使用能使人产生依赖性的药品。安定注射液属于刑法第三百五十五条第一款规定的"国家规定管制的能够使人形成瘾癖的"精神药品。鉴于安定注射液属于《精神药品管理办法》规定的第二类精神药品,医疗实践中使用较多,在处理此类案件时,应当慎重掌握罪与非罪的界限。对于明知他人是吸毒人员而多次向其出售安定注射液,或者贩卖安定注射液数量较大的,可以依法追究行为人的刑事责任。

# 北京市食品药品行政执法与
# 刑事司法衔接专家论证程序规定

## 第一章 总 则

**第一条（目的和依据）** 为进一步保障食品药品安全，健全食品药品行政执法与刑事司法衔接工作机制，加大食品药品违法犯罪行为的打击力度，根据《中华人民共和国刑法》《中华人民共和国食品安全法》《中华人民共和国药品管理法》《食品药品行政执法与刑事司法衔接工作办法》及有关司法解释的规定，结合本市实际，制定本规定。

**第二条（定义）** 本规定所称食品药品行政执法与刑事司法衔接专家论证（以下简称食品药品专家论证）是指在食品药品行政执法与刑事司法衔接中，由食品药品等领域专家运用科学技术或者专门知识对食品药品专门性问题进行风险评估、论证和认定，并提供专家论证意见的活动。

**第三条（适用范围）** 本规定适用于本市食品药品监管部门办理的食品药品违法案件涉嫌犯罪需要向公安机关移送时，对涉案产品进行风险评估、论证或认定工作。

公安机关、人民检察院、人民法院办理食品药品刑事案件，需要对涉案产品进行风险评估、论证、认定或就相关材料听取咨询意见的，依据本规定办理。

**第四条（专家库名录）**　北京市人民检察院、北京市食品药品监督管理局、北京市公安局共同指定食品药品专家库的人员名录。

**第五条（专家条件）**　食品药品专家库由食品科学、营养与食品卫生学、药学、医学、流行病学、毒理学、刑侦、法学等相关领域专业技术或管理人员组成，并应当符合以下条件：

（一）拥护中国共产党的路线、方针、政策，廉洁自律，具有社会责任感和严谨、科学、端正的工作作风；

（二）具有相关专业大学本科以上学历，具有相关行业五年以上工作经历，熟悉相关法律、法规、规章和标准等；

（三）具有相关专业高级专业技术职称。

**第六条（专家职责）**　食品药品专家进行食品药品专家论证活动应承担以下职责：

（一）应当遵守法律、法规，尊重科学，遵守技术操作规范，独立、客观、公正地进行评估、论证，并对自己作出的论证意见负责。

（二）应当保守在论证活动中知悉的国家秘密、商业秘密，不得泄露个人隐私，对论证内容和结果应当严格保密；未经同意，不得向其他组织和个人泄露与论证事项有关的信息。

（三）本人或近亲属与案件当事人有利害关系、可能影响客观公正评估的，应当自行申明并回避。

## 第二章　专家论证

**第七条（论证范围）**　食品药品专家论证适用于相关法律、法规、规章和司法解释未明确规定，无法判断是否涉嫌刑事犯罪的情形，包括：

（一）是否足以造成严重食物中毒事故或者其他严重食源性疾病的；

（二）食品中致病性微生物、农药残留、兽药残留、重金属、污染物质以及其他危害人体健康的物质是否严重超出标准限量的；

（三）婴幼儿食品中生长发育所需营养成分是否严重不符合食品安全标准的；

（四）是否属于有毒、有害的非食品原料的；

（五）尚未建立食品安全标准检验方法的，相关检验检测机构采用非食品安全标准等规定的检验项目和检验方法对涉案食品进行检验仍不能得出明确结论的；

（六）其他需要专家论证的情形。

**第八条（论证材料要求）** 办案部门委托食品药品专家论证的，应当提供真实、完整、充分的论证材料，并对论证材料的真实性、合法性和完整性负责。论证材料包括：

（一）涉案食品药品论证委托书；

（二）涉案食品药品的实物、照片、标签等；

（三）情况说明（对涉案食品药品的数量、来源、流向和涉及人群等内容进行描述）；

（四）涉案食品药品抽样记录、检验报告等；

（五）医疗卫生机构对涉案食品药品的就诊者出具的体检、检验和诊断报告等；

（六）其他材料。

**第九条（论证委托受理）** 北京市食品药品监督管理局统一受理办案部门的专家论证委托，应当自收到委托之日起五个工作日内做出是否受理的决定。案情复杂的，经与办案部门协商可适当延长审查期限。

对于办案部门提交委托论证材料不齐全的，北京市食品药品监督管理局应向办案部门提出补正要求，办案部门应当及时补正并重新提交材料。

**第十条（论证委托不予受理）** 论证委托具有下列情形之一的，北京市食品药品监督管理局不予受理：

（一）委托论证事项超出专家论证范围的；

（二）论证材料不真实、不完整、不充分或者取得方式不合法，或未按期补正的；

（三）国家或本市已有明确评估论证结论的；

（四）其他不符合法律、法规、规章规定的情形。

决定不予受理论证委托的，应当向委托机关说明理由，退还论证材料。

**第十一条（论证专家人数要求）** 对同一论证事项，应选择三名专家进行论证；对复杂、疑难或者特殊论证事项，可以指定或者选择五名以上单数专家进行论证。

**第十二条（专家论证形式）** 食品药品专家论证应当以召开专家论证会议的形式进行。由于特殊情形不宜召开专家论证会议的，由各位专家分别独立出具书面论证意见。

专家论证会议应当由参加论证的专家参加，必要时邀请北京市检察院、北京市公安局人员参加。

**第十三条（论证记录）** 食品药品专家论证组应当对论证过程进行实时记录并签名。记录可以采取笔记、录音、录像、拍照等方式。记录应当载明主要的论证方法和过程，检查、检验、检测结果，以及仪器设备使用情况等。记录的内容应当真实、客观、准确、完整、清晰，记录的文本资料、音像资料等应当存入论证档案。

**第十四条（论证期限）** 食品药品专家论证组应当自专家论证委托书生效之日起二十日内完成论证。

论证事项涉及复杂、疑难、特殊技术问题或者论证过程需要较长时间的，经与委托机关协商，完成论证的时限可以延长，延长时限一般不得超过二十日。在论证过程中补充或者重新提取论证材料所需的时间，不计入论证时限。

**第十五条（补充论证）** 有下列情形之一的，北京市食品药品监督管理局可以根据委托机关的要求组织进行补充论证：

（一）原委托论证事项有遗漏的；

（二）委托机关就原委托论证事项提供新的论证材料的；

（三）其他需要补充论证的情形。

补充论证是原委托论证的组成部分，应当由原专家进行。

**第十六条（重新论证）** 有下列情形之一的，北京市食品药品监督管理局应当接受办案机关委托进行重新论证：

（一）原论证专家不具有从事委托论证事项专业背景的；

（二）原论证专家超出业务范围组织论证的；

（三）原论证专家应当回避没有回避的；

（四）原论证方法存在缺陷的；

（五）论证意见与产品检验报告、食品药品监督管理部门出具的认定意见等有关证据相互矛盾的；

（六）其他需要重新论证的情形。

重新论证应当指定原论证专家以外的其他符合条件的专家进行。

**第十七条（咨询意见）** 论证过程中，涉及复杂、疑难、特殊技术问题的，可以向参加论证的专家以外的相关专业领域专家进行咨询，但最终的论证意见应当由参加论证的专家出具。

专家提供咨询意见应当签名，并存入论证档案。

**第十八条（论证意见的复核）** 专家完成论证后，北京市食品药品监督管理局应当指定具有相应资质的人员对论证程序和论证意见进行复核；对于涉及复杂、疑难、特殊技术问题或者重新论证的论证事项，可以组织三名以上的专家进行复核。

复核人员完成复核后，应当提出复核意见并签名，存入论证档案。

## 第三章 专家论证意见书的出具及效力

**第十九条（论证意见书）** 食品药品专家论证组和论证专家应当按照统一规定的文本格式制作食品药品专家论证意见书。

**第二十条（论证意见的签名）** 食品药品专家论证意见书应当由专家签名。专家对论证意见有不同意见的，应当注明。

**第二十一条（论证意见的出具）** 食品药品专家论证意见书应当一式四份，三份交委托机关收执，一份由北京市食品药品监督管理局存档。北京市食品药品监督管理局应当按照有关规定或者与委托机关约定的方式，向委托机关送达食品药品专家论证意见书。

**第二十二条（论证意见的解释和说明）** 委托机关对论证过程、论证意见提出询问的，北京市食品药品监督管理局和论证专家应当给予解释或者说明。

**第二十三条（论证意见的补正）** 食品药品专家论证意见书出具后，发现有下列情形之一的，食品药品专家论证组可以进行补正：

（一）图像、谱图、表格不清晰的；

（二）签名、盖章或者编号不符合制作要求的；

（三）文字表达有瑕疵或者错别字，但不影响专家论证意见的。

补正应当在原专家论证意见书上进行，由至少一名专家委员在补正处签名。必要时，可以出具补正书。

对食品药品专家论证意见书进行补正，不得改变食品药品专家论证意见的原意。

**第二十四条（论证意见的归档）** 北京市食品药品监督管理局应当按照规定将专家论证意见书以及有关资料整理立卷、归档保管。

**第二十五条（出庭证的义务）** 专家论证意见书在刑事诉讼中可以作为证据使用。经人民法院通知，食品药品专家应当按照《刑事诉讼法》的有关规定出庭作证，回答与论证事项有关的问题。

## 第四章 附 则

**第二十六条** 本规定自××××年×月×日起施行。

图书在版编目（CIP）数据

行政执法与刑事司法衔接办案指引：食药与环境领域主要罪名证据移送标准／北京市人民检察院组织编写
.—北京：中国检察出版社，2021.1
ISBN 978 - 7 - 5102 - 2465 - 2

Ⅰ.①行… Ⅱ.①北… Ⅲ.①食品安全 - 罪名 - 研究 - 中国②药品管理 - 罪名 - 研究 - 中国 Ⅳ.①D922.164

中国版本图书馆 CIP 数据核字（2020）第 129556 号

行政执法与刑事司法衔接办案指引
——食药与环境领域主要罪名证据移送标准

北京市人民检察院 组织编写

出版发行：中国检察出版社
社　　址：北京市石景山区香山南路 109 号（100144）
网　　址：中国检察出版社（www.zgjccbs.com）
编辑电话：（010）86423750
发行电话：（010）86423726　86423727　86423728
　　　　　（010）86423730　86423732
经　　销：新华书店
印　　刷：北京宝昌彩色印刷有限公司
开　　本：710 mm × 960 mm　16 开
印　　张：18　　插页 4
字　　数：216 千字
版　　次：2021 年 1 月第一版　2021 年 1 月第一次印刷
书　　号：ISBN 978 - 7 - 5102 - 2465 - 2
定　　价：58.00 元